# 实用法庭显微镜学：
# 实验手册

［美］芭芭拉·P.惠勒　　洛里·J.威尔逊／著
Barbara P. Wheeler　　　Lori J. Wilson

雷　蕾　王元凤／译

*Practical Forensic Microscopy:*
*A Laboratory Manual*

中国政法大学出版社

2022·北京

**图书在版编目（ＣＩＰ）数据**

实用法庭显微镜学：实验手册/(美)芭芭拉·P.惠勒，(美)洛里·J.威尔逊著；王元凤，雷蕾译.—北京：中国政法大学出版社，2022.11

书名原文:Practical Forensic Microscopy: A Laboratory Manual

ISBN 978-7-5764-0725-9

Ⅰ.①实… Ⅱ.①芭… ②洛… ③王… ④雷… Ⅲ.①司法鉴定－显微镜学－手册 Ⅳ.①D918.9-62

中国版本图书馆CIP数据核字(2022)第217858号

--------------------------------------------------------------------------------------------------------------------

出 版 者　　中国政法大学出版社

地　　址　　北京市海淀区西土城路 25 号

邮寄地址　　北京 100088 信箱 8034 分箱　　邮编 100088

网　　址　　http://www.cuplpress.com (网络实名：中国政法大学出版社)

电　　话　　010-58908441(编辑室)　　58908334(邮购部)

承　　印　　北京九州迅驰传媒文化有限公司

开　　本　　720mm×960mm　　1/16

印　　张　　25.5

字　　数　　400 千字

版　　次　　2022 年 11 月第 1 版

印　　次　　2022 年 11 月第 1 次印刷

定　　价　　89.00 元

## 司法文明协同创新中心
### 法大鉴定编译组

丛书名：法庭科学译丛

主　编：李　玲

副主编：赵　东　王元凤

编　委：官大威　李　玲　罗亚平　马荣梁　孟品佳

　　　　王元凤　负克明　张翠玲　赵　东　赵　虎

# 总　序

法庭科学是英语"forensic science"的意译，然而其应用不局限于具体的审判法庭，而是可以延伸至法庭空间之外。广义的法庭科学是指运用一切自然科学的理论和技术，研究并解决刑事侦查、审判以及民事纠纷中有关专门性问题的一门学科。法庭科学有时也被称为刑事技术学、司法鉴定学、法科学。法庭科学的发展是司法证明方法进步的结果和体现。伴随人类文明的发展，司法证明方法发生了两次重大的转变：第一次是从以"神证"为主的证明方法向以"人证"为主的证明方法的转变；第二次是从以"人证"为主的证明方法向以"物证"为主的证明方法的转变。科学证据因其独有的自然科学属性而被法庭及法律工作者高度关注，尤其是在英美法系国家。关于证据和科学证据的内涵与外延，国内外专家学说纷杂。张保生教授主张，证据是与案件事实相关的，用于证明所主张事实之存在可能性的信息；邱爱民教授提出，科学证据是指存在于法律实务过程中的，具有科学技术含量，能够证明案件事实或者证据事实的各种信息。

在经历了漫长岁月的打磨之后，法庭科学领域逐渐呈现出以下几方面的问题：第一，不同的文化背景与社会发展程度导致了法庭科学在不同国度之间的个性化发展模式，借鉴国外先进的法庭科学管理理念以及研究方法对于促进我国相关领域的建设具有重要的意义。第二，由于法庭科学与法律以及自然科学具有与生俱来的亲缘关系，"如何在法律的框架下看待科学证据"以及"如何使技术人员更为有的放矢地解决法律问题"已经逐渐占据相关学者的视野。新兴的证据科学便是法庭科学和证据法学两大研究领域交叉融合的产物，以自然科学和社会科学的交叉研究、综合研究为特色。第三，在交叉学科的背景下，从多维度看待科学证据的研究方法正在形成，诸如法庭护理学、法庭地质学以及法庭统计学等新兴法庭科学分支学科也应运而生。

有鉴于此，全世界法庭科学共同体成员间的学术交流、互通有无、取长补短就显得尤为重要。相对于社会科学而言，法庭科学的自然科学属性决定了期刊学术论文是体现该领域的研究进展以及创新性的主要途径。尤其是互联网和电子文献的出现，在极大程度上加快了法庭科学知识的传播速度。但是，众多经典的以及新近出版的法庭科学学术专著仍然是全面系统地了解和掌握法庭科学学科架构以及交叉性研究成果的权威途径。由于语言差异以及国内购买不便等因素，近年来已有数部此类著作被翻译介绍给中国学者，这为中国法庭科学与国际接轨提供了帮助。

为了系统及时地引进国外法庭科学著作，推动证据法学与法庭科学的学科建设与发展，中国政法大学证据科学研究院法大鉴定编译组在推荐国外相关规范的基础上，组织专门队伍开展了"法庭科学译丛"的系列翻译工作。"2011 计划"司法文明协同创新中心为此项目提供了平台和支持。"法庭科学译丛"编委会旨在遴选、评估原著的学术价值和对我国法庭科学事业的影响程度，同时对译者的能力和水平进行初步评价。我们力争兼顾著作的经典性与新颖性，以高质量的翻译工作将国外法庭科学领域的代表性学术著作推介给国内的学者；我们期待以"法庭科学译丛"为媒介，打造一个开放性的交流平台，吸引更多的中国学者汇聚到丛书的翻译工作中，为推动中国法庭科学领域的发展贡献力量。

赵　东　王元凤

2015 年 7 月于北京

# 前　言

法庭科学是针对犯罪或诉讼中产生的问题，应用自然科学而发展起来的一门学科。由于法庭科学作为一种职业选择日渐普及，许多学院和大学都开设了犯罪学或法庭科学专业。膨胀的招生人数为这一领域的教材创造了市场。随着这种关注度的与日俱增，许多教材都集中在该领域的综合方面，即提供法庭科学的概述。由于公众兴趣的提高，有些教材甚至关注法庭科学领域内某些独立的分支学科，例如枪弹、毒品和 DNA。然而在过去，法庭显微镜学往往被更具显示度的分支学科涵盖，鲜少被区分出来。近几年，一些备受关注的刑事案件使得法庭显微镜学进入公众视野。

本书是一本综合性的实验手册，它将法庭科学实验室中的显微镜使用流程转化为具有可操作性的实验，并使其能在大学实验室中讲授。本书由一位从业者和一位学者共同编写，所以我们得以通过平衡的视角实现本书的撰写目的。针对在法庭科学领域内所使用的多种显微镜及其相关技术，本书提供了总体概述。每个主题都从一个简单的实验目的列表开始。为了帮助学生们达到实验目的，我们准备了主题说明、经过遴选的阅读资料和一个实验单元。本书还提供了工作表和绘图模板，用于整理分析结果。教师可以从 http://www.wileyeurope.com/ college/wheeler 下载这些工作表和绘图模板。为了测试学生所学知识，本书还包含报告要求和问题部分。

事实上，科学家常用的显微镜技术已被应用于法庭科学；然而，在某些情况下，由于学生人数众多或者没有实验设备和用品（如受控物品），在教学环境中使用法庭科学实验室程序是不切实际的。这是本书区别于其他实验手册的独特之处。为此，我们已尽一切努力调整法庭科学实验室程序，以最好地解决这些问题。当基于教学环境对法庭科学实验室程序做出重大修改时，实验概述部分仍然会全面覆盖科学上公认的理论和原则。为了解决这些问题，我们有时需要在准确性或精确度上做出让步。例如，在法庭科学实验室中，对玻璃密度的测量需要使用控温系统；在我们的程序中，学生仅使用标准的实验室玻璃器皿和天平。然而，我们认为，玻璃密度测量主题的必要性是值得我们在准确性和精确度方面做出让步的。

本书试图将法庭显微镜学带给学生，使这门学科在法庭科学的未来继续蓬勃发展。我们共计研发出 40 个实验，涵盖了法庭科学领域的各种证据领域。本书从简单的体视显微镜开始，逐步介绍法庭科学实验室所使用的更为复杂的显微镜系统。每一个使用显微镜的法庭科学分支领域都被涵盖在内，这将使学生对检验中所使用的显微镜和显微镜技术有大致的了解。针对痕迹物证，如指纹、鞋印、工具痕迹以及枪弹痕迹，我们可以使用简单的体视显微镜技术进行分析；针对生物物证、毒品和微量物证，如油漆、玻璃和毛发纤维，可由多种显微镜和专门性显微镜技术来分析。

在每学期结束时，作者成功使用了模拟案例情景。学生被分成 3 个小组，并拿到证据材料，这是巩固整个学期所涉及知识的有效方法。在某些情况下，教学中涉及的程序还可能得到扩展。小组成员自行任务分工，如果有其他证物，可以要求提供。小组填写一份实验报告（附录 E），并提供个人笔记作为实验报告的组成部分。考察学生推导结论的能力和以简明方式传达必要信息的能力，这是设置模拟案例情景的目标之一。学生在获得知识并发展技能之后将再次把法庭显微镜学带到最前沿。

# 目 录

CONTENTS

## 实 验

## 仪器显微镜

## 附　录

# 实验室安全

实验室工作可以是非常有趣且令人兴奋的。然而，某些安全问题应始终被考虑在内。以下是一般的实验室安全规则。每个实验室都有自己的规则，所以请确保你已经阅读了你所在特定实验室的规则，理解并遵守它们。如有任何与实验室安全相关的问题，请向指导老师询问。

1. 实验室中的许多材料可能会导致眼睛受伤。请佩戴获认证的安全眼镜，以防止化学品喷溅和飞物撞击。

2. 穿上实验室防护围裙或外套及包脚的鞋子。

3. 禁止在实验室内吃、喝、吸烟、化妆。

4. 保持工作区域清洁无杂物。

5. 做好在实验室工作的准备。实验室内不允许打闹。

6. 不要进行任何未经授权的实验。

7. 使用手术刀和剃刀刀片时应格外小心，切割材料时刀口切勿朝向自己。

8. 所有产生强烈气味或烟雾的物质应在通风橱内使用。

9. 不要将任何材料带离实验室。

10. 妥善处理所有废物。如果你不确定该怎么做，请向你的指导老师询问。为避免污染，切勿将化学品放回原容器中。

11. 不要单独在实验室内工作。

12. 检查设备，确保其处于良好状态。不要使用有缺口或裂纹的玻璃器皿。

13. 切勿用嘴移液。始终使用吸管或一次性移液器。

14. 切勿触摸、品尝或嗅闻化学品。如果你需要记录气味，请用手轻轻在开口处挥动，将烟气引向你的鼻子。切勿直接从容器中吸入烟气。

15. 冲洗掉溅到皮肤/衣服上的任何酸或碱。立即清理所有溢出物并通知你的指导老师。如果你不确定该怎么做，请向你的指导老师寻求帮助。

16. 仔细阅读标签，确保使用正确的试剂进行实验。

17. 了解实验室内洗眼装置、安全淋浴、洒水材料、灭火器的位置和操作。

18. 知道安全包的位置。

19. 所有事故和伤害应立即向指导老师报告。

20. 遵循实验室制定的其他安全规则。

# 显微镜维护

在本课你将使用的显微镜具有相同的工作原理，但在机械设计和各种操作部件上有较大差异。若有可能，在使用显微镜之前，先让自己熟悉显微镜操作手册。要将任何问题告知教师，这至关重要。大多数日常维护可以在实验室内进行，但是有些维护需要拆卸显微镜，需要专业性技术支持。

## 基本处置/储存

显微镜维护最关键的一步是预防。正确携带、搬运、使用和储存是避免显微镜大修的最为重要的事情。

当显微镜被移动时，要始终从镜座支撑它们。只有在必要时才使用镜臂来平衡重量。当更换物镜时，要推动物镜转换器而勿触碰物镜。灰尘是显微镜最大的敌人，所以在不使用的时候要将显微镜盖住。如果没有显微镜罩，可以使用塑料袋。切勿将显微镜的目镜或物镜拆下或无盖存放。如果显微镜配备了照相装置，上述原则同样适用于第三目镜区。不当储存会让灰尘聚集在镜筒中，并将很难清洁。显微镜应始终保持清洁并装好外罩。

## 光学元件清洁

显微镜的所有镜头都是由带涂层的软玻璃制成的，很容易被划伤。应小心处理镜头。切勿使用坚硬的工具或研磨剂清洁镜头。

对于目镜顶端和物镜的两端，清洁方法如下：使用骆驼毛刷和吸尘器或类似的气体装置清除所有浮灰和污垢。接下来尝试吹一口气"雾化"镜面。如果目镜或物镜仍然很脏，请使用镜头纸或用镜头清洁液沾湿 Q-tip™型棉签的末端。用 Q-tip™ 型棉签湿润末端作圆周运动，清洁光学元件表面。使用气体装置清除所有残留灰尘和污垢。为了确定哪些镜片表面需要清洁，我们可以使用干净无尘的载玻片并将显微镜聚焦。通过移动载玻片的方式可以确定载玻片上是否有可见的灰尘。通过旋转目镜的方式可以确定目镜上是否有污垢。如果有污垢旋转，则目镜需要清洁。同样，旋转物镜将确定污垢是否在特定的物镜上。聚光器上的灰尘也可以以类似的方式检测。如果污垢仍然存在，可能需要清洁物镜的内表面。如果细致清洁所有光学元件表面之后，视野中仍然有污垢，则说明物镜的镜片之间可能有灰尘。若不拆卸物镜中的复合透镜，则无法清除污物。请不要自行处理——将问题告知指导老师，以便求助于显微镜维修技术人员。

### 机械元件维护

大多数显微镜需要定期清洁、润滑和微调。在对显微镜进行任何维修/保养时，切勿过度拧紧或用力。所有高品质的显微镜都是用黄铜或其他软金属制造的，很容易因用力过度而损坏。

如果物镜转换器变得过紧或过松，可以进行调整，通常是简单地松开或拧紧物镜转换器中间的槽头螺钉。有时物镜转换器上有一个双孔环形螺母，我们需要使用诸如扳手之类的圆头钳松开或拧紧环形螺母。某些显微镜必须移除载物台才能调节物镜转换器。请务必查看显微镜用户手册。

粗准焦螺旋和细准焦螺旋的张力也可以调整。这方面同样已出现多种机械方法的设计。有些显微镜只需将显微镜两侧的旋钮向相反的方向转动，就可以根据需要进行调节，以达到拧紧或松开的目的。一些显微镜在旋轴上有可调节的套环，需要使用专门设计的套环扳手或内六角扳手进行调整。将套环向外移出通常可以为准焦螺旋提供更多的张力。如果你的显微镜需要独特的套环扳手，请从显微镜供应商处获取。

显微镜载物台上的标本推进器可以进行清洁和润滑，每年进行一次。使用干净的纸巾和酒精等溶剂清洁推进器上的所有油脂和污垢，彻底擦干。在推进器上涂一层薄薄的新润滑脂。建议使用锂基润滑脂或制造商规定的其他润滑脂。请勿在齿轮齿条和小齿轮的齿上涂抹油脂。

关于每种规格显微镜的灯泡更换问题，可以从其相应的用户手册中找到相关说明。在尝试更换灯泡之前，必须让灯泡冷却。更换灯泡时，避免裸手触摸玻璃。残留在灯泡上的指纹会"熔入"玻璃，降低灯泡的质量并缩短其寿命。

# 微型工具包

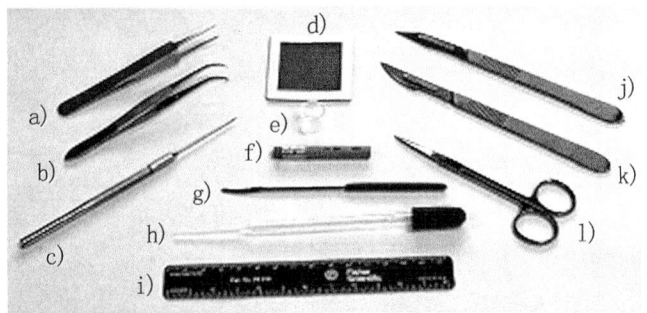

本书中的大部分实验都会用到学生微型工具包

微型工具包中有本手册实验所使用的各种工具。工具包内物品列举如下，其中还包括更为特殊物品的可能来源。

a）镊子，细头[1]

b）弯头钳，细头[1]

c）针式探头[2]

d）橙色滤光片（589 nm）[1]

e）1/4 英寸（约 6 mm）玻璃环 [1/4 英寸（约 6 mm）厚][1]

---

〔1〕 从以下途径获取：McCrone Microscopes & Accessories, Attn：Order Department, 850 Pasquinelli Drive, Westmont, IL 60559-5539. （630）887-7100. http://www.mccronemicroscopes.com.

〔2〕 这些物品是标准的学生课堂解剖包的一部分，可以从以下公司购买：Ward's Natural Science Establishment, LLC, 5100 West Hentrietta Road, Rochester, NY 014692-9012. （800）962-2660. http://www.wardsci.com.

f) 橡皮

g) 刮勺

h) 玻璃移液管和胶帽

i) 6 英寸（约 15 cm）尺子

j) 圆角刀片手术刀[2]

k) 直角刀片手术刀[2]

l) 剪刀[2]

实　验

# 第一章

# 体视显微镜

体视显微镜大多用于初步检验。这种低倍数显微镜能以类似于人眼的方式观察样品。我们的眼睛与我们的大脑一起运作，并产生所谓的立体或三维视觉。这是因为大脑能够解读从每只眼睛的视网膜接收的图像，且两个图像略有不同。人两眼之间的距离大约为 64 mm~65 mm，由于这种分离，每只眼睛从不同的视角感知物体。当图像被传递到大脑时，它们被结合起来，并仍然保持高度的深度感知。这就提供了物体的空间、三维图像。体视显微镜利用这种深度感知能力，通过传输以小角度（通常在13°之间）倾斜的双图像产生真正的立体效果。

体视显微镜有两种基本类型：格里诺和通用主物镜（以下简称"CMO"）。格里诺体视显微镜在双镜筒内使用两个相同的光学系统，以此产生立体效果。CMO 体视显微镜使用的是一对目镜筒和透镜元件之间共享的单一物镜。

体视显微镜提供低放大倍数，一般利用目镜和物镜，提供 0.7~40 倍范围内的总放大倍数。步进式物镜或连续可变焦物镜用于增加格里诺和 CMO 体视显微镜的放大倍数。由于总放大倍数较低，我们可以获取较大的视野和更佳的景深。样品可以用反射光或透射光来观察。许多法庭科学样品通常是不透明的，它们阻挡了可见光，所以要用反射光观察。体视显微镜可以被安装在吊杆架上，从而更加灵活地观察大型样品。

体视显微镜是用来观察物品并定位样品的。低放大倍数可以观察物品或样品的初始特征并收集样品，随后用体视显微镜或其他显微镜和/或仪器检验样品。

## 实验 1A：熟悉体视显微镜

**推荐实验前阅读作业**

Schlueter GE, Gumpertz WE. The Stereomicroscope, Instrumentation and Techniques. *American Laboratory*. 1976, 8 (4): 61~71.

### 实验目的

完成本实验后，学生将对以下内容有基本了解：

1. 体视显微镜的组成部分
2. 放大倍数
3. 视野
4. 景深
5. 工作距离

### 实验概述

显微镜被定义为一种光学仪器，它使用透镜组合来产生小物体的放大图像。为了达到这个目的，体视显微镜使用几个元件来聚集光线并重新规划光路，以使被观察物体的放大图像可以在短距离内聚焦。图 1A-1 显示了体视显微镜基本元件的排列：光源、载物台、物镜、支撑及校准元件和目镜。体视显微镜在结构上与标准光学显微镜有一定的区别，即没有聚光器。

体视显微镜有两种基本类型：格里诺和 CMO。格里诺体视显微镜在双镜筒内使用两个相同的光学系统，用于产生立体效果。CMO 体视显微镜使用的是一对目镜筒和透镜元件之间共享的单一物镜。大多数体视显微镜都是 CMO 类型的。体视显微镜有两种光学模式。反射光用于不透明物体（不透光的物体）。如果样品是透明的，可以用透射光观察。有些样品最好同时用反射光和透射光观察。使用 CMO 体视显微镜，如图 1A-1 所示，光与样品相互作用，然后由通用主物镜收集。

进入物镜的光是发散光，一旦离开物镜就成为平行光，然后被一系列棱镜分割，将光重新导向每个目镜。物镜在其后焦面上产生图像。目镜接收到这个图像并将其重新聚焦到观察者的眼睛里。体视显微镜中的物镜内置在镜筒中，并带有一些从外部改变放大倍数的装置。老式和价格较低的新型体视显微镜使用一系列固定的物镜，以不连续的增量逐步提升放大倍数。更新更好的体视显微镜则使用连续变焦透镜系统，可以在显微镜放大倍数范围内进行任意放大。

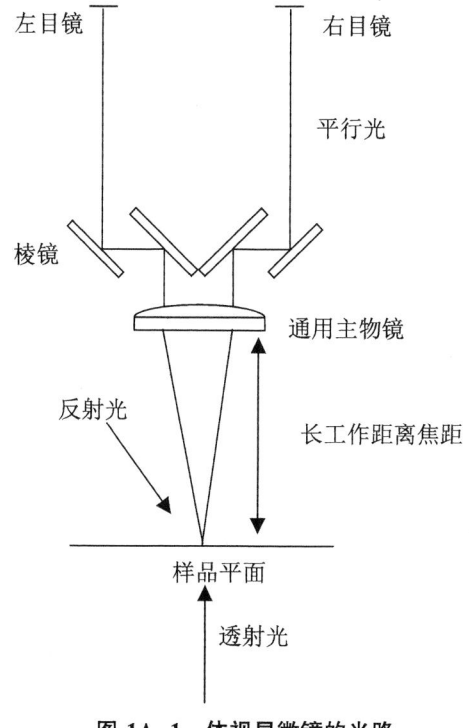

**图 1A-1　体视显微镜的光路**

　　放大是利用镜头使物体看起来更大的过程。一个简单的透镜会增加折射率，进而产生一个看起来更大的虚拟图像。透镜的放大倍数由以下公式描述：

$$M = \frac{25}{f} + 1 \qquad\qquad （公式 1A-1）$$

　　其中，f 是焦距（从镜头到其焦点的距离，厘米），25 是以厘米为单位的明视距离。

　　由透镜产生的物体图像的放大倍数可以通过以下关系来确定：

$$放大倍数 = \frac{图像高度}{物体高度} = \frac{图像距离}{物距} \qquad （公式1A-2）$$

增加放大倍数的显微镜元件（如目镜、物镜）上雕刻有放大倍数。要确定透镜系统的组合放大倍数，必须考虑所有放大元件。总放大倍数是通过所有系数的乘积确定的，如下式所示：

$$总放大倍数 = 目镜放大倍数 × 物镜放大倍数 \qquad （公式1A-3）$$

显微镜学家必须为每个样品的观察选择合适的放大倍数。如下几个因素需要考虑。显微镜检验的首要目的是观察样品，以便获取足够的细节。在检验样品时，一个好的显微镜学家总会让物体充满观察视野，以增强细节并减少白色空间。这通常需要在高放大倍数下观察样品。然而，切记高放大倍数只能检验样品的一小部分，这一点同样重要。视野与使用显微镜时能够看见的那部分物体有关。视野随放大倍数而变化。低放大倍数将提供最大的视野。同样，更高的放大倍数会限制视野。

景深是选择放大倍数时要考虑的另一个因素。在摄影中，如果镜头聚焦在一定距离外的主体上，那么这个距离上的所有主体都有清晰的焦点。不在同一距离的被摄体则是失焦的，理论上也不会清晰。然而，由于人的眼睛不能分辨很小程度的"不清晰"，在聚焦的被摄体前面和后面的一些被摄体仍然可以显得清晰。清晰度可接受的区域被称为景深。因此，增加景深就增加了图像的清晰度。正如在经典摄影中一样，景深是由最近物体平面的焦点到最远物体平面的焦点的距离决定的。在显微镜中，景深非常浅，通常以微米为单位。术语景深指物体空间，通常与焦点深度（即图像空间）交替使用。一旦获得样品的焦点，位于略微上方和下方的区域将变得模糊不清。保持对焦的样品的面积或厚度就是景深。景深也随着放大倍数而变化。

体视显微镜的工作距离是另一个需要注意的因素。工作距离是物镜与样品之间的距离。体视显微镜一般有较大的工作距离，也可以放在一个可调节的支架上，使其更加灵活。物镜与样品之间的距离由物镜的焦距决定。为了对样品进行聚焦，使用粗准焦螺旋对距离进行较大增量改变，使用细准焦螺旋对距离进行细微改变。

## 实验设备和用品

体视显微镜

微型工具包

| 样品：人工甜味剂 | 胡子 | 黑胡椒 |
|---|---|---|
| 烟灰 | 烟草 | 咖啡 |
| 玻璃 | 石墨 | 肉豆蔻 |
| 牛至 | 铅笔灰 | 橡皮屑 |
| 迷迭香 | 铁锈 | 盐 |
| 沙子 | 肥皂粉 | 土壤 |
| 茶叶 | | |

未知物培养皿（来自上述列表的 8 个样品的随机组合）

## 实验安全

使用指导老师制定的标准实验室安全程序。

## 第一部分：体视显微镜的元件

在相应编号旁边标注徕卡 EZ4™体视显微镜（见图 1A-2）的元件名称。
这个工作表的副本可以从 http://www.wileyeurope.com/college/wheeler 获得。

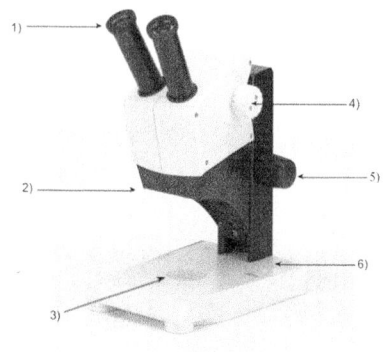

**图 1A-2　徕卡 EZ4™体视显微镜的照片（经徕卡显微系统公司许可转载）**

针对每个元件的功能，分别用一句话予以解释，写在下方空白处。如有必要，请增加附页。

### 第二部分：体视显微镜的操作

**步骤**

1. **熟悉体视显微镜。**找到体视显微镜的每一部分。将样品放在载物台上。打开光源后，操纵体视显微镜的目镜，调整瞳距，使观察物体时，左右图像合二为一。

2. **上下调整焦距。**使用不可调节的目镜，对准一个物品，以获得物品的清晰图像。

3. **如有必要，对焦第二目镜。**

4. **试着用透射光和反射光观察样品（如果两者都可用）。有什么区别？**

_____

_____

_____

5. **上下调整放大倍数，**以便在查看米尺时尽可能熟悉放大倍数范围。尽量保持双眼睁开。

6. **看看目镜的侧面或顶部。**标明放大倍数的数字后面通常跟一个"X"。在这里记录倍数。

目镜放大倍数：_____

7. **看低放大倍数物镜的侧面。**表示放大倍数的数字通常是一个整数，后跟一个"X"，但也可以是分数或是一个数字范围。记录低倍物镜的放大倍数（放大倍数位于可变焦物镜的旋钮上）。

低倍物镜放大倍数：_____

8. **计算体视显微镜的总放大倍数。**根据公式 1A-3 将目镜的放大倍数乘以物镜的放大倍数。这样就可以得到使用这两个透镜时体视显微镜的总放大倍数。

9. 显微镜最低总放大倍数：_____

10. 显微镜最高总放大倍数：_____

11. **把一个标尺放在载物台上。**使用最低放大倍数，通过目镜观察（如有必要，调整焦距）并小心地移动标尺，以便能够计算在视野范围内达到的空格数量。同时计算或估算任何不完整空格。这将得出低倍视野直径的数值。

低倍视野直径：　＿＿＿＿＿＿＿mm

12. 使用高倍物镜重复测量：

高倍视野直径：　＿＿＿＿＿＿＿mm

13. 使用最低放大倍数，在体视显微镜下放置一小块打印纸。确保纸张上有一个字母"e"。

14. 使用焦点调整使字母清晰对焦。调整打印部分，使"e"位于视野的中心。

15. 使用附录 F 中的圆形模板，在低倍数和高倍数下绘制字母"e"。每次确定放大倍数并记录总放大倍数。尝试将"e"充满视野。

16. 现在，将样品向右移，朝向你，然后远离你。注意"e"相对于原始位置的移动方向。

17. 随后，检查低、高倍数下的茶叶、烟草和烟灰样品。画出你所看到的。记录放大倍数。

18. 在低倍数或高倍数下，你有更大的"景深"吗？

19. 在体视显微镜的低倍数和高倍数下检查美元钞票。纤维交织在一起吗？你看到什么颜色的纤维？画出你所看到的。

**第三部分：未知的微量物证**

*步骤*

现在用体视显微镜对未知样品进行检验，确定可能的内容。

1. 检验已知样品，注意颜色、大小、形状、纹理和任何其他可观察的特征。使用下面的工作表描述可能存在于培养皿中的每个样品。

人工甜味剂　＿＿＿＿＿＿＿＿＿＿＿＿＿＿＿＿＿＿＿＿＿＿＿＿

胡子　＿＿＿＿＿＿＿＿＿＿＿＿＿＿＿＿＿＿＿＿＿＿＿＿

黑胡椒　＿＿＿＿＿＿＿＿＿＿＿＿＿＿＿＿＿＿＿＿＿＿＿＿

烟灰　＿＿＿＿＿＿＿＿＿＿＿＿＿＿＿＿＿＿＿＿＿＿＿＿

烟草　＿＿＿＿＿＿＿＿＿＿＿＿＿＿＿＿＿＿＿＿＿＿＿＿

咖啡　＿＿＿＿＿＿＿＿＿＿＿＿＿＿＿＿＿＿＿＿＿＿＿＿

玻璃　＿＿＿＿＿＿＿＿＿＿＿＿＿＿＿＿＿＿＿＿＿＿＿＿

石墨　＿＿＿＿＿＿＿＿＿＿＿＿＿＿＿＿＿＿＿＿＿＿＿＿

| 肉豆蔻 | _____ |
| 牛至 | _____ |
| 铅笔灰 | _____ |
| 橡皮屑 | _____ |
| 迷迭香 | _____ |
| 铁锈 | _____ |
| 盐 | _____ |
| 沙子 | _____ |
| 肥皂粉 | _____ |
| 土壤 | _____ |
| 茶叶 | _____ |

2. 选择一个含有未知物的培养皿。每个培养皿包含 8 个样品。

3. 使用体视显微镜检验未知物，以确定培养皿中可能存在哪些样品。

　　未知微量物证数量：_____

　　① _____　　② _____

　　③ _____　　④ _____

　　⑤ _____　　⑥ _____

　　⑦ _____　　⑧ _____

## 报告要求

应包括在实验室程序中获得的所有绘图、计算或其他信息。注释和/或绘图应包括样品鉴别、放大倍数和完整的描述。

## 报告问题

1. 体视显微镜的 5 个基本元件是什么？各元件在体视显微镜中的功能是什么？

2. 解释体视显微镜中使用的光学元件。

3. CMO 和格里诺体视显微镜的区别是什么？

4. 说出可以用体视显微镜检验的 3 类证据。检验的内容包括哪些？

5. 使用体视显微镜的两大好处是什么？

6. 体视显微镜的局限有哪些？

7. 什么是总放大倍数？计算显微镜的放大倍数：它的目镜倍数为 10，物镜倍数为 4。

8. 显微镜在低倍数和高倍数时的放大倍数分别是多少？你会如何说明这台显微镜的放大范围？

9. 在低倍数和高倍数时，显微镜的视野是多少毫米？

10. 为什么高倍数下观察区域的面积比低倍数下观察区域的面积小？

11. 什么是景深？体视显微镜在高倍数或低倍数状态下是否有更大的景深焦距？

12. 什么是工作距离？体视显微镜的工作距离大概是多少？

13. 透射光和反射光有什么区别？请举出一个例子，说明两种光学模式下可以分别看到什么。

## 推荐和拓展阅读

Bradbury S. *An introduction to the Optical Microscope*. Rev. ed. Oxford：Oxford University Press；Royal Microscopical Society，1989.

Chambers B. Today's Optical Techniques for Stereomicroscopes. *American Laboratory*. 2001；33（8）：15-21.

De Forest PR. Foundations of Forensic Microscopy. In：Saferstein R，ed. *Forensic Science Handbook*. Upper Saddle River，NJ：Pearson Education，2002：301-305.

Heath JP. *Dictionary of Microscopy*. Chichester，UK：John Wiley & Sons，Ltd，2005.

Houck MM. *Mute Witnesses：Trace Evidence Analysis*. San Diego，CA：Academic Press，2001. Houck MM，Siegel JA. *Fundamentals of Forensic Science*. Oxford：Elsevier Academic Press，2006.

McCrone WC，McCrone LB，Delly JG. *Polarized Light Microscopy*. Ann Arbor，MI：Ann Arbor Science，1997.

Saferstein R. *Criminalistics：An introduction to Forensic Science*. 7th ed. Upper Saddle River，NJ：Prentice Hall，2001.

Schlueter GE，Gumpertz WE. The Stereomicroscope，Instrumentation and Techniques. *American Laboratory*. 1976；8（4）：61-71.

Walz M. Eye on Forensic Microscopy. *R&D Magazine*. 2005；47（12）：33.

# 第二章

# 复式光学显微镜

　　显微镜被应用于多种类型的法庭科学检验中。第一章中讨论的体视显微镜用于较低精度的检验，而复式光学显微镜一般用于获得较高的精度。

　　像体视显微镜一样，复式光学显微镜使用透镜组合来获得放大图像。光学显微镜的几个元件是为了实现这一目的：它收集光并重定向光路，使观察对象的放大图像可以在一个非常短的距离内被聚焦。一台复式光学显微镜有以下基本元件：

- 光源
- 聚光器
- 载物台
- 物镜
- 支撑和校准元件
- 目镜

基本上，光从光源发出，经聚光器准直，然后与载物台上的样品相互作用，并由物镜收集。物镜将图像重新聚焦到显微镜的后焦平面上。目镜接收该图像并将其重新聚焦到观察者的眼睛上。

　　复式光学显微镜能够提供更高的放大倍数，通常使用的目镜和物镜组合可以提供的总放大倍数在 40~400 倍范围内。由于有较高的总放大倍数，我们会获得较小的视野和较浅的景深。样品需要使用透射光模式观察。

　　复式光学显微镜用于鉴别和鉴定样品。使用更高的放大倍数不仅可以观察物品或样品的初始特征，还可以进行额外的比对和显微镜检验。使用其他显微镜和/或仪器还可以对样品进行深入分析。

# 实验 2A：熟悉复式光学显微镜

**推荐实验前阅读作业**

Goldberg O. Köhler Illumination. *The Microscope*. 1980；28：15-21.

McCrone WC. Checklist for True Köhler Illumination. *American Laboratory*. 1980；12（1）：96-98.

McCrone WC, McCrone LB, Delly JG. *Polarized Light Microscopy*. Ann Arbor, MI：Ann Arbor Science，1978；30-34.

**推荐网站**

Parry-Hill MJ, Fellars TJ, Davidson MW. Microscope Alignment for Köhler Illumination. [Java Interactive Tutorial]；2007 [updated 2007；cited 2007 November 20]；Available from：http://www.microscopyu.com.

## 实验目的

完成本实验后，学生将对以下内容有基本了解：

1. 复式光学显微镜的组成部分
2. 复式光学显微镜的使用
3. 数值孔径
4. 分辨力
5. 物镜对中
6. 设置科勒照明的正确技术

## 实验概述

正如你在体视显微镜中学到的，显微镜是一种光学仪器，它使用透镜组合来产生小物体的放大图像。为了实现这个目的，复式光学显微镜使用了几个元件，它们收集光线并重定向光路，以便在短距离内聚焦被观察物体的放大图像。复式光学显微镜如图 2A-1 所示，有以下基本元件：光源、聚光器、载物台、物镜、支撑和校准元件以及目镜。

基本上，光从光源发出，经聚光器准直，然后与样品相互作用，并由物镜收集。物镜在显微镜的目镜前焦平面上产生一个真实的中间像。目镜接收到这个中间像，将其放大，然后将其重新聚焦到观察者的眼睛上。四个焦点是：视场光阑、样品平面、目镜前焦平面和眼睛的视网膜。这些光学元件安装在一个精心设计的底座上，以便精确对中和校准。

复式光学显微镜在多种法庭科学领域都有应用。通常而言，我们制作好薄的样品，让光透过样品，聚焦在物镜上，然后传至目镜。这种显微镜的总放大倍数通常在 40~400 倍之间，它可以让检验人员了解样品的形态信息。由于显微镜具有更高的放大倍数，样品的视觉外观和结构可以得到检验。这类显微镜拥有分析信息的能力，这一点同样至关重要。复式光学显微镜能够辨别如颜色和厚度等种类特征，这将在鉴别未知样品的过程中发挥重要作用。

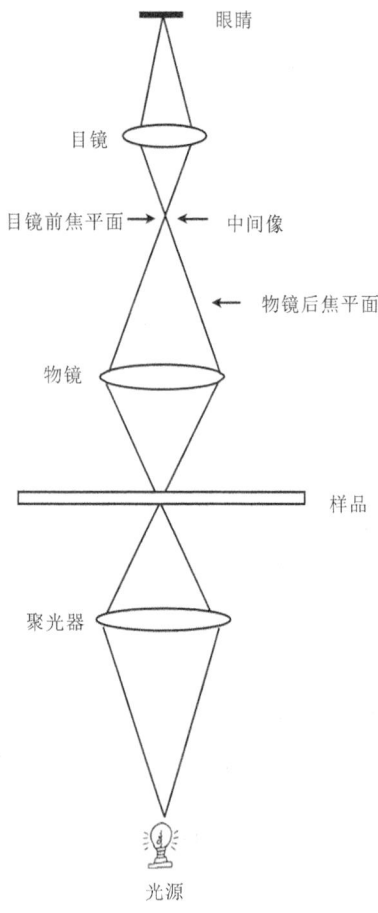

眼睛

目镜

目镜前焦平面 → ← 中间像

← 物镜后焦平面

物镜

样品

聚光器

光源

**图 2A-1 复式光学显微镜的光路**

使用复式光学显微镜时，部分因素会产生影响。数值孔径是评价透镜或物镜在一定距离内收集光线并分辨样品细节能力的数值。数值孔径和孔径角之间的关系可由如下公式表示：

$$NA = n \sin \frac{AA}{2} \qquad （公式2A-1）$$

其中，NA 是数值孔径；n 是盖玻片和物镜之间空间的折射率；AA 是孔径角（镜头可收集的最外侧光线所形成的角度）。

短焦距镜头（较高的放大倍数）具有更大的孔径角，并使得形成图像的光线角度最大，这反过来又会影响显微镜的分辨率。NA 越高，分辨力越大。分辨率是样品上可以作为两个独立实体区分的两点之间的最小距离。在高放大倍数下，图像虽然会出现模糊，但仍然在物镜极限能力的解决范围内，所以，从某种意义而言，显微镜分辨率是一个主观性数值。数值孔径决定了物镜的分辨力，但显微镜系统的总分辨率还取决于聚光器的数值孔径。整个系统的数值孔径越大，分辨率越好。

放大倍数和良好的分辨力对于显微镜而言至关重要。尽管显微镜上的光学元件可能是合适的，但是正确的照明也不容忽视。照明应均匀地分布在整个视场，并允许控制光强、照明场的大小和照明锥体的孔径角。台下孔径光阑用于控制光强，并在分辨率和对比度之间实现最佳折中。中性灰度滤镜和光源上的变压器也可以控制光强，但后一种方法会影响光的颜色。视场光阑可以控制光场的大小，而台下孔径光阑可以控制孔径角。

照明使用的技术通常有三种：纳尔逊式、科勒式和漫射式。大多数法庭科学实验室使用科勒照明或改良的科勒照明。这种技术依托显微镜中各光学元件（如灯管聚光器、台下聚光器、物镜、目镜和光源）的定位和准焦，产生两组共轭图像。一个图像是无畸变观察（无伯特兰透镜），另一个图像是锥光观察（有伯特兰透镜）。在第一个图像中，视场光阑、样品和目镜前焦平面可以在显微镜轴实现良好聚焦和对中。在锥光视图中，灯丝、台下孔径光阑、物镜后焦平面和目镜前焦平面在显微镜轴实现良好聚焦和对中。许多现代显微镜都配备了毛玻璃扩散板，因此无法获得真正的科勒照明。科勒照明和改良的科勒照明所产生的光是均匀明亮的，没有眩光，这将使检验人员可以将显微镜潜力发挥到极致。

**实验设备和用品**

复式光学显微镜，配有各种放大倍数的物镜（如 4 倍、10 倍、20 倍、40 倍）

麦克龙（McCrone™）颗粒参考套装（或类似产品），这是一套通用的参考资料，包括 100 个制备好的常见颗粒物载玻片，每张载玻片都使用 Melt-mount™ 1.662 封装

**实验安全**

使用指导老师制定的标准实验室安全程序。谨慎选择显微镜的光照强度，避免眼睛受伤。

### 第一部分：复式光学显微镜的元件

在相应编号旁边标注徕卡 DME™复式光学显微镜（见图 2A-2）的元件名称。这个工作表的副本可以从 http://www.wileyeurope.com/college/wheeler 获得。

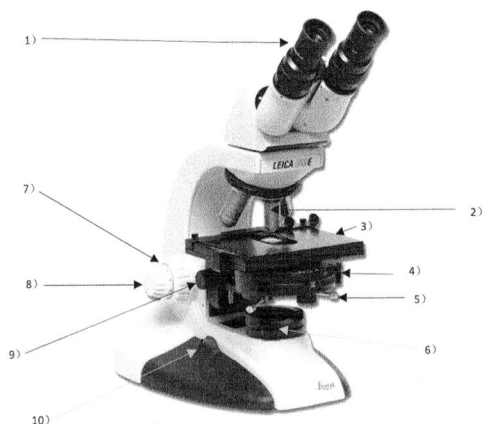

**图 2A-2　徕卡 DME™复式光学显微镜的照片（经徕卡显微系统公司许可转载）**

针对每个元件的功能，分别用一句话予以解释，写在下方空白处。如有必要，请增加附页。

**第二部分：复式光学显微镜的操作**

步骤

1. 熟悉复式光学显微镜。找到复式光学显微镜的每一部分。将样品放在载物台上。打开光源后，操纵复式光学显微镜的目镜，调整瞳距，使观察物体时，左右图像合二为一。

2. 上下调整焦距。使用不可调节的目镜，对准一个物品，以获得物品的清晰图像。

3. 如有必要，对焦第二目镜。

4. 在观察事先准备好的载玻片时，上下调整放大倍数，以便尽可能熟悉放大范围。尽量保持双眼睁开。

5. 记录显微镜在低倍数和高倍数下的总放大倍数。

低倍总放大倍数_____

高倍总放大倍数_____

**第三部分：物镜对中**

步骤

1. 在载物台上放置一个预先制备好的样品（最好为颗粒样品）并使用最低倍物镜聚焦。

2. 调整样品位置，使一个颗粒位于视场的中心（在十字准线中心）。

3. 旋转载物台。颗粒应基本保持在同一位置。如果它移动很大或完全偏离视线，则物镜需要对中。

4. 要对中物镜，需再次旋转颗粒，特别注意载物台旋转时颗粒的"路径"。记录颗粒距离视场中心最远时的位置。旋转样品，使颗粒处于上述位置。

5. 通过调整位于物镜上的定心螺钉，移动被观察颗粒，直到颗粒移至从其原始位置到视场中心（十字准线上）的一半左右。

6. 检查新校准的物镜对中，移动样品，使颗粒处于视场的中心（在十字准线中心）。旋转载物台，并记录颗粒的"路径"。重复步骤4和5，直到旋转载物台时颗粒保持在中心位置。

7. 对显微镜上的所有物镜进行对中。

### 第四部分：设置科勒照明

**步骤**

1. 在载物台上放置一个预先制备好的样品，并使用 10 倍物镜聚焦。

2. 关闭视场光阑。光阑的边缘将呈现多边形。使用准焦螺旋调整台下聚光器，使视场光阑的边缘清晰且聚焦。

3. 通过调整台下聚光器的定心螺钉，使视场光阑居中。

4. 打开视场光阑，直到它刚好在视场之外。

5. 如果显微镜有毛玻璃扩散板，则你已设置好改良的科勒照明，直接跳到步骤 6。如果没有扩散板或扩散板可以被移除，继续下面的步骤。

a）插入伯特兰透镜。如果没有伯特兰透镜，请取下一个目镜。这样就可以看到灯丝的图像。

b）通过使用调节旋钮前后移动灯丝，使其聚焦并居中。

c）取下伯特兰透镜（或放回目镜）。

6. 通过改变台下聚光器孔径设置，调整对比度和分辨率至最佳状态。通常，这大约是 70%～80% 的开度。

7. 每次放大倍数改变时都要检查科勒照明。

### 第五部分：用复式显微镜观察样品

**步骤**

从准备好的玻片盒中，查看并画出下列物品中的 5 种：硅藻、蛾鳞、种毛、昆虫肢体、稻草、棉花、食盐和锯末。使用各种放大倍数来熟悉显微镜。选择能最大限度地减少白色空间，但又能让你看到样品重要部分的放大倍数。

### 报告要求

应包括在实验室程序中获得的所有绘图、计算或其他信息。注释和/或绘图应包括样品鉴别、放大倍数和完整的描述。

### 报告问题

1. 复式光学显微镜的 6 个基本元件是什么？各个元件在复式光学显微镜

中起什么作用？

2. 解释复式光学显微镜中使用的光学元件。

3. 复式光学显微镜中光路的 4 个焦点是什么？

4. 说出可以用复式显微镜检验的 3 类证据。检验的内容是什么？

5. 哪些类型的证据不能用复式显微镜检查？为什么？

6. 使用复式显微镜的两大优势是什么？

7. 什么是数值孔径？

8. 决定显微镜分辨力最为重要的因素是什么？

9. 描述科勒照明。为什么这种技术而不是纳尔逊或漫射照明在大多数显微镜中使用？

## 实验 2B：用目镜测微尺进行测量

**推荐实验前阅读作业**

McCrone WC, McCrone LB, Delly JG. *Polarized Light Microscopy*. Ann Arbor, MI：Ann Arbor Science，1978；96-99.

**推荐网站**

Parry-Hill MJ, Fellars TJ, Davidson MW. Eyepiece Reticle Calibration. [Java Interactive Tutorial]；2007 [updated 2007；cited 2007 November 20]；Available from：http://www.microscopyu.com.

### 实验目的

完成本实验后，学生将对以下内容有基本了解：

1. 目镜测微尺的校准
2. 用目镜测微尺测量样品

### 实验概述

样品尺寸的测量也是检验的重要部分。显微镜可以精确测量非常小的线性距离。为了确定样品的大小，显微镜的目镜内使用微米刻度。在专用目镜内有一个透明的网格刻度，它可以叠加在被观察的图像上。这个比例是任意的，所以我们必须使用每个物镜进行校准。校准需要一个镜台测微尺。虽然有许多类型的镜台测微尺，但最常见的是 0.01mm 的。显微镜测量长度的单位是微米。因此，在这种情况下，每个刻度等于 10 μm。

记住：

$1 \ \mu m = 10^{-6} \ m$

$1 \ mm = 10^{-3} \ m$

$1 \ mm = 1000 \ \mu m$

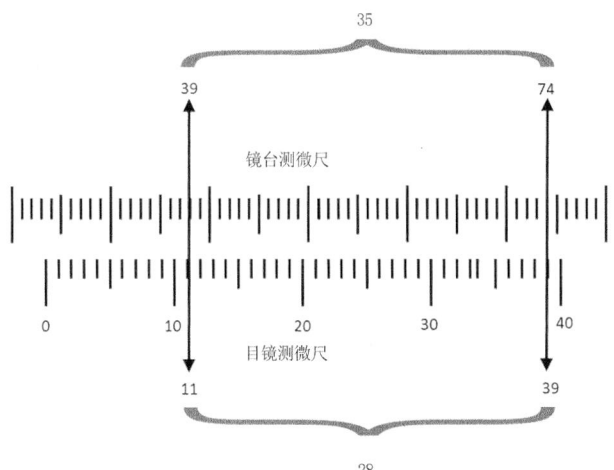

**图 2B-1　使用每格等于 0.01 mm 的镜台测微尺校准目镜测微尺**
（测微尺各不相同，有时没有数字）

为了校准目镜测微尺，将镜台测微尺放在载物台上，使两尺之间稍有偏移，如图 2B-1 所示。对齐测微尺，使测微尺上有两条刻度线对齐。分别数出镜台测微尺和目镜测微尺上这两条刻度线之间的刻度数。最好选择两个相距较远的位置。由于镜台测微尺是以毫米为单位的，必须将该值转换为微米。这是由数出来的刻度数乘以镜台比例尺上标记的系数来完成的。在图 2B-1 中，线 39 和线 74 之间有 35 格（ssd）。因此，计算出微米的数值如下式所示：

$$35 \text{ ssd} \times \frac{10 \text{ μm}}{1 \text{ ssd}} = 350 \text{ μm} \qquad （公式 2B-1）$$

然后，根据以下公式，用镜台测微尺微米数除以目镜测微尺刻度（osd）来确定目镜测微尺的校准系数：

$$校准系数 = \frac{350 \text{ μm}}{28 \text{ osd}} = 12.5 \frac{\text{μm}}{\text{osd}} \qquad （公式 2B-2）$$

这意味着，当目镜测微尺与该物镜一起使用时，目镜测微尺上的每个刻度相当于 12.5 μm。现在可以实现对样品的精确测量了。例如，用该物镜观察到测量值为 8.5 osd 的颗粒，其直径为 8.5 osd×12.5 μm/osd 或约 106.3 μm。

该校准系数只适用于此校准物镜。如果物镜的放大倍数、镜筒长度或显微镜放大系统的任何其他部分发生变化，则必须重新校准目镜测微尺。

当观察图像的边缘略微失焦时，测量的准确性取决于对颗粒边缘的鉴别，当然也涉及由照明系统的种类和质量所带来的误差以及光学系统本身所涉及的误差，甚至封固剂相对于被测颗粒的折射率对表观尺寸的测量也存在影响。在所有情况下，如果光学系统的放大倍数足以使颗粒至少在 10 osd 上成像，那么误差将被最小化。最差的情况是，在前述这些情况下，颗粒边缘的测量误差在 ±0.25 osd。因此，考虑到颗粒的两个侧面，测量的总体误差可能是 ±0.5 osd。对于尺寸在 10 osd 的颗粒，总体误差为 10%。当然，误差取决于颗粒的大小，而且当颗粒尺寸降至 1 μm 时，误差会迅速增加。用光学显微镜精确测量颗粒尺寸的下限约为 0.5 μm。

### 实验设备和用品

复式光学显微镜，配有各种放大倍数的物镜（如 4 倍、10 倍、20 倍、40 倍和带有测微尺的聚焦目镜）

标有 0.01 mm 刻度的镜台测微尺

麦克龙颗粒参考套装

### 实验安全

使用指导老师制定的标准实验室安全程序。谨慎选择显微镜的光照强度，避免眼睛受伤。了解与封固剂相关的危险，并遵照指导老师设定的适当预防措施使用它们。将玻璃丢弃在恰当的容器中。

### 第一部分：目镜测微尺的校准

步骤

1. 打开光源后，调整显微镜，以获得科勒照明。

2. 使用最低的放大倍数，将镜台测微尺放置在载物台上并对焦。

3. 旋转到你被要求校准的物镜。

4. 调整目镜测微尺的焦距，现在可以看到两条测微尺。

5. 将镜台测微尺和目镜测微尺排成一排，使它们稍微偏移。这样更容易读取数值。

6. 在每个测微尺上选择两个对齐的位置。最好选择一个位置在视场的东侧，一个位置在视场的西侧。

7. 数一数两条对齐的刻度线之间镜台测微尺上的格数。

8. 数一数与上述两条镜台测微尺刻度线对齐的目镜测微尺上的格数。

9. 每个镜台测微尺的大刻度长 1mm，再细分为 100 个小刻度，因此每个小刻度为 0.01 mm 或 10 μm。计算该物镜下目镜测微尺刻度的校准系数。

10. 重复步骤 2~5，校准你被分配的第二个物镜的目镜测微尺。在表 2B-1 中记录物镜的放大倍数和校准系数。

表 2B-1 两个物镜的校准和测量纤维直径

| | 校准系数<br>μm/osd | 目镜测微尺读数 | 平均数×校准系数<br>= μm |
|---|---|---|---|
| 示例<br>4 倍 | 12.5 μm/osd | 3.1 osd<br>3.3 osd<br>3.4 osd<br>3.2 osd<br>平均值 = 3.25 osd | 3.25 osd × 12.5 μm/osd<br>= 40.6 μm |
| 物镜 1: | | | |
| 物镜 2: | | | |

## 第二部分：使用校准的目镜测微尺进行测量

**步骤**

现在，你将使用校准的目镜测微尺来确定纤维的直径。

1. 你现在应该有两个物镜下目镜测微尺的校准系数。我们将用这两个物镜，测量麦克龙颗粒参考套装中制备好的涤纶纤维的直径。

2. 使用经校准的第一个物镜，测量纤维的直径（以 osd 为单位）。读取四个读数，精确到 0.1osd。对焦，使边缘清晰。通过乘以第一个物镜的校准系数将 osd 转换到 μm。完成表 2B-1 的对应部分。

3. 用你校准过的第二个物镜重复此测量。完成表 2B-1。你是否获得了相同的直径？

4. 选择一个能提供最大细节的物镜和放大倍数。这不一定是你已校准的物镜。画出你看到的东西。

## 报告要求

应包括在实验室程序中获得的所有绘图、计算或其他信息。注释或绘图应包括样品鉴别、放大倍数和完整的描述。

## 报告问题

1. 什么是镜台测微尺？该如何使用它？

2. 什么是目镜测微尺？该如何使用它？

3. 为什么要确定每个物镜的校准系数？

4. 如果发现 10 倍物镜的校准系数为 17.3 μm/osd，那么你预计 20 倍物镜的校准系数是多少？

5. 如果镜台测微尺的标签上写着每个刻度为 0.05 mm，且 17 个 ssd 相当于 41 个 osd，那么校准系数是多少 μm/osd？如果一个花粉颗粒的直径是 2 osd，那么这个花粉直径是多少 μm？显示计算结果。

6. 报告你在实验第一部分得到的每个物镜的校准系数。为你使用的显微镜制作一个标签，放置在显微镜的镜座上。你将在未来的测量中继续使用这些校准系数。

# 实验 2C：显微镜制片技术

**推荐实验前阅读作业**

Cook R, Norton D. An Evaluation of Mounting Media for Use in Forensic Textile Fibre Examinations. *Journal of Forensic Sciences Society.* 1982; 22 (1): 57-63.

Grieve MC, Deck S. A New Mounting Medium for the Forensic Microscopy of Textile Fibers. *Science & Justice.* 1995; 35 (2): 109-112.

Loveland RP, Centifano YM. Mounting Media for Microscopy. *The Microscope.* 1986; 34: 181-242.

Roe GM, Cook R, North C. An Evaluation of Mountants for Use in Forensic Hair Examinations. *Journal of Forensic Sciences Society.* 1991; 31: 59-65.

## 实验目的

完成本实验后，学生将对以下内容有基本了解：

1. 准备干式制片
2. 准备湿式制片（油类、半永久性和永久性封固剂）
3. 准备鳞片铸模

## 实验概述

使用复式光学显微镜观察样品时，必须使用载玻片制备样品。湿式制片需要使用盖玻片。盖玻片是制片的重要组成部分，它有以下作用：①保证显微镜的物镜不与样品接触；②在湿式制片上形成均匀的厚度；③将样品限制在一个平面上，从而降低必要的对焦量。应谨慎处理玻璃盖玻片，因为它们非常脆，很容易破碎。盖玻片可以是圆形、正方形或长方形的。玻璃盖玻片有两种厚度，分别为 1 号和 2 号。1 号盖玻片厚度为 0.13 mm~0.17 mm，建议用于油浸制片。2 号盖玻片的厚度为 0.17 mm~0.25 mm，用于常规用途。

法庭科学实验室中制备待检样品的技术通常有 3 种：①干式制片；②湿式制片；③鳞片铸模。制片技术的选择取决于样品。干式制片是最古老的制片方法，顾名思义，样品是干燥的，无封固剂，直接盖上盖玻片。干式制片的样品是临时性的，不能保存，也不能控制封固剂的折射率，所以它们不常用于法庭科学领域，但偶尔会用于观察样品的外部特征，如纤维和毛发的颜色。

许多法庭科学样品都会用显微镜观察，从而确定其内部特征或微观特征。这通常是在复式光学显微镜上使用透射光模式和湿式制片进行的。多种封固剂都可以用于显微镜检验（见表2C-1）。

表 2C-1 湿式制片的常用封固剂

| 封固剂 | 折射率 |
|---|---|
| 水 | 1.33 |
| 甘油 | 1.46 |
| Protex™ | 1.478 |
| XAM™，中性，改良白 | 1.491 |
| Flo-texx™ | 1.495 |
| Permount™ | 1.52 |
| DPX™ | 1.5240 |
| 加拿大树胶 | 1.5250 |
| Cargille™油（多种油） | 1.470~1.700 |
| Norland™（多种介质） | |
| 65 | 1.524 |
| 68 | 1.54 |
| MeltMount™（多种介质） | |
| 1.539 | 1.539 |
| 1.582 | 1.582 |
| 1.605 | 1.605 |
| 1.680 | 1.680 |

样品被放置在滴到载玻片上的液体封固剂中，然后再用盖玻片覆盖它们。

这有助于减少光的折射，因为光从空气通过样品，并穿回空气到达显微镜的镜头。这也使样品的内部特征或微观特征能够得到最好的观察。样品微观特征的可观察程度取决于实际使用的封固剂。一个无色透明的样品，只有当光在样品和介质之间的界面被折射和反射时，它才会可见。如果样品和介质的折射率相同，那么该样品是不可见的。透明颗粒的可见度称为浮雕。折射率相差越大，浮雕越大。

浮雕可以用零浮雕、低浮雕、中浮雕或高浮雕来表示。如果样品被放置在与其折射率相同的封固剂中，该样品将显示出零浮雕，并且是不可见的。同样，如果样品被放置在与其折射率相差较大的封固剂中，将显示出高浮雕。所以，要观察外部特征，最好使用与样品折射率不同的封固剂。然而，过高的浮雕或对比度可能会掩盖样品内部特征或微观特征。若想观察样品内部特征，请使用与样品折射率接近但不等同的封固剂。

有些法庭科学样品需要用显微镜观察，以确定其外部或表面特征。我们可以用体视显微镜观察体积大的样品（如早期实验室所做的），也可以用复式显微镜观察体积小的样品。复式光学显微镜使用的是透射光，所以被观察的样品必须足够透明，以便在制片后让光通过，从而观察到样品的外部或表面特征。样品可以直接放置在载玻片上或制作铸模。

**实验设备和用品**

复式光学显微镜，配有各种放大倍数的物镜（如4倍、10倍、20倍、40倍和带有测微尺的聚焦目镜）

微型工具包

用于制片的纤维样品，如醋酸纤维、尼龙、人造丝、蚕丝、涤纶、棉等

用于制片的毛发样品，如人和各种动物的毛发

各种封固剂

**实验安全**

使用指导老师制定的标准实验室安全程序。谨慎选择显微镜的光照强度，避免眼睛受伤。了解与封固剂相关的危险，并遵照指导老师设定的适当预防措施使用它们。将玻璃丢弃在恰当的容器中。

## 第一部分：干式制片

**步骤**

1. 在显微镜载玻片上贴上鉴别标记，如分析人员姓名缩写、样品信息和日期。

2. 用镊子将样品放置在载玻片上。

3. 在样品上盖上盖玻片。如果样品较大，盖玻片无法保持水平，则必须进行湿式制片。

4. 重复步骤 1~3，为分配的样品制片。

## 第二部分：湿式制片：半永久性和永久性封固剂

**步骤**

1. 在显微镜载玻片上贴上鉴别标记，如分析人员姓名缩写、样品信息和日期。

2. 使用表 2C-1 中所列的适当的封固剂，在载玻片上滴上足够量的封固剂（见图 2C-1）。

3. 用镊子将样品放置在封固剂上。对于某些样品，放置样品后再根据图 2C-1 所示的方法加入封固剂，可能更加容易。

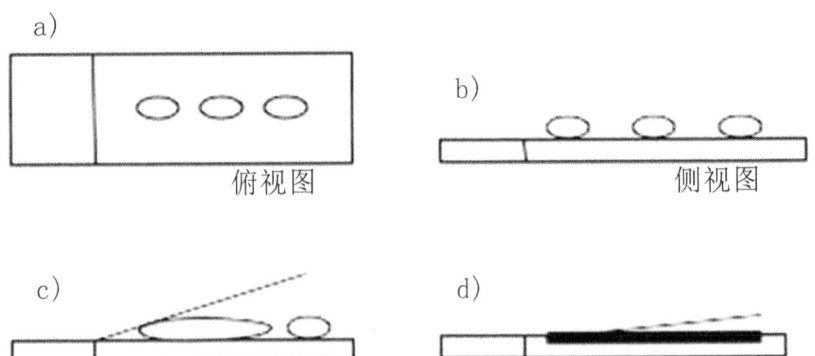

a)

俯视图

b)

侧视图

c)

d)

**图 2C-1** 湿式制片的步骤（**a**）在载玻片上滴上封固剂；**b**）将样品放入封固剂中；**c**）将盖玻片置于载玻片上方，使其只接触到一侧；**d**）让盖玻片轻轻落在封固剂和样品上）

4. 如果需要额外的封固剂，可以立即添加（或在盖上盖玻片后沿着盖玻片的边缘添加）。

5. 轻轻地使用盖玻片，从而使封装介质均匀分布。防止气泡形成的最佳方法是将盖玻片的一端接触载玻片，然后让其轻轻落在封固剂和样品上，如照图 2C-1 的 c）和 d）所示。

6. 如果在制备过程中形成了气泡，可以用橡皮轻轻地按压盖玻片来消除气泡。此外，轻微地撞击盖玻片可能会促使气泡向边缘移动。如果气泡远离样品，制备的样品仍然可以使用。要确保全部样品都融进封固剂中，这一点至关重要。如果气泡妨碍了封装，则可能需要重新制备样品。

7. 重复步骤 1~6，使用不同的封固剂为分配的样品制片。

### 第三部分：制作鳞片铸模

步骤

1. 在载玻片上贴上鉴别标记，如分析人员姓名缩写、样品信息和日期。

2. 涂上一层薄薄的透明指甲油。

3. 趁着指甲油未干，将一根毛发放置在指甲油中。

4. 让指甲油完全干透。

5. 轻轻去除毛发，获得鳞片铸模。

6. 对分配的样品重复步骤 1~5。

## 实验 2D：测定折射率

**推荐实验前阅读作业**

Koons RD, Buscaglia J, Bottrell M, Miller ET. Forensic Glass Comparisons in Forensic Science Handbook. In：Saferstein R, ed. *Forensic Science Handbook*. Upper Saddle River, NJ：Pearson Education, 2002；188-189.

De Forest PR. Foundations of Forensic Microscopy. In：Saferstein R, ed. *Forensic Science Handbook*. Upper Saddle River, NJ：Pearson Education, 2002；301-305.

McCrone WC, McCrone LB, Delly JG. *Polarized Light Microscopy*. Ann Arbor, MI：Ann Arbor Science, 1978；169-196.

**推荐网站**

Parry-Hill MJ, Sutter RT, Fellers TJ, Davidson MW. Refraction of Light. [Java Interactive Tutorial]：Olympus American, Inc.；2007 [updated 2007；cited 2007 October 25]；Available from：http：//www. olympusmicro. com/.

Davidson MW. Refractive Index. [Java Interactive Tutorial]：Nikon Microscopy U；[2007；cited 2007 October 25]；Available from：http：//www. microscopyu. com.

### 实验目的

完成本实验后，学生将对以下内容有基本了解：

1. 折射率
2. 浸油
3. 阿贝折射仪
4. 色散染色
5. 用复式光学显微镜测定折射率

### 实验概述

当光照射到物质上时，可能会发生几种相互作用。第一种是，光可能只是简单地反弹或从物质上反射，而没有其他相互作用。第二种是，光可能与物质发生相互作用。

如果材料是透明的，光的相互作用也取决于材料的特性。照射到透明物体上时，光会继续在材料中运动。这方面的一个例子是，当光穿过空气照射到水面时（图 2D-1），光会继续穿过水，但是其方向会发生变化。这种方向的改变被称为折射。光的折射现象是由于光从一种介质传到另一种介质时速度发生变化而产生的。

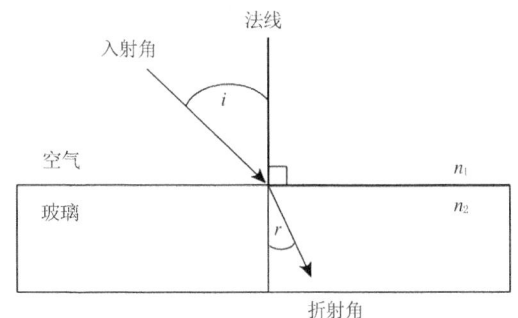

**图 2D-1　当光进入不同折射率的介质时会发生折射**

物质对光的折射程度不同。光折射的角度取决于入射角和进入的物质。我们可以把法线定义为一条垂直于两种物质间边界的线。光线将与法线成一定角度进入边界，并将根据斯涅耳定律进行折射：

$$\frac{\sin i}{\sin r} = \frac{n_2}{n_1}$$

（公式 2D-1）

其中 $n$ 代表物质 1 和物质 2 的折射率，$i$ 为入射光线与法线的夹角，$r$ 为折射光线与法线的夹角。

当光以更慢的速度从一种物质进入另一种物质时，会向法线的方向折射或弯曲。同样，当光以更快的速度从一种物质进入另一种物质时，将被折射或弯曲，且远离法线。当两种物质的折射率相等（$n_1 = n_2$）时，光将会无折射地通过。

如前所述，当光从一种物质进入另一种物质，且两种物质之间的光速存在差异时，就会发生折射。折射率是指光在真空中的传播速度与光在某物质中的传播速度之比。真空中的折射率为 1.0。其他透明物质的折射率 $n$ 可以通过以下公式来计算：

$$n = \frac{c}{V_m}$$

（公式 2D-2）

其中 $c$ 是光速，$V_m$ 是光在该物质中的速度。

真空的折射率被定义为 1.0，而真空中没有任何物质，因此所有透明物质的折射率都大于 1.0。在多数实际应用中，光在空气中的折射率（1.0003）都可以被用于计算未知物质的折射率。光在空气中的传播速度总是比在其他介质（真空除外）中快，所以 $n$ 总是大于 1。

这些原则可以应用于法庭科学检验。例如，玻璃颗粒的折射率是用于玻璃样品比对的一个特征。当一个透明的物体（如玻璃碎片）浸泡在液体中时，在显微镜下可以看到发光或彩色的边界，即一种"晕轮"。这种"晕轮"的出现是由于两种介质（玻璃和液体）的边界处产生了内部反射，它被称为贝克线。玻璃周围可见边界的清晰度取决于玻璃和液体之间的折射率差异。玻璃和液体的折射率差异越大，贝克线就越明显。玻璃和液体的折射率接近相等时，贝克线和玻璃颗粒将开始消失。如果无色玻璃和液体的折射率相等，玻璃在单色光下会不可见。在这个实验中，玻璃碎片很少消失，这源于所谓的折射率色散原理。折射率的色散是测量折射率随光的波长变化的方法。折射率的测量通常记录在钠的 $D$ 线（589 nm，黄色）、氢的 $C$ 线（656 nm，红色）和 $F$ 线（486 nm，蓝色）。折射率的色散（$v$）可以用以下方法计算：

$$v = \frac{n_D - 1}{n_F - n_C} \qquad \text{（公式 2D-3）}$$

其中 $n_D$ 是 589 nm 处的折射率，$n_F$ 是 486 nm 处的折射率，$n_C$ 是 656 nm 处的折射率。折射率的色散也可以用图形分析，如下所述。颗粒折射率的色散具有证据价值，因为成分不同的颗粒虽然可能在某个波长具有相同的折射率，但在其他波长具有不同的折射率。在本实验中，我们使用的光源是包含全波长的白光，所以玻璃粒子很少消失。实验 16 将会说明如何通过测量样品在单色光下的折射率计算其折射率的色散。

贝克线的一个重要优点是，它不仅能展现玻璃和液体之间的折射率差异，还能表明哪种介质的折射率更高。鉴于贝克线这种现象的存在，我们可以将它与油浸法一起使用，从而确定样品的折射率。在复式光学显微镜上，随着工作距离的增加，贝克线会向折射率较高的介质偏移。同样，随着工作距离的缩短，贝克线将向折射率较低的介质偏移。这使得检验人员可以选择一系列液体来确定样品的折射率。可用于测定折射率的浸泡液有很多种。由于 Cargille™ 油具有低挥发性和化学稳定性，法庭科学检验通常使用它作为浸泡液。这种商业产品可以提供多种油品供选择，它们覆盖了较大范围的折射率。有时，我们可能需要将油品混合，使用折射仪确定混合油的实际折射率。

另一种确定折射率的方法基于焦点筛选法。这种方法利用了与贝克线相同的现象。当使用浸油时，法庭科学家会用整个光锥进行检验；使用色散染色物镜（见图2D-2）时，则只利用光锥的外侧（环形挡板）和内侧（中心挡板）部分进行检验。

当封固剂和样品的折射率接近时，样品的边缘就像一个色散棱镜，将白光分解为多种颜色的光。分别观察来自样品外部和内部的光，这样就可以确定给定样品的色散程度，也可以确定颗粒和封装介质折射率相同时光的波长。表2D-1包含了用于确定环形挡板和中心挡板波长匹配时光的颜色。

在使用几种油品获取数据后，可将数据点绘制在哈特曼色散图上。许多化合物的色散图（绘制折射率与波长的关系图）已经绘制完成，并记载在书中[1]。用于白光的贝克线油浸法只能给出一个相对折射率，而色散染色技术可以给出在既定波长光（即 $n_D$，$n_F$，$n_C$）下的真实折射率。我们可以通过对一个标准物镜的多处改造而获得色散染色物镜。法庭科学家可以选择一个被称为环形的位置，观察来自颗粒中心的光，或选择另一个被称为中心的位置，观察来自颗粒外边缘的光。此外，色散染色物镜还有一个全孔径的最终位置，从而令其作为普通物镜使用。

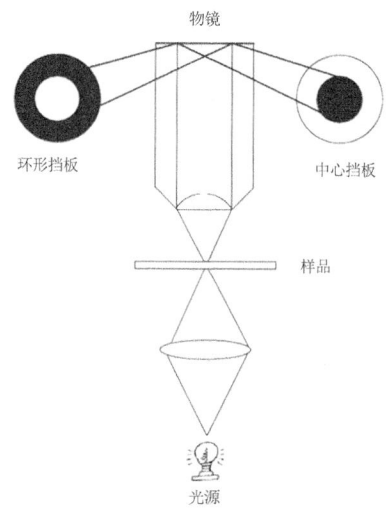

**图 2D-2　色散染色物镜包含一个被称为环形挡板的外挡板和一个被称为中心挡板的内挡板**

〔1〕　McCrone WC, Delly JG. *The Particle Atlas*. Ann Arbor, MI：Ann Arbor Science, 1978.

表 2D-1 色散染色颜色[1]

| 匹配波长 nm | 环形位置 | 中心位置 | |
| --- | --- | --- | --- |
| | | 聚焦 | 贝克线 |
| <420 | 蓝-黑 | 淡黄 | 淡金+紫 |
| 430 | 蓝-紫 | 黄 | 淡金+紫 |
| 455 | 蓝 | 金黄 | 淡金+紫 |
| 485 | 蓝-绿 | 金红 | 黄+紫 |
| 520 | 绿 | 红-品红 | 紫+橙 |
| 560 | 黄-绿 | 品红 | 蓝-紫+红-橙 |
| 595 | 黄 | 蓝-品红 | 蓝+红 |
| 625 | 橙 | 蓝 | 蓝 |
| 660 | 橙-红 | 蓝-绿 | 绿 |
| >680 | 棕-红 | 淡蓝 | 浅绿 |

浓缩物质的密度随温度发生变化，所以其折射率也会随温度而发生变化。如果不能进行温度控制，则必须进行温度校正，每摄氏度折射率的变化（$-dn/dT$）被称为折射率温度系数。市售 Cargille™ 油的 $-dn/dT$ 被标记在每个瓶子上。报告中的折射率通常是在 25°C 时的，而油浸式测量是在室温下进行的，室温约为 23°C。因此，我们将采用以下公式进行温度校正：

$$n^{25} = n^{23} - (25 - 23)\frac{dn}{dT} \qquad (公式\ 2D\text{-}4)$$

其中 $n^{25}$ 是 25°C 时的折射率，$n^{23}$ 是温度为 23°C 时测量到的折射率，$-dn/dT$ 是浸油瓶上提供的液体折射率温度系数的正值。

温度和折射率成反比关系，所以可以利用温度升高则折射率降低的规律来检查答案，反之亦然。

**实验设备和用品**

复式光学显微镜，配有各种放大倍数的物镜（如 4 倍、10 倍、20 倍、40

---

[1] 获得显微镜学院的许可，转载至 McCrone WC, McCrone LB, Delly JG. *Polarized Light Microscopy*. Ann Arbor, MI: Ann Arbor Science, 1978.

倍和一个色散染色物镜）

微型工具包

已知折射率的玻璃颗粒

未知玻璃颗粒

Cargille™油制片套装（其所包含的油品折射率覆盖玻璃折射率范围，即 1.45~1.80）

丁香油和橄榄油的混合物；将丁香油和橄榄油按以下比例混合，制成 15 种不同折射率的溶液。将这些液体放入贴有标签的小滴瓶中。

| 溶液 # | 1 | 2 | 3 | 4 | 5 | 6 | 7 | 8 | 9 | 10 | 11 | 12 | 13 | 14 | 15 |
|---|---|---|---|---|---|---|---|---|---|---|---|---|---|---|---|
| 橄榄油部分 | 全部 | 13 | 12 | 11 | 10 | 9 | 8 | 7 | 6 | 5 | 4 | 3 | 2 | 1 | – |
| 丁香油部分 | – | 1 | 2 | 3 | 4 | 5 | 6 | 7 | 8 | 9 | 10 | 11 | 12 | 13 | 全部 |

载玻片

盖玻片

阿贝折射仪，带循环水浴（可选）

一本《颗粒图谱》（*The Particle Atlas*），第 2 版第 3 卷

## 实验安全

使用指导老师制定的标准实验室安全程序。谨慎选择显微镜的光照强度，避免眼睛受伤。了解与封固剂相关的危险，并遵照指导老师设定的适当预防措施使用它们。将玻璃丢弃在恰当的容器中。

### 第一部分：用贝克线油浸法测定玻璃样品的折射率[1]

#### 步骤

1. 选择一个已知折射率的玻璃颗粒，将其放置在载玻片上并盖上盖玻片，使用如下浸油：

   a）折射率稍高的 Cargille™ 油

---

[1] 本步骤经劳伦斯·J. 卡普兰（Lawrence J. Kaplan）许可转载（Department of Chemistry, Williams College, Williamstown, MA 01267）。

b）折射率稍低的 Cargille™ 油

例如，如果你选择了折射率为 1.52 的玻璃，就将其放置在折射率为 1.500 和 1.540 的浸油中。

2. 显微镜调整正确后，使用 10 倍物镜在玻璃颗粒边缘处聚焦。使用微型工具包中的橙色滤光片获得单色光。这会让你确定 $n_D$ 值。

3. 将台下聚光器关闭至最小。使用较低折射率油中的玻璃颗粒观察贝克线，然后向上和向下聚焦，以确定玻璃碎片和液体中谁的折射率更高。请记住，向上聚焦（即使显微镜镜头远离样品）时，贝克线将向具有相对较高折射率的介质移动。当玻璃的折射率和浸油的折射率相同时，玻璃颗粒几乎是不可见的，你可能难以发现或对焦颗粒边缘。你会得出怎样的结论？

4. 对较高折射率油中的玻璃颗粒重复上述步骤。你观察到什么？你会得出怎样的结论？

5. 选择两个未知的玻璃样品。写下它们的编号。

6. 按照下面的表，选择丁香油和橄榄油的混合物（也可以用 Cargille™ 油完成模拟），以找到一种能提供最小浮雕的油，也就是所谓的"匹配"。请记住，贝克线会向折射率更高的介质移动。请注意，即使有 15 种不同的浸油，也只需要使用其中 4 种。按照图 2D-3 中的流程图进行操作。

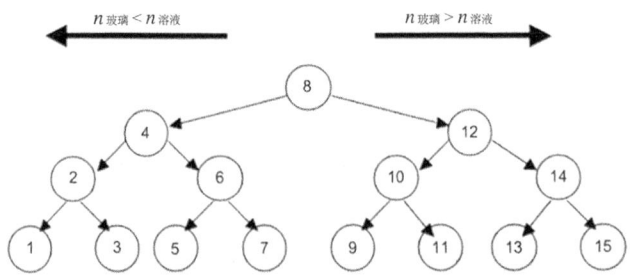

图 2D-3　折射率测定流程图（从 8 号溶液开始。如果玻璃的折射率大于溶液的折射率，则转到 12 号溶液。如果玻璃的折射率仍大于液体的折射率，则尝试 14 号溶液。如果玻璃的折射率小于 14 号溶液的折射率，则尝试 13 号溶液。碎片的折射率可确定为介于 13 号溶液和 14 号溶液之间）

**第二部分：通过确定油的折射率来确定样品的折射率**

步骤

注：折射仪最常见的问题是一种液体污染另一种液体。请在两次样品测

定之间用 95% 的乙醇清洗棱镜，并用吸水透镜纸擦拭。

**注意**：棱镜非常易碎，千万不要刮伤它。请勿用手指或玻璃滴管接触它们！

1. 打开阿贝折射仪和水浴，使温度平衡在 25℃。

2. 使用给定的丁香油，在棱镜之间滴一小滴油（但不要用滴管接触棱镜），令其散开，以便在棱镜闭合时可以均匀涂覆一层油。

3. 使用目镜观察，通过旋转位于折射仪右侧的小旋钮，确定常规明暗区域。在正确调整之前，这个明暗区域可能会显示出色彩鲜艳的边缘。

4. 通过转动折射仪前的滚花轮调整颜色，补偿棱镜。调整完毕后，你将看到明暗视场之间有一条非常清晰的分界线。

5. 旋转折射仪右侧的小旋钮，使十字线精确对准明暗分界线，如图 2D-4 所示。

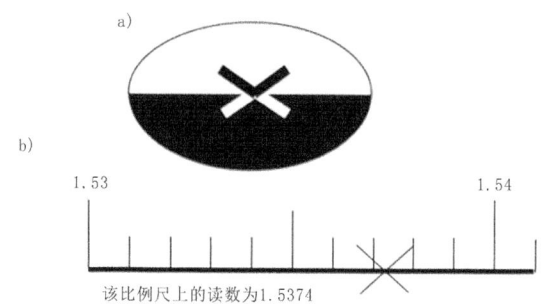

**图 2D-4**　**a）明暗视场在折射仪视场中被锐化和对中；b）按下按钮，通常位于折射仪左后侧的标尺就会亮起（这个标尺可以读取 5 位有效数字）**

6. 按下折射仪底部左后侧的按钮，点亮标尺。十字准线与标尺相交处的数字读数就是折射率。每 10 个刻度才有一个数值显示。将 10 字准线的位置估计到 10 个刻度中最为接近的一个。读取并记录折射率至小数点后 4 位，其有效数字为 5 位（见图 2D-4）。

7. 如果你没有循环水浴，请使用温度计测量室温。使用公式 2D-4 校正用折射仪测量出的折射率，报告温度为 25℃ 时的折射率。折射率温度系数可以从与玻璃碎片折射率相匹配的 Cargille™ 油瓶上找到。

### 第三部分：用色散染色法测定折射率

*步骤*

1. 打开光源后，旋转物镜转换器，直到色散染色物镜就位。

2. 用石英和折射率为 1.544 的 Cargille™ 油制备载玻片。

3. 将样品放在载物台上，并使用全孔径位置聚焦。调整显微镜，以获得科勒照明。

4. 插入伯特兰透镜（或取下一个目镜）。通过旋转选择盘来调整色散染色物镜，直到选择到中心挡板（中心黑暗的位置）。

5. 关闭视场光阑，直到视场刚好在中心挡板内（背景是暗的）。

6. 取下伯特兰透镜（或插回目镜）。

7. 插入检偏器，建立石英颗粒的消光点（颗粒消失的点）。

8. 取出检偏器。

9. 观察样品边缘聚焦和略微失焦的可见颜色（贝克线）。

10. 插入检偏器，将样品旋转到下一个消光点。取出检偏器。观察样品边缘聚焦和略微失焦的可见颜色。

11. 插入检偏器，将样品旋回至原位置（观察到第一个消光点的位置），取出检偏器。

12. 插入伯特兰透镜（或取下一个目镜）。通过旋转选择盘调整色散染色物镜，直到选择到环形挡板（中心明亮的位置）。

13. 关闭视场光阑，直到视场刚好在环形挡板内（背景是明亮的）。

14. 取下伯特兰透镜（或插回目镜）。观察颗粒边缘聚焦和略微失焦的可见颜色（贝克线）。

15. 插入检偏器，建立石英颗粒的下一个消光点（颗粒消失的点）。

16. 取出检偏器。

17. 观察样品边缘聚焦和略微失焦的可见颜色（贝克线）。

18. 用折射率为 1.554 的 Cargille™ 油重复此程序（步骤 3~17）。

19. 用折射率为 1.560 的 Cargille™ 油重复此程序（步骤 3~17）。

20. 用折射率为 1.568 的 Cargille™ 油重复此程序（步骤 3~17）。

21. 为了确定匹配波长，将观察到的颜色与表 2D-1 中的色散染色颜色进行比对。

22. 将你的数据绘制在附录 D 中的色散染色图上。将这些结果与《颗粒图谱》中已知的石英色散染色曲线数据进行比较。

23. 用温度计测量室温。校正瓶子的折射率，报告室温下的折射率。折射率温度系数可以在与玻璃碎片折射率相匹配的 Cargille™ 油瓶上找到。

## 报告要求

应包括在实验室程序中获得的所有绘图、计算或其他信息。注释和/或绘图应包括样品鉴别、放大倍数和完整的描述。

## 报告问题

1. 什么是折射率？

2. 贝克线的定义。

3. 当颗粒折射率为 1.49，用的油折射率为 1.46 时，贝克线会向哪个方向偏移？为什么会这样？

4. 什么是 Cargille™ 油？法庭科学中是如何使用它们的？

5. 如果你想测试两种油之间的折射率，你会怎样做？如何确定折射率数值？

6. 描述阿贝折射仪的工作原理。

7. 为什么要控制折射仪的温度？

8. 一种液体在 25°C 时的折射率为 1.532。它的折射率温度系数（$-dn/dT$）为 0.0004，那么当温度为 20°C 时，液体的折射率是多少？

如完成第三部分实验，还应该回答以下问题：

9. 描述色散染色物镜的工作原理。

10. 如果给你一个样品，你会如何用色散染色法分析它，以证明它是方解石？

## 推荐和拓展阅读

Allen TJ. Modifications to Sample Mounting Procedures and Microtome Equipment for Paint Sectioning. *Forensic Science International*. 1991; 52 (1): 93–100.

Almirall JR, Cole MD, Gettinby G, Furton KG. Discrimination of Glass Sources Using Elemental Composition and Refractive Index: Development of Predictive Models. *Science & Jus-*

tice. 1998; 38 (2): 93-100.

Bennett RL, Kim ND, Curran JM, Coulson SA, Newton AWN. Spatial Variation of Refractive Index in a Pane of Float Glass. *Science & Justice*. 2003; 43 (2): 71-76.

Bradbury S. *An introduction to the Optical Microscope*. Rev. ed. Oxford: Oxford University Press; Royal Microscopical Society, 1989.

Brown GA. Factors Affecting the Refractive Index Distribution of Window Glass. *Journal of Forensic Sciences*. 1985; 30 (3): 806-813.

Carroll GR, Demers J. Technical Note: A New Method for Determining the Refractive Indices and Birefringence of Textile Fibers. *Canadian Society of Forensic Science Journal*. 1993; 26: 15-117.

Cassista AR, Sandercock PML. Precision of Glass Refractive Index Measurements: Temperature Variation and Double Variation Methods and the Value of Dispersion. *Canadian Society of Forensic Science Journal*. 1994; 27 (3): 203-208.

Cook R, Norton D. An Evaluation of Mounting Media for Use in Forensic Textile Fibre Examinations. *Journal of Forensic Sciences Society*. 1982; 22 (1): 57-63.

Cook R, Paterson MD. New Techniques for the Identification of Microscopic Samples of Textile Fibres by Infrared Spectroscopy. *Forensic Science International*. 1978; 12: 237-243.

Croft WJ. *Under the Microscope: A Brief History of Microscopy*. Hackensack, NJ: World Scientific, 2006.

Curran JM, Buckleton JS, Triggs CM. Commentary on Koons RD, Buscaglia J. The Forensic Significance of Glass Composition and Refractive Index Measurements. *Journal of Forensic Science* 1999; 44 (3): 496-503. *Journal of Forensic Sciences*. 1999; 44 (6): 1324-1325.

Dabbs MDG, Pearson EF. The Variation in Refractive Index and Density across Two Sheets of Window Glass. *Journal of Forensic Sciences Society*. 1970; 10: 139-148.

Davidson MW. Refractive Index. [Java Interactive Tutorial]: Nikon Microscopy U; [2007; cited 2007 October 25]; Available from: http://www.microscopyu.com.

De Forest PR. Foundations of Forensic Microscopy. In: Saferstein R, ed. *Forensic Science Handbook*. Upper Saddle River, NJ: Pearson Education, 2002; 301-305.

Deane H. *On a New Medium for Mounting of Fresh Moist Animal and Vegetable Structures* [microform]. London: John Van Voorst, 1852.

Goldberg O. Köhler Illumination. *The Microscope*. 1980; 28: 15-21.

Heath JP. *Dictionary of Microscopy*. Chichester, UK: John Wiley & Sons, Ltd, 2005.

Herman B, Lemasters JJ. Optical Microscopy: *Emerging Methods and Applications*. San Diego: Academic Press, 1993.

Koons RD, Buscaglia J, Bottrell M, Miller E. Forensic Glass Comparisons. In: Saferstein R, ed. *Forensic Science Handbook*. 2nd ed. Upper Saddle River, NJ: Pearson Education, 2002; 161-213.

Koons RD, Buscaglia JA. The Forensic Significance of Glass Composition and Refractive Index Measurements. *Journal of Forensic Sciences*. 1999; 44 (3): 496-503.

Lambert JA, Satterthwaite MJ, Harrison PH. A Survey of Glass Fragments Recovered from Clothing of Persons Suspected of Involvement in Crime. *Science & Justice*. 1995; 35 (4): 273-281.

Locke J. Improvements in the Use of Silicone Oils for the Determination of Glass Refractive Indices. *Journal of the Forensic Science Society*. 1982; 22: 257-262.

Loveland RP, Centifano YM. Mounting Media for Microscopy. *The Microscope*. 1986; (34): 181-242.

McCrone WC. Checklist for True Köhler Illumination. *American Laboratory*. 1980; 12 (1): 96-98.

McCrone WC, Delly JG. *The Particle Atlas*. Ann Arbor, MI: Ann Arbor Science, 1978.

McCrone WC, McCrone LB, Delly JG. *Polarized Light Microscopy*. Ann Arbor, MI: Ann Arbor Science, 1978.

NewtonAWN, Kitto L, Buckleton JS. A Study of the Performance and Utility of Annealing in Forensic Glass Analysis. *Forensic Science International*. 2005; 155 (2-3): 119-125.

Parry-Hill MJ, Fellars TJ, Davidson MW. Eyepiece Reticle Calibration. [Java Interactive Tutorial]; 2007 [updated 2007; cited 2007 November 20]; Available from: http://www.microscopyu.com.

Parry-Hill MJ, Fellars TJ, Davidson MW. Microscope Alignment for Köhler Illumination. [Java Interactive Tutorial]; 2007 [updated 2007; cited]; Available from: http://www.microscopyu.com.

Quadros J, Monteiro ELD. Collecting and Preparing Mammal Hairs for Identification with Optical Microscopy. *Revista Brasileira De Zoologia*. 2006; 23 (1): 274-278.

Resua R, Petranco N. Fiber Optics: Illumination for Use in Dispersion Staining, the Microscope. *The Microscope*. 1980; 28: 51-55.

Roe GM, Cook R, North C. An Evaluation of Mountants for Use in Forensic Hair Examinations. *Journal of Forensic Sciences Society*. 1991; 31: 59-65.

Simon JM, Comastri SA. The Compound Microscope: Optical Tube Length or Parfocalization? *European Journal of Physics*. 2005; 26 (6): 1101-1105.

Spencer M. *Fundamentals of Light Microscopy*. Cambridge, UK; New York: Cambridge University Press, 1982.

# 第三章

# 偏振光显微镜

显微镜被应用于多种类型的法庭科学检验中。在法庭科学实验室，体视显微镜和复式光学显微镜被用于许多领域，而偏振光显微镜一般用于专门的痕量物证检验。利用偏振光显微镜更大的放大倍数和附加元件，分析人员可以确定特定样品的重要特征。

和复式光学显微镜一样，偏振光显微镜也是利用透镜组合来产生放大图像的。除了基本的组成部分外，偏振光显微镜还增加了几个其他元件，以提高显微镜的分析能力。偏振光显微镜的基本元件有以下几种：

- 光源
- 聚光器
- 载物台
- 物镜
- 支撑和校准元件
- 目镜

此外，偏振光显微镜还增加了下述部分或全部元件：

- 起偏器
- 检偏器
- 补偿器（一阶红色、$\lambda/4$、石英楔）
- 伯特兰透镜

基本上，光从照明装置发出，经聚光器准直，然后通过起偏器，起偏器只允许在某一平面上振动的光通过。偏振光与显微镜载物台上的样品相互作用，然后由物镜收集。光穿过物镜，通过检偏器（如果允许的话）后再进入目镜。与起偏器相似，检偏器也只允许在某一平面上振动的光通过。目镜接收这个图像，并将其重新聚焦到观察者的眼睛上。可以插入各种补偿器和伯特兰透镜，以满足特定的应用需求。

　　偏振光显微镜通常使用的目镜和物镜提供 40~400 倍的总放大倍数。由于较高的总放大倍数，我们将会获得一个较小的视场和较浅的景深。样品用透射偏振光观察，并且使用正交的偏振片，即起偏器和检偏器相互垂直排列，以获得其微观特征。补偿器和伯特兰透镜的加入也可以提供额外的微观特征。

　　偏振光显微镜用于鉴别和鉴定样品。较高的放大倍数既可以实现样品初始特征的观察，又可以进行其他比对检验和显微镜检验。

## 实验 3A：熟悉偏振光显微镜

**推荐实验前阅读作业**

Brenner M. Understanding the Polarizing Microscope. *American Laboratory*. 1980；42 (4)：71.

De Forest PR. Foundations of Forensic Microscopy. In：Saferstein R，ed. *Forensic Science Handbook*. Upper Saddle River，NJ：Prentice Hall，2002；282-285.

**推荐网站**

Abramowitz M，Davidson MW. Polarization of Light. ［Java Interactive Tutorial］：Olympus American Inc.；2007［updated 2007；cited 2007 October 23］；Available from：http://www.olympusmicro.com/.

### 实验目的

完成本实验后，学生将对以下内容有基本了解：

1. 偏振光显微镜的组成部分
2. 偏振光显微镜的应用
3. 折射率
4. 双折射
5. 各向同性和各向异性
6. 颜色和多向色性
7. 观察消光点和双折射现象
8. 观察具有各向同性和各向异性的物质
9. 观察多向色性
10. 固有色和干涉色

### 实验概述

正如你在使用体视显微镜和复式光学显微镜时了解到的那样，显微镜是一种光学仪器，它使用透镜组合产生小物体的放大图像。为了实现这个目的，偏振光显微镜如复式显微镜那样，使用几个组件收集光并重定向光路，以便使观察对象的放大图像在短距离内聚焦。然而，在偏振光显微镜中，附加元件增强了显微镜的分析能力。偏振光显微镜的基本组成部分包括光源、聚光器、载物台、物镜、支撑和校准元件以及目镜，并增加了起偏器和检偏器。起偏器放置在样品的下方，通常放在能够旋转的载体上。检偏器放置在样品上方，通常在物镜后面。起偏器和检偏器都是由相同类型的专用滤光片组成的，其唯一区别是位置和方向。

偏振光显微镜的原理非常简单。起偏器是一种聚合物薄膜，它能完全吸收除一个方向以外的所有振动光。在偏振光显微镜中，照明装置发出的光，通过起偏器，并由聚光器准直（图 3A-1）。

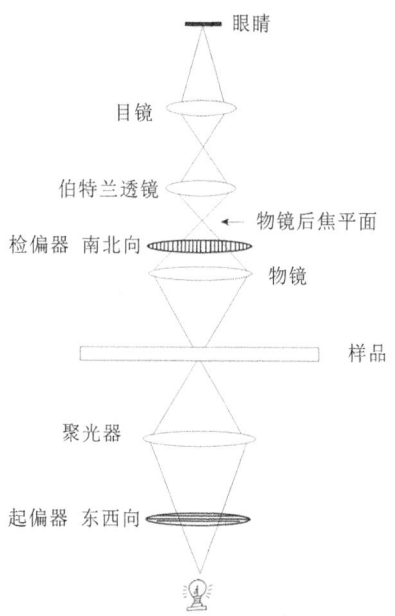

**图 3A-1 偏振光显微镜的光学通路**

当光通过起偏器时，它在特定方向上振动，通常为东西向（E-W）。随后，平面偏振光与样品相互作用，并被物镜收集。物镜通过检偏器（当使用时）将图像重新聚焦到物镜后焦平面。检偏器的方向与起偏器的方向不同，通常是南北向（N-S）。目镜接收到这个图像，并将其重新聚焦到观察者的眼睛上。当起偏器和检偏器的振动方向相互垂直时，我们称二者处于"正交"位置。此时，没有任何光线可以通过，所以视野是黑暗的。然而，在载物台放置样品后，光与样品物质之间将会发生各种反应。某些颗粒可以保持视野黑暗，而另一些则出现明亮的颜色或似乎"发光"。在正交偏振下发光的样品被认为具有各向异性，这意味着它们有不止一种折射率。除了立方晶系外，所有晶体材料都会产生两种不同的折射光，分别为非常光和寻常光，二者的折射率不同。

这些折射率的数值差被称为晶体的双折射（$B$），其公式如下：

$$B = n_2 - n_1 \qquad\qquad （公式 3A-1）$$

其中 $n_1$ 和 $n_2$ 分别对应非常光和寻常光的折射率。

对偏振光不产生影响的样品被认为是各向同性的，无论方向如何，它们仅有一个折射率。具有各向同性的样品在正交偏振条件下将呈现黑暗视野。

对于具有各向异性的样品，一条光线将以比另一条光线慢的速度穿过晶体，即较慢射线的速度将相对于较快射线延迟。这种延迟（Δ）将取决于样品的厚度（$t$）和双折射（$B$），其计算公式为：

$$\Delta = B \times t \qquad\qquad （公式 3A-2）$$

由于延迟或干涉色的计量单位是纳米，而厚度的计量单位是毫米，所以通常使用以下公式以方便计算：

$$\Delta = B \times t\Delta \times 1000 \, \frac{nm}{\mu m} \qquad\qquad （公式 3A-3）$$

记住：

1 nm = $10^{-9}$ m

1 μm = $10^{-6}$ m

1 μm = 1000 nm

干涉色不应与自然色或固有色混淆。干涉色是在正交偏振条件下观察到的，而固有色则是在检偏器脱离光路的情况下观察到的。二者都是鉴别和比较物证样品的重要依据。样品相对于起偏器和检偏器方向的差异也可能导致样品出现不同的颜色。与起偏器方向一致的样品会呈现黑色，这是因为穿过样品的光的振动方向与检偏器的振动方向垂直。这些位置被称为消光点。消光点每90°出现一次，而最大亮度点每45°出现一次（见图3A-2）。

样品的消光特性有助于物质的鉴别。例如，棉花纤维在正交偏振条件下旋转时，永远不会完全变黑，这是由于棉花生长过程中所产生的纤维是卷曲的。缺乏消光点可以被视为对棉花纤维的一种确证实验。

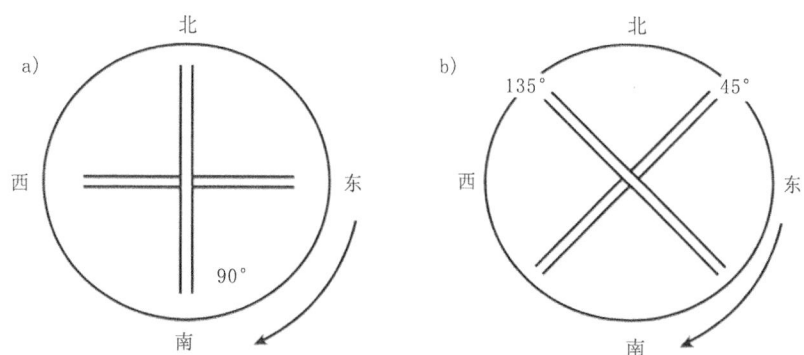

**图 3A-2　纤维是一种典型的各向异性物质（在此图中，纤维在载物台上以不同方向显示。a）在东西向和南北向的位置上，每 90°会发生消光现象，纤维将允许平行于起偏器但垂直于检偏器的光通过。b）最大双折射位置出现在 45°和 135°处。在这里，纤维与偏振光相互作用，产生两条具有两种折射率的光线。部分光与检偏器平行振动，并得以通过）**

　　另一种常见的显微镜检测是多向色性检测。多向色性即某一样品根据其相对于起偏器振动方向的变化而展现出不同固有色的现象。将检偏器从光路中移除，旋转样品，具有多向色性的样品在载物台旋转时将显示出固有色的变化。多向色性是一种独特的属性，可以用来比较和区分其他相似的样品。样品多向色性可能表现为从轻微的色调差异到完全不同的颜色。有些材料显示出两种颜色或色调（称为二向色性），有些显示三种颜色（三向色性）。

　　物质的光学特性可以用来鉴定和区分不同样品。无论样品是各向同性还是各向异性，其双折射程度和多向色性都是检验法庭科学样品常用的特征。

**实验设备和用品**

　　偏振光显微镜，配有各种放大倍数的物镜（如 4 倍、10 倍、20 倍、40 倍）

麦克龙颗粒参考套装

微型工具包

四苯基环戊二烯酮

## 实验安全

使用指导老师制定的标准实验室安全程序。谨慎选择显微镜的光照强度，避免眼睛受伤。了解与封固剂相关的危险，并遵照指导老师设定的适当预防措施使用它们。将玻璃丢弃在恰当的容器中。

### 第一部分：偏振光显微镜的元件

在相应编号旁边标注徕卡 DMEP™ 型偏振光显微镜（见图 3A-3）的元件名称。这个工作表的副本可以从 http://www. wileyeurope. com/college/wheeler 获得。

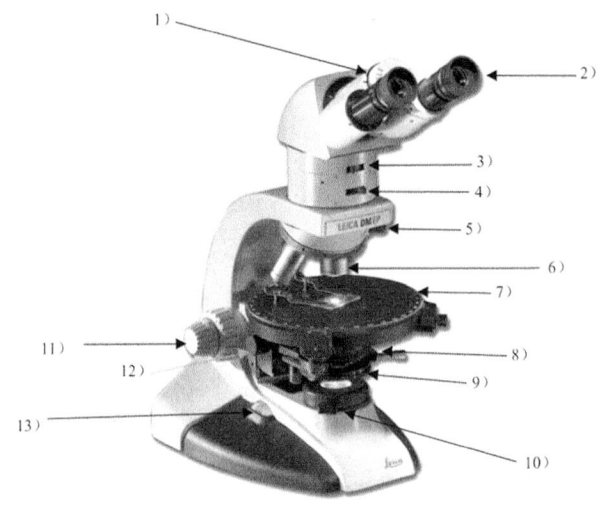

**图 3A-3 徕卡 DMEP™ 型偏振光显微镜的照片（经徕卡显微系统公司许可转载）**

针对每个元件的功能，分别用一句话予以解释，写在下方空白处。如有必要，请增加附页。

### 第二部分：偏振光显微镜的操作

#### 步骤

1. 熟悉偏振光显微镜。找到显微镜的每一部分。将样品放到载物台上。

打开光源后，操纵显微镜的目镜，调整瞳距，使观察物体时，左右图像合二为一。

2. 上下调整焦距。使用不可调节的目镜，对准一个物品，以获得物品的清晰图像。

3. 如有必要，对焦第二目镜。

4. 设置科勒照明，并让你的指导老师签署科勒检查表。

5. 确定显微镜上起偏器的方向。

6. 确定检偏器的方向。

## 第三部分：各向同性 VS. 各向异性

步骤

1. 使用偏振光显微镜，设置起偏器和检偏器，获得正交偏振。如果两个偏振片正确交叉，那么在显微镜的光路中插入检偏器后，视野应该完全是黑的。如果视野没有完全变黑，偏振片就不是完全垂直的，必须调整起偏器或检偏器来纠正。起偏器可以通过简单地握住并旋转来调整，应将它置于使视野最暗的位置。

2. 检验以下制备好的样品，记录你所观察到的。确保在每个绘图上记录了样品名称、放大倍数、偏振片的方向（正交/非正交）和样品的方向：

石英石　　　橄榄石

方解石　　　磨砂玻璃

矿棉　　　硅藻

应在两种偏振设置下进行绘图。记录每个载玻片上的颗粒是各向同性还是各向异性。

## 第四部分：消光点和双折射

步骤

1. 将尼龙纤维的载玻片样品放在载物台上。

2. 将纤维顺着起偏器的方向放置。

3. 将检偏器插入光路。视野应该是黑的，包括纤维在内。

4. 将纤维旋转 90°。纤维会消光吗？

5. 将纤维以 45°角放置。描述并画出你所观察到的。

6. 用醋酸纤维重复步骤 2~5。

## 第五部分：颜色和多向色性

**步骤**

1. 装上几块四苯基环戊二烯酮（TPCPN）晶体。

2. 在正交偏振条件下选择一个明亮的纹理，旋转载物台直至其消光。

3. 把检偏器取出。记录固有色。

4. 将样品旋转 90°，记录颜色。如果无论方向如何，都是一样的颜色，则晶体没有表现出多向色性。

5. 画出两个方向的颜色，在你的笔记中注明。

## 报告要求

应包括在实验室程序中获得的所有绘图、计算或其他信息。注释和/或绘图应包括样品鉴别、放大倍数和完整的描述。

## 报告问题

1. 偏振光显微镜的基本元件有哪些？各个元件在显微镜中都有什么功能？

2. 解释偏振光显微镜所使用的光学元件。

3. 列举可以用偏振光显微镜检验的三类物证。检验的内容是什么？

4. 哪些类型的物证不能用偏振光显微镜进行检验？为什么？

5. 解释平面偏振光。

6. 什么是各向同性？如何判断某物是否具有各向同性？

7. 什么是各向异性？如何判断某物是否具有各向异性？

8. 什么是双折射现象？

9. 什么是多向色性？

10. 在载物台旋转过程中，给定样品有多少次表现出双折射的典型消光现象？

11. 在载物台完整旋转一周的过程中，最大双折射的位置在哪里？在载物台旋转一周的过程中会出现多少次？

12. 网络检索第三部分所用样品，说明它们的构成。它们在案件中有可能出现在哪里？为什么它们是各向同性或各向异性的？

## 实验 3B：确定各向异性物质的折射率

**推荐实验前阅读作业**

Bell S. *Forensic Chemistry*. Upper Saddle River, NJ: Pearson Education, 2006; 580-586.

De Forest PR. Foundations of Forensic Microscopy. In: Saferstein R, ed. *Forensic Science Handbook*. Upper Saddle River, NJ: Pearson Education, 2002; 305-309.

### 实验目的

完成本实验后，学生将对以下内容有基本了解：

1. 各向同性和各向异性物质的区别
2. 使用偏振光检验各向异性物质
3. 测量纤维的两个折射率（n-平行和n-垂直）
4. 计算纤维的双折射

### 实验概述

当样品被放置在偏振光显微镜载物台的光路上时，它们会出现不同的反应。对于某些样品，无论其方向如何，它们对偏振光都没有任何影响，因此被认为具有各向同性。各向同性物质没有重复的晶体结构，因此只有一种折射率。玻璃是各向同性物质的典型示例。我们可以使用实验 2D（第 2 章）所示的贝克线油浸法测定各向同性物质的折射率。

如实验 3A 所示，各向异性物质在正交偏振条件下发光并产生干涉色。各向异性物质有多个折射率。除立方晶系以外，所有的晶体材料都会产生两种偏振光成分，分别对应于非常光（e 光）和寻常光（o 光）。当物质有多个折射率时，折射率会随着物质与光振动方向的相对变化而变化。这是因为各向异性物质包含一种重复的结构，其不同的方向为光创造了两个或更多的传播路径。贝克线油浸法也可用于测量单个样品的多个折射率，然而目前的流程需要控制样品的方向。使用偏振光可以使样品的方向始终与光的振动方向一致。

本实验中我们将专注于纤维，因为它是相对容易控制方向的样品。纤维由重复的单体单元组成，因此它们在两个方向上的密度不同。这就产生了两个轴，导致光在纤维内部被分解为两条折射光。其中，一条折射光的方向平行于纤维的轴向，在该方向上的折射率为 n-平行；而另一条折射光的方向垂直于纤维的轴向，在该方向上的折射率为 n-垂直。对于纤维而言，光永远会在某一方向上遇到较高密度的原子，这就会导致光的传播在这个方向上被延迟。在这个方向上运动的光被称为慢射线。垂直于这个方向的光遇到的原子密度较低，运动速度较快。在这个方向上运动的光被称为快射线。我们已经在上一章中使用公式 2D-1 给出折射率的定义。因此，可以很容易看出，慢射线的折射率较高。为了鉴别纤维，我们必须测定上述两个折射率。

偏振光显微镜可以用来测定两种折射率。起偏器只允许在某一方向振动的光通过，通常为东西向。在这一环节我们需要平面偏振光，所以我们会将检偏器从光路中移除。为了确定 n-平行，我们需要将纤维定向放置在载物台上，其轴向平行于起偏器（图 3B-1）。

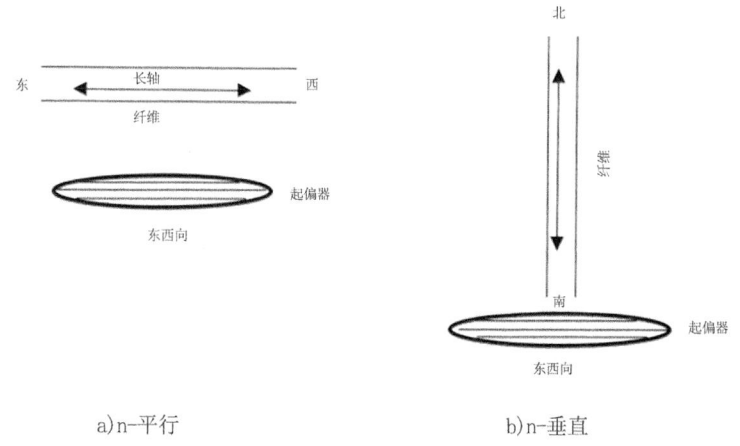

a)n-平行                    b)n-垂直

**图 3B-1  a）当纤维长轴平行于起偏器振动方向时，可以测量 n-平行；b）当纤维长轴垂直于起偏器振动方向时，可以测量 n-垂直（为了正确定向纤维，必须了解起偏器的振动方向）**

一旦找到这个方向，我们就可以使用贝克线油浸法判断浸油的折射率是高于还是低于纤维的 n-平行数值。如同测定玻璃折射率一样，当焦距增大时，贝克线将向折射率较高的介质偏移。为了确定 n-垂直的数值，我们需要旋转纤维，使其轴向垂直于起偏器的偏振方向。如果起偏器是东西向的，我们需要将纤维沿南北向放置。重复贝克线油浸法，直到在这个方向观察到最小的浮雕。一旦确定好 n-平行和 n-垂直的数值，我们就可以根据下面的公式计算双折射：

$$纤维的双折射 = n_{||} - n_{\perp} \qquad （公式3B-1）$$

虽然并不常见，但有些表格使用下述公式提供了单一加权平均值，又被称为各向同性折射率：

$$纤维的各向同性折射率 = \frac{1}{3}(n_{||} + 2\,n_{\perp}) \qquad （公式3B-2）$$

对于具有各向异性的矿物和晶体，我们必须了解晶体的方向，从而确定其各自的折射率。这代表了一种更复杂的情况，因为矿物的折射率可能有 3 个以上。我们可以使用锥光照明来确定晶体与振动方向之间的相对位置，实验 18A 中将给出相关讲解。

**实验设备和用品**

偏振光显微镜，配有各种放大倍数的物镜（如 4 倍、10 倍、20 倍、40 倍）

麦克龙颗粒参考套装

未知纤维

载玻片和盖玻片

Cargille™ 油

**实验安全**

使用指导老师制定的标准实验室安全程序。谨慎选择显微镜的光照强度，避免眼睛受伤。了解与封固剂相关的危险，并遵照指导老师设定的适当预防措施使用它们。将玻璃丢弃在恰当的容器中。

**第一部分：观察 n-平行和 n-垂直**

步骤

1. 设置偏振光显微镜的科勒照明。

2. 接下来，确定显微镜上起偏器的振动方向。选取 McCrone™ 颗粒参考套装中的涤纶纤维，使用 10 倍物镜聚焦。选择纤维上比较直的部分观察。仅使用起偏器，旋转纤维，使你在东西向和南北向都可以观察到它的浮雕。由于载玻片的封固剂接近 n-平行的折射率，当它平行于起偏器的振动方向时，将会表现出最小浮雕。如果当纤维被置于东西向时出现这种情况，那么你的起偏器将允许在东西向上振动的光通过。

3. 可选：调整起偏器，对齐你的显微镜的十字准线。旋转涤纶纤维，直接与起偏器的方向对齐。例如，如果你的起偏器是东西向偏振光，则旋转纤维，直到它也是东西向的。现在旋转你的起偏器，直到获得最小的双折射。这需要起偏器不能处于固定位置。

4. 取出检偏器。用平面偏振光测定 n-平行和 n-垂直。

5. 关闭聚光器光圈以增加对比度，并防止形成假贝克线。假贝克线可以作为第二条亮线被观察到，它的移动方向与贝克线相反。当样品的折射率与浸油的折射率相差较小，且真正的贝克线较暗时，可能会出现这种情况。

6. 在显微镜上放置一条聚酯纤维，并盖上盖玻片。

7. 选择接近聚酯纤维已知折射率之一的 Cargille™ 油（n-平行为 1.720，n-垂直为 1.540），在盖玻片下滴一滴油。

8. 将载物台上的载玻片分别旋转至纤维的轴向平行和垂直于偏振光的平面。检查高放大倍数下的纤维。解释你在这两个方向上看到了什么。它在什么方向上消失了？为什么会消失？

9. 将纤维旋转至不对齐的方向。使用准焦螺旋，调整焦距至可以观察到边缘。当纤维略微失焦时，贝克线将出现在纤维边缘的内部或外部。当焦距增加时，贝克线会向折射率较高的地方移动。贝克线是否会移向或远离纤维？为什么会这样？

### 第二部分：确定未知纤维的 n-平行和 n-垂直

步骤

1. 获得一个未知纤维。

2. 使用偏振光显微镜，检查照明，以确保样品使用科勒照明观察。

3. 将未知纤维放置在载玻片上，并盖上盖玻片。将一滴 Cargille™ 油滴在盖玻片边缘，让它可以在盖玻片下扩散。

4. 将载玻片放在载物台上并使用高放大倍数和平面偏振光对焦。

5. 旋转纤维，使纤维的轴向平行于偏振光的平面，多数显微镜为东西向。

6. 关闭聚光器，以防止形成假贝克线。假贝克线可以作为第二条亮线被观察到，它的移动方向与贝克线相反。当样品的折射率与浸油的折射率相差较小，且真正的贝克线很模糊时，就可能看到这条假贝克线。

7. 使用准焦螺旋，调整焦距，同时观察纤维的边缘。当纤维略微失焦时，贝克线将出现在纤维边缘的内部或外部。当焦距增加时，贝克线会向折射率较高的地方移动。记录哪种介质具有更高的折射率。

8. 旋转纤维，使其垂直于偏振光的平面，多数显微镜是南北向。

9. 再次聚焦样品边缘，判断哪种介质的折射率更高，并记录答案。

10. 重复使用不同的 Cargille™ 油，直到能够确定纤维样品的折射率。根据前述实验结果，决定下一步使用哪种液体。

11. 继续，直到你已经确定了纤维在两个方向上的最小浮雕。报告室温下的 n-平行和 n-垂直。

12. 利用匹配的 Cargille™ 油瓶上的温度系数，报告 25℃时的折射率。

13. 使用公式 3B-1 计算室温下的双折射；此外，使用公式 2D-4 计算 25℃时的折射率并使用在附录 A 和附录 B 中的数据鉴别未知纤维。

**报告要求**

应包括在实验室程序中获得的所有绘图、计算或其他信息。注释和/或绘图应包括样品鉴别、放大倍数和完整的描述。

**报告问题**

1. 描述各向同性和各向异性。

2. 为什么折射率不止一个？

3. 解释平面偏振光和正交偏振的区别。

4. 如果一个纤维置于南北向，用东西向偏振光测量的是哪个折射率？为什么？

5. 为什么要把检偏器从光路中移除？

6. 这个程序可以在复式光学显微镜上使用吗？

## 实验 3C：确定双折射和延长符号

**推荐实验前阅读作业**

De Forest PR. Foundations of Forensic Microscopy. In：Saferstein R，ed. *Forensic Science Handbook*. Upper Saddle River，NJ：Pearson Education，2002；284-285.

**推荐网站**

Griffin JD，Johnson ID，Davidson MW. Specialized Microscopy Techniques-Polarized Light Microscopy-Compensators and Retardation Plates. [Java Interactive Tutorial]：Olympus American，Inc.；2007 [updated 2007；cited 2007 October 25]；Available from：http://www.olympusmicro.com.

### 实验目的

完成本实验后，学生将对以下内容有基本了解：

1. 常见的补偿器
2. 纤维的延长符号
3. 纤维的双折射
4. 使用偏振光显微镜确定延长符号
5. 使用补偿器确定纤维的双折射

### 实验概述

借助偏振光显微镜和补偿器，我们可以确定样品的许多光学特性。正如在前面的实验中所了解到的，双折射是给定样品折射率的数值差。这可以通过公式 3A-1 或借助补偿器的几种其他方法来确定。各向异性样品的延长符号是一种可以用偏振光显微镜测定的特征。术语"延长符号"是指样品的延长率与其折射率之间的关系。如果平行于样品长轴的光的折射率 n-平行，大于垂直于样品长轴的光的折射率 n-垂直，则称延长符号为正。这意味着慢射线在纤维最长的方向上振动。若反之，则延长符号为负。

延长符号可以通过两种方法确定：

- 在光路中插入补偿器
- 测量两个折射率，根据公式 3B-1 计算双折射和延长符号

在之前的实验中，你使用贝克线油浸法来确定 n-平行和 n-垂直。将这两个数值相减便得到双折射。如果计算的结果为正值，则延长符号为正。如果计算的结果为负值，则延长符号为负。在本实验中，你将使用补偿器确定双折射和延长符号。

补偿器由多种各向异性晶体制成。补偿器上会清楚标注延迟的量，通常标注的是其慢速方向，即折射率较高的方向。一阶补偿器由硒石或石英制成，产生约 550 nm 的延迟。λ/4 补偿器通常由云母或石英制成，产生约 137 nm 的延迟。石英楔补偿器由厚度不一的石英"楔子"组成，用于补偿样品产生的延迟。法庭科学领域常用的补偿器为一阶补偿器和石英楔补偿器。当插入至正交偏振模式下的光路中时，补偿器将根据其厚度和折射率增加或减少延迟。我们所观察到的干涉色的变化则是由光路的加法或减法引起的。如果样品和补偿器的慢射线平行，则发生加法。如果样品和补偿器的慢射线垂直，则发生减法。附录 C 中的米歇尔-勒维干涉图可以用来确定颜色的变化是由加法还是减法产生的。如果插入补偿器导致出现较高阶的延迟颜色，则发生加法，我们称颜色"向上移动"；如果出现较低阶的延迟颜色，则发生减法，我们称颜色"向下移动"。

在这个实验中我们将专注于纤维样品。双折射和延长符号是一个特征，通常用于鉴别和比对纤维物证。纤维有两个光轴，光在纤维内被分解成两条折射光，一条平行于纤维的长轴，另一条则垂直于纤维的长轴。由于纤维的内部结构，光将在两个方向上以不同的速度穿行。在一个方向上被延迟的光被称为慢射线，该方向的光线将具有更高的折射率。在正交偏振模式下，纤维最先在西北-东南向或 45° 位置上被观察。如果观察到除灰色以外的干涉色，则纤维的延长符号为正，换句话说，慢射线平行于该纤维的长轴，在延长方向的折射率大于垂直方向的折射率。如果纤维在这个位置上是灰色的，或者它的延长符号为负，或者其延长符号为正但是数值非常小。补偿器的加入，增加了光路的厚度，起到了改变光的延迟的作用。我们可以增加足够的厚度，使快射线完全被延迟，以配合慢射线的速度。这将导致纤维变暗，仿佛是一个各向同性的样品。石英楔补偿器的厚度是可变的，并允许分析人员估计所

需延迟，以平衡两个方向的速度。只要提供厚度，用这个延迟可以通过公式3A-3计算双折射。

**实验设备和用品**

偏振光显微镜，配有各种放大倍数的物镜（如 4 倍、10 倍、20 倍、40 倍）

麦克龙颗粒参考套装

制备好的未知纤维样品

一阶补偿器

石英楔补偿器

米歇尔-勒维干涉图

**实验安全**

使用指导老师制定的标准实验室安全程序。谨慎选择显微镜的光照强度，避免眼睛受损。了解与封固剂相关的危险，并遵照指导老师设定的适当预防措施使用它们。将玻璃丢弃在恰当的容器中。

**第一部分：使用一阶补偿器确定延长符号**

步骤

1. 选择制备好的丙烯酸纤维样品。

2. 打开光源后，调整显微镜，以获得科勒照明。

3. 使用最低放大倍数，将载玻片放在载物台上并对焦。在正交偏振模式下观察丙烯酸纤维样品。将纤维旋转到西南-东北或45°方向。画出你所观察到的现象。请记住，如果观察到灰色以外的干涉色，则纤维的延长符号为正。

4. 插入一阶补偿器并重绘样品。

5. 将载物台旋转90°到135°的位置（见图3A-2）并重绘颜色。

6. 请参考米歇尔-勒维干涉图，确定在两个位置上是否发生了干涉色的加法或减法。这是一个正的还是负的干涉色？请说出你的理由。

7. 接下来，你将选择制备好的醋酸纤维样品。

8. 在正交偏振模式下观察纤维样品。将该纤维旋转到西南-东北或45°方向。画出你所看到的现象。

9. 插入一阶补偿器并重绘颜色。

10. 将载物台旋转90°到135°的位置，重绘颜色。

11. 请参考米歇尔–勒维干涉图，确定在两个位置上是否发生了干涉色的加法或减法。这个干涉色是正的还是负的？请说出你的理由。

### 第二部分：使用石英楔补偿器确定延长符号

*步骤*

1. 选择制备好的聚酯纤维样品。

2. 在正交偏振模式下观察纤维样品。将该纤维旋转到西北–东南或45°方向。画出你所观察到的现象。

3. 插入石英楔补偿器，观察颜色变化。

4. 继续插入楔子，直到纤维的中心变成黑色。当插入石英楔子时，你增加了光的延迟。当纤维变黑时，你减慢了快射线的速度，直到与慢射线的速度相等。现在样品和石英楔是各向同性的（在所有方向上折射率都相等）。

5. 将载物台旋转90°，看看黑色会发生什么变化。画出你所观察到的现象。石英楔的慢速方向是已知的，你可以判断样品的慢速和快速方向。同样，你了解n–平行或n–垂直哪个更大，所以可以确定延长符号。这个纤维的延长符号是正的还是负的？

6. 用制备好的人造丝纤维和尼龙纤维重复步骤1~5。

### 第三部分：使用石英楔测量双折射

*步骤*

1. 获得未知纤维的制片。

2. 在正交偏振模式下观察纤维样品。将该纤维旋转到西北–东南或45°方向。

3. 依据第一部分或第二部分中的步骤确定纤维的延长符号是正的还是负的。

4. 用你的校准目镜测量未知纤维的直径。

5. 使用正交偏振模式，将纤维旋转到西北–东南或45°方向。

6. 插入石英楔补偿器，同时观察纤维中心的颜色变化。这对应于米歇尔–

勒维干涉图上颜色的位置。继续插入楔子，直到纤维的中心变成黑色。当你插入石英楔时，你增加了光的延迟。当纤维变黑时，你已经减慢了快射线的速度，直到与慢射线的速度相等。现在，样品和石英楔是各向同性的，而纤维的中心颜色是可以分辨的。

7. 从石英楔上读取延迟度。如果你的楔子没有经过校准（这种情况比较常见），你可以通过计算其消光过程中通过纤维外侧红色带的数量来确定延迟度。每条红色带对应 550 nm。

8. 根据延迟度计算纤维的双折射。例如，尼龙纤维的直径为 49 μm。在插入石英楔后，纤维中心的颜色位于石英楔的 5 阶至 6 阶之间。因此，它的延迟是 5.5 阶×550 nm 或 2750 nm。由公式 3A-3 确定其双折射为：

2750 nm = B × 49 μm × 1000 nm/μm

B = 0.056

由附录 B 可以确定该纤维为尼龙 6, 6。

9. 将双折射和延长符号与附录 B 中的表格进行比较，以确定你的未知纤维。请用绘图和一段话来证明你的答案。

## 报告要求

应包括在实验室程序中获得的所有绘图、计算或其他信息。注释和/或绘图应包括样品鉴别、放大倍数和完整的描述。

## 报告问题

1. 描述延长符号。如何确定？

2. 延长符号和双折射的区别是什么？

3. 法庭科学检验中如何使用延长符号？

4. 法庭科学样品的光学特性有什么优缺点？

5. 本实验中使用了两种补偿器。

a）画出石英楔，并说明不断插入时会发生什么。

b）550 nm 的补偿器要加多少波长的延迟？

c）137 nm 的补偿器要加多少波长的延迟？

6. 在正交偏振模式下，于东北-西南位置观察纤维样品。如果视野是黑色的,那么纤维样品的延长符号是正的。

a)插入一阶红色补偿器后,背景的颜色会从黑色变为红色。请解释这种现象。

b)在一阶红色补偿器就位后,将补偿器向西北-东南方向旋转90°。颜色的变化是没有变化、更高阶还是更低阶?请充分解释你的答案。

7. 在第二、三部分,插入石英楔后,纤维的中心变黑。请解释这种现象。

## 推荐和拓展阅读

Abramowitz M, Davidson MW. Polarization of Light. [Java Interactive Tutorial]: Olympus American Inc.; 2007 [updated 2007; cited 2007 October 23]; Available from: http://www. olympusmicro. com/.

Abramowitz MJ. The Polarizing Microscope. *American Laboratory*. 1990; 22 (9): 72.

Bell S. *Forensic Chemistry*. Upper Saddle River, NJ: Pearson Education, 2006.

Benedetti-Pichler AA. *Identification of Materials Via Physical Properties, Chemical Tests, and Microscopy*. New York: Springer, 1964.

Brenner M. Understanding the Polarizing Microscope. *American Laboratory*. 1980; 42 (4): 71.

De Forest PR. Foundations of Forensic Microscopy. In: Saferstein R, ed. *Forensic Science Handbook*. Upper Saddle River, NJ: Pearson Education, 2002, 301-305.

Dobos SK. Polarized Transmitted-Light and Reflected-Light Microscopy in the Earth, Materials, and Related Sciences. *American Laboratory*. 1986; 18 (4): 64.

Eyring MB, Gaudette BD. Anintroduction to the Forensic Aspects of Textile Fiber Examination In: Saferstein R, ed. *Forensic Science Handbook*. Upper Saddle River, NJ: Pearson Education, 2002, 245-281.

Griffin JD, Johnson ID, Davidson MW. Specialized Microscopy Techniques-Polarized Light Microscopy-Compensators and Retardation Plates. [Java Interactive Tutorial]: Olympus American, Inc.; 2007 [updated 2007; cited 2007 October 25]; Available from: http://www. olympusmicro. com.

Laughlin GJ. Counterterrorism and the Polarized Light Microscope. *American Laboratory*. 2003 Apr; 35 (8): 10.

McCrone W. Refractive Indices and Birefringence of Fibers. *The Microscope*. 1991; 39: 57-58.

McCrone WC. Why Use the Polarized-Light Microscope. *American Laboratory*. 1992; 24 (6): 17-21.

McCrone WC. The Case for Polarized Light Microscopy. *American Laboratory*. 1996; 28

（9）：12.

McCrone WC, McCrone LB, Delly JG. *Polarized Light Microscopy*. Ann Arbor, MI：Ann Arbor Science，1978.

Robinson P，Bradbury S. *Qualitative Polarized Light Microscopy*. Oxford，United Kingdom：Oxford Science Publications（RMS），Oxford University Press，1992.

Weaver R. Rediscovering Polarized Light Microscopy. *American Laboratory*. 2003；35（20）：55.

第四章

# 荧光显微镜

在前面的章节中，我们讨论了多种适用于不同法庭科学检验以及不同法庭科学实验室的显微镜。与偏振光显微镜类似，荧光显微镜通常用于专门性痕量物证检验。利用荧光显微镜较大的放大倍数和附加元件，分析人员可以确定可用于鉴别和比对样品的多种重要特征。

荧光显微镜与其他显微镜相同，也使用透镜组合来获得放大图像。除了基本组成部分之外，荧光显微镜有一些附加元件，以提高显微镜的分析能力。荧光显微镜的基本元件有以下几种：

- 可见光光源
- 聚光器
- 载物台
- 物镜
- 支撑和校准元件
- 目镜

此外，荧光显微镜还增加了下述部分或全部元件：

- 紫外光源
- 激发滤板
- 压制滤板

通常而言，荧光显微镜中的专门性照明装置将发射短波光，随后，来自照明装置的光会穿过一个激发滤板。激发光通过反光镜重定向并透过物镜，抵达样品表面。其中一部分光被样品吸收，并作为发射光重新发射。重新发射的光将通过一个压制滤板，该压制滤板将允许可见光（即样品发射的荧光）通过，并到达观察者的眼睛。压制滤板阻挡了激发滤板所发出的光，所以视野中的背景将呈现黑色，我们能够观察到的只有样品发出的荧光。

通常情况下，荧光显微镜使用的目镜和物镜能够提供 40~400 倍范围内的总放大倍数。由于较高的总放大倍数，我们将会获得一个较小的视场和较浅的景深。我们会首选透射模式观察样品，有时也会使用反射滤光来获得某些微观特征。

　　荧光显微镜用于鉴别和鉴定样品。较高的放大倍数既可以实现对样品初始特征的观察，又可以进行其他比对检验和显微镜检验。

## 实验 4A：熟悉荧光显微镜

**推荐实验前阅读作业**

Siegel JI. Fluorescence Microscopy. *American Laboratory*. 1982；April：65-69.

**推荐网站**

Abramowitz M，Herman B，Murphy DB，Davidson MW. Anatomy of a Fluorescence Micro-scope. [Java Interactive Tutorial]：Olympus American，Inc.；2007 [updated 2007；cited 2007 December 19]；Available from：http://www.olympusmicro.com.

### 实验目的

完成本实验后，学生将对以下内容有基本了解：
1. 荧光显微镜的组成部分
2. 荧光
3. 使用荧光显微镜观察荧光

### 实验概述

荧光显微镜的基本原理非常简单。有些物质具有这样的特性：在特定波长光的照射下，它们会吸收这些光，并重新发射波长更长的光。这种特性被称为荧光。荧光显微镜允许法庭科学家选择性地照射样品，并观察样品的荧光反应。许多样品都会出现荧光，我们将在本实验中研究纤维的荧光特性。纤维物证的检验意见为种属认定结果（比如，不是唯一的），因为许多纤维来源不同但无法区分。发现纤维物证并将其确定为某一特定类型（例如，腈纶、棉、尼龙、聚酯），这本身并不能为法庭科学调查提供多少支持。从犯罪现场提取的纤维物证的证据价值取决于它们与常规背景纤维相比的独特性。我们往往需要能使痕量物证更为具体、更具鉴别力的信息。如果纤维检材的荧光特性很独特，我们就很容易将其与其他纤维区别开来。

在前面的实验中，我们了解到显微镜是一种光学仪器，使用透镜的组合产生小物体的放大图像。就像复式光学显微镜或偏振光显微镜一样，荧光显微镜也使用几个基本光学元件，收集光并重定向光路，以便使被观察物体的放大图像可以在短距离内得到聚焦。这些基本的光学元件包括：光源、聚光器、载物台、物镜、支撑和校准元件以及目镜。此外，荧光显微镜还使用附加元件来增强显微镜的分析能力。这些附加元件包括激发滤板、压制滤板以及能够实现在紫外光区激发的光源。激发滤板放在照明装置和样品之间，而压制滤板则放置在样品和目镜之间。

　　荧光显微镜的操作如图4A-1所示。在荧光显微镜中，照明装置将发射短波长光。高压氙灯或汞灯是常见的照明装置。由于荧光很容易在反射光路被检测到，人们往往将照明装置安放在显微镜的顶部。照明装置所发出的光通过一个激发滤板，这个滤板只允许特定波长范围的窄带光通过。激发滤板所限定的通过范围往往在紫外光区。激发光被反光镜重定向并透过物镜，抵达样品表面。其中，一部分光被样品吸收，并转换成荧光重新发射。然后，重新发射的光通过一个压制滤板，该滤板用于分离激发样品的光与样品发射的荧光。它只允许可见光（样品发射的荧光）通过并到达目镜。压制滤板阻挡了激发滤板所发出的光，因此视野中的背景将呈现黑色，这使得任何来自样品的荧光都能轻而易举地被观察到。

　　透射模式是观察样品时的首选，然而，反射滤光也被用来获取荧光微观特征。推荐法庭科学家使用的激发滤板通常是一系列的，包括4种：紫外、紫色、蓝色和绿色。值得注意的是，玻璃载玻片和大多数封固剂可以吸收紫外光或本身就会发光。使用玻璃盖玻片时，我们仍可以看到样品较强的荧光，但可能会错过弱荧光。为了减少干扰性的荧光，我们最好使用石英载玻片和盖玻片。大多数常见的封固剂也会发荧光，所以推荐使用甲醇、二甲苯、Norland 65™和XAM™，这些都是无荧光的封固剂。

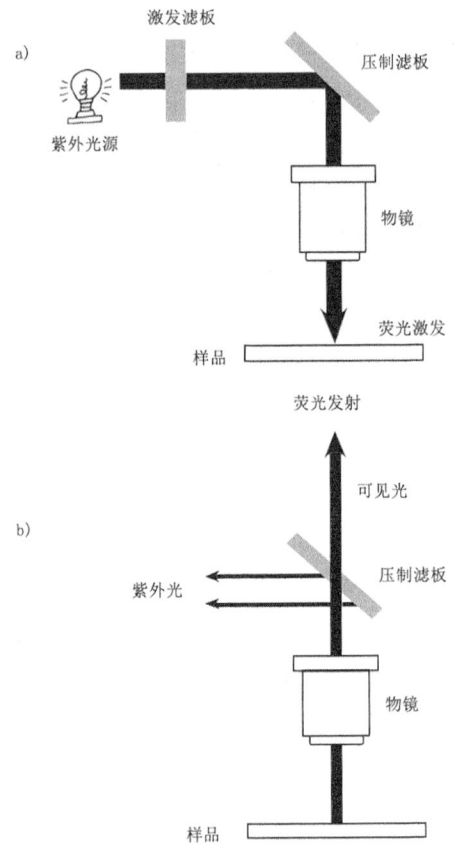

**图 4A-1 a**) 当紫外光从光源传播至样品表面时，就会导致荧光激发（不同的样品具有不同的激发波长，所以我们应使用多种激发滤板）。**b**) 通过测量从样品表面发出的光检测荧光（压制滤板会阻挡光源所发出的紫外光）

## 实验设备和用品

荧光显微镜，配有各种放大倍数的物镜（如 4 倍、10 倍、20 倍、40 倍）及各种激发滤板和压制滤板

微型工具包

已知荧光的纤维

石英载玻片

石英盖玻片

封固剂，如甲醇、二甲苯、Norland 65™或 XAM™

**实验安全**

使用指导老师制定的标准实验室安全程序。汞灯或氙灯会产生极高的热量，可能会发生爆炸。不要直视灯管，以免损伤眼睛。如果有安全防护罩，请使用。谨慎选择显微镜的光照强度，避免眼睛受伤。了解与封固剂相关的危险，并遵照指导老师设定的适当预防措施使用它们。将玻璃丢弃在恰当的容器中。

**第一部分：荧光显微镜的元件**

在相应编号旁边标注荧光显微镜（见图 4A-2）的元件名称。这个工作表的副本可以从 http://www.wileyeurope.com/college/wheeler 获得。

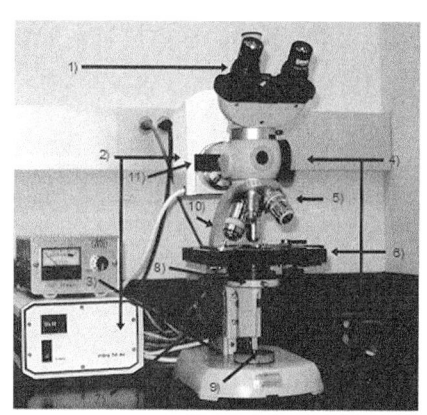

**图 4A-2　一个典型的带有附加滤板的荧光显微镜**

针对每个元件的功能，分别用一句话予以解释，写在下方空白处。如有必要，请增加附页。

**第二部分：荧光显微镜的操作**

步骤

1. 熟悉荧光显微镜。找到显微镜的每个部分。将样品放在载物台上。打开光源后，操纵显微镜的目镜，调整瞳距，使观察物体时，左右图像合二为一。

2. 上下调整焦距。使用不可调节的目镜，对准一个物品，以获得物品的清晰图像。

3. 如有必要，对焦第二目镜。

4. 设置科勒照明，并让你的指导老师签署科勒检查表。

5. 确定专用照明装置的位置。

6. 确定激发滤板和压制滤板的位置。

### 第三部分：观察样品的荧光

步骤

1. 打开专用照明装置的电源。当灯管预热时，将灯前光阑滑入关闭位置。

2. 使用非荧光的载玻片、盖玻片和封固剂来制备样品。

3. 打开基础照明装置的电源。调整显微镜以获得科勒照明。

4. 使用最低放大倍数，将准备好的样品放置在载物台上并聚焦。降低底光和室内照明的强度（仅在需要用基础光观察样品时，步骤 3 和 4 才是必要的）。

5. 打开专用照明装置上的灯前光阑。可能需要对样品重新聚焦。

6. 观察样品，并记录样品发射光的颜色。改变激发滤板和压制滤板，并重复观察。在你的笔记中充分描述样品的荧光特性。

7. 再用三个样品重复上述检验。

### 报告要求

应包括在实验室程序中获得的所有绘图、计算或其他信息。注释和/或绘图应包括样品鉴别、放大倍数和完整的描述。

### 报告问题

1. 解释法庭科学中如何使用荧光显微镜。阐述检验目的和价值。

2. 什么是荧光？荧光是如何被激发的？

3. 法庭科学样品的这种光学特性有什么优缺点？

4. 解释荧光显微镜所使用的光学元件。

5. 如果法庭科学家有一台偏振光显微镜，如徕卡 DMEP™，他们想将其转换为荧光显微镜，他们可以使用相同的灯泡吗？为什么可以或为什么不可以？

6. 使用激发滤板和压制滤板的目的是什么？

7. 激发滤板和压制滤板是如何配对的？

8. 荧光样品所发射光的颜色对于区分和鉴别样品有什么意义？

9. 为什么要使用石英载玻片或盖玻片？

10. 说出可以用荧光显微镜检验的两类物证。检验的内容是什么？

11. 哪些类型的物证不能用荧光显微镜检验？为什么？

## 推荐和拓展阅读

Abramowitz M, Herman B, Murphy DB, Davidson MW. Anatomy of a Fluorescence Microscope. ［Java Interactive Tutorial］: Olympus American, Inc.; 2007［updated 2007; cited 2007 December 19］; Available from: http://www.olympusmicro.com.

Bell S. *Forensic Chemistry*. Upper Saddle River, NJ: Pearson Education, 2006.

Fong W. Analytical Methods for Developing Fibers as Forensic-Science Proof—a Review with Comments. *Journal of Forensic Sciences*. 1989; 34（2）: 295-311.

Herman B. *Fluorescence Microscopy*. 2nd ed. Oxford, UK: Bios Scientific Publishers; Springer in Association with the Royal Microscopical Society, 1998.

Siegel JI. Fluorescence Microscopy. *American Laboratory*. 1982; April: 65-69.

Wang XF, Herman B. *Fluorescence Imaging Spectroscopy and Microscopy*. New York: John Wiley & Sons, Inc., 1996.

Wiggins K, Holness JA. A Further Study of Dye BatchVariation in Textile and Carpet Fibres. *Science & Justice*. 2005; 45（2）: 93-96.

# 第五章

# 相差显微镜

体视显微镜和复式光学显微镜在法庭科学实验室内不同领域有很多应用。与偏振光显微镜类似，相差显微镜一般用于专门性痕量物证的检查。利用相差显微镜较大的放大倍数和附加元件，分析人员可以确定许多可用于鉴别和比对样品的重要特征。

像其他光学显微镜一样，相差显微镜使用透镜组合来获得放大图像。除基本组成部分以外，相差显微镜有一些附加元件，以提高显微镜的分析能力。相差显微镜的基本元件有以下几种：

- 光源
- 聚光器
- 载物台
- 物镜
- 支撑和校准元件
- 目镜

相差显微镜的附加元件为：

- 相位环
- 相位板

通常而言，照明装置所发射的光会传递到聚光器。然而，在相差显微镜中，我们使用相位环取代台下光阑从而改变聚光器。相位环是一个可居中的机械装置，它只允许一圈光进入聚光器并聚焦在样品上。相位环的作用是将光分解为直射光和衍射光。一旦光离开样品，它就会再次被相位板修正。相位板是在一个标准的物镜内增加的一圈物质，被用来延迟通过物镜的光线。相位板与相位环允许通过的光相对应。这种相位延迟会对直射光产生破坏性干涉，并降低其振幅，通常为 $\lambda/2$。样品衍射的光无法通过这个环，因此其振幅不受影响。这种光衍射的直接效果是，直射光和衍射光的振幅有较大的差异，从而使图像更加清晰。

相差显微镜通常使用的目镜和物镜提供 40~400 倍的总放大倍数。由于较高的总放大倍数，我们将会获得一个较小的视场和较浅的景深。样品用透射偏振光观察。

相差显微镜用于鉴别和鉴定样品。较高的放大倍数既可以实现对样品初始特征的观察，又可以进行其他比对检验和显微镜检验。

## 实验 5A：熟悉相差显微镜

**推荐实验前阅读作业**

McCrone WC, McCrone LB, Delly JG. *Polarized Light Microscopy*. Ann Arbor, MI: Ann Arbor Science, 1978; 61-64.

**推荐网站**

Abramowitz M, Davidson MW. Specialized Microscopy Techniques-Phase Contrast. [Java Interactive Tutorial]: Olympus American, Inc.; 2007 [updated 2007; cited November 24, 2007]; Available from: http://www.olympusmicro.com.

### 实验目的

完成本实验后，学生将对以下内容有基本了解：

1. 相差显微镜的组成部分
2. 使用相差显微镜测定折射率

### 实验概述

显微镜是一种光学仪器，使用透镜组合以产生小物体的放大图像。相差显微镜使用几个元件来收集光线并重定向光路，以便使被观察物体的放大图像可以在短距离内得到聚焦。在相差显微镜中，还有一些附加元件可以提高显微镜的分析能力。相差显微镜的基本光学元件有光源、聚光器、载物台、支撑和校准元件以及目镜，另外还增加了一个相位环来改变聚光器，以及一个带有相位板的物镜。

显微镜学家利用封固剂与样品之间的折射率差异来增强所见图像的对比度，如果显微镜学家不能通过改变封固剂的方式提高样品的对比度，就可能需要使用相差显微镜，如处理生物样品或非常微小的颗粒时。相差显微镜的基本理论非常简单。大多数透明的样品都使光发生衍射，因此通过它们的光会发生相移。相差显微镜利用这种相移，将光波中的差异转化为图像中的差异。待测样品或者很薄，或者其折射率与封固剂相似，所以我们无法通过常规复式光学显微镜观察到这种相位差。相差显微镜将不可测的相位差转化为易于鉴别的明与暗，并使得图像看起来好像被"染色"了，其可鉴别力得到了增强。从本质上讲，相差显微镜可以让法庭科学家以更大的对比度观察样品，我们可以将该对比度定义为图像明暗区域之间的亮度差异。

如图 5A-1 所示，当我们在相差显微镜的光路中放置特殊的相位环和相位板时，就可以观察到这种现象。聚光器中的相位环可以将直射光和衍射光分开。这是因为相位环是一个机械装置，它只允许一圈光进入聚光器并聚焦在样品上。在通过样品后，它被导向物镜和相位板。相位板是标准物镜中的一圈物质，可以延缓光的通过，并与相位环允许通过的光相对应（见图 5A-2）。

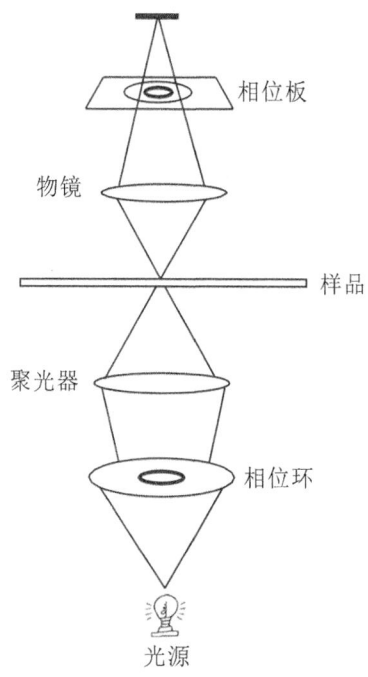

**图 5A-1　相差显微镜的光路**

此时，通过光路中心部分的光与绕着样品外围传播的光重新组合。这种相位延迟会对直射光产生破坏性干涉，并降低其振幅。被样品衍射的光无法通过这个环，因此其振幅不受影响。两种路径产所引发的干涉光会形成样品的图像。图像中的样品比背景更暗，从而使样品更可见。

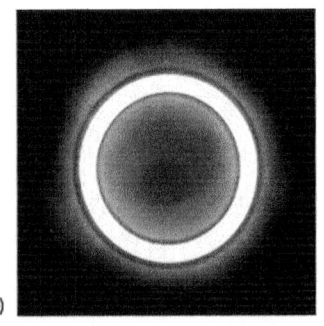

图 5A-2　a）一个典型的相差物镜的物镜后焦平面图像；b）相位板和聚光器的相位环叠加并正确居中的图像［经大卫·沃克（David Walker）许可转载，http://www.micscape.org］

## 实验设备和用品

相差显微镜，配有各种放大倍数的物镜（如 4 倍、10 倍、20 倍）

微型工具包

玻璃样品

载玻片

盖玻片

Cargille™折射率封固剂套装

## 实验安全

使用指导老师制定的标准实验室安全程序。谨慎选择显微镜的光照强度，避免眼睛受伤。了解与封固剂相关的危险，并遵照指导老师设定的适当预防措施使用它们。将玻璃丢弃在恰当的容器中。

## 第一部分：相差显微镜的元件

相差显微镜需要在一台复式显微镜上增加两个附加元件，即相位环和相位板。如有必要，请重新熟悉复式光学显微镜的组成部分（见实验 2A）。相位环位于聚光器中，并根据每个样品进行调整。使用聚光器（见图 5A-3）上的固定螺钉调整相位环，使其居中，随后物镜可以在后焦平面形成光环的图像。相位板是预先设置好的，位于物镜中。

图 5A-3　相差显微镜上使用的专用聚光器 ［a）调节连接到相位环上的螺钉，这样可以为每个样品获得最佳对比度。b）相位环是一种特殊的聚光器，它只允许一圈光通过并聚焦在样品上，从而将直射光和衍射光分开。照片 b）经大卫·沃克许可转载，http://www.micscape.org］

### 第二部分：相差显微镜的操作

步骤

1. 熟悉相差显微镜。相差显微镜的商品化产品有很多。熟悉显微镜的操作手册，以便能够在使用前调整显微镜的相位环，使其居中。

2. 找到显微镜的每个部分。将样品放在载物台上。打开光源后，操纵显微镜的目镜，调整瞳距，使观察物体时，左右图像合二为一。

3. 上下调整焦距。使用不可调节的目镜，对准一个物品，以获得物品的清晰图像。

4. 如有必要，对焦第二目镜。

5. 设置科勒照明，并让你的指导老师签署科勒检查表。

6. 确定相位环的位置。

7. 确定相位板的位置。

### 第三部分：使用相差显微镜

步骤

1. 选取一个玻璃样品。将样品的一小部分安装在显微镜载玻片上，并用盖玻片覆盖。选择一个与玻璃样品折射率相近的 Cargille™油。在盖玻片边缘滴一滴油，使其扩散到盖玻片下。打开底灯的电源并调整光线，以使整个视野均匀、明亮。

2. 使用显微镜的最低放大倍数，调整目镜的瞳距，使左右图像合并成一个。

3. 将制备好的玻璃样品放在载物台上并对焦；如果需要（使用不可调节的目镜时），通过使用粗/细准焦螺旋对样品进行对焦。随后，调整第二目镜，以便观察到清晰的图像。

5. 检查相位环和相位板是否对准。

6. 观察样品，观察贝克线。使用准焦螺旋，调整焦距，同时观察玻璃样品的边缘。当玻璃样品略微失焦时，贝克线将出现在玻璃边缘的内部或外部。当焦距增大时，贝克线会向折射率较大的方向偏移。记录折射率更高的那种介质。

7. 重复使用具有不同折射率的浸油，直到你能够确定玻璃样品的折射率。根据前述实验结果，决定下一步使用哪种浸油。

8. 重复步骤 1~6，对实验样品进行检验。

## 报告要求

应包括在实验室程序中获得的所有绘图、计算或其他信息。注释和/或绘图应包括样品鉴别、放大倍数和完整的描述。

## 报告问题

1. 相差显微镜有哪些特殊元件？相差显微镜中各元件有什么功能？
2. 请说出两种最适合使用相差显微镜观察的样品。检验内容包括哪些？
3. 为什么生物学家常用这种显微镜？
4. 举例说明法庭科学家是如何使用这种显微镜的？
5. 解释相差显微镜中使用的光学元件。
6. 说出可以用相差显微镜检验的两类物证。检验内容包括什么？
7. 用这种显微镜检验法庭科学样品有什么优缺点？

## 推荐和拓展阅读

Abramowitz M, Davidson MW. Specialized Microscopy Techniques-Phase Contrast. [Java Interactive Tutorial]: Olympus American, Inc.; 2007 [updated 2007; cited November 24, 2007];

Available from: http://www.olympusmicro.com.

Allen R, Brault J, Zeh R. Image Contrast and Phase Modulation Light Methods in Polarization and Interference Microscopy. *Advances in Optical and Electron Microscopy.* 1966; 1: 77-114.

De Forest PR. Foundations of Forensic Microscopy. In: Saferstein R, ed. *Forensic Science Handbook.* Upper Saddle River, NJ: Pearson Education, 2002; 301-305.

Gerlovin BY. Calculation of the Optimum Dimensions of the Phase Rings of Phase-Contrast Microscope Objectives. *Soviet Journal of Optical Technology.* 1987; 54 (10): 596-599.

Hostounsky Z, Pelc R. Phase-Contrast Versus Off-Axis Illumination: Is a More Complex Microscope Always More Powerful? *Advances in Physiology Education.* 2007; 31 (2): 232-235.

Kong XG, Feng TS, Jin GF. Reflection Zernike Phase-Contrast Microscope. *Applied Optics.* 1990; 29 (10): 1408-1409.

McCrone WC, McCrone LB, Delly JG. *Polarized Light Microscopy.* Ann Arbor, MI: Ann Arbor Science, 1978.

Ojena SM, De Forest PR. Precise Refractive Index Determination by the Immersion Method Using Phase Contrast Microscopy and the Mettler Hot Stage. *Journal of the Forensic Science Society.* 1972; 12: 315-329.

Ross KFA. *Phase Contrast and Interference Microscopy for Cell Biologists.* London: Edward Arnold, 1967.

应用实验

# 第六章

# 实验 6：物理比对检验

**推荐实验前阅读作业**

Thornton JI. Fractural Surfaces as Models of Physical Matches. *Journal of Forensic Sciences*. 1986；31（4）；1435–1438.

Adolf FP. Physical Fits Between Textiles. *Proceedings of the 3rd Meeting of the European Group*. Linkoping, Sweden，1995.

## 实验目的

完成本实验后，学生将对以下内容有基本了解：
物理比对检验

## 实验概述

比对检验是确定两个或多个物体是否具有共同来源的过程。物理比对检验是实现上述目的的方法之一。一旦完成比对检验，法庭科学家必须针对样品的来源问题给出结论。它们究竟是否为同一来源？如果一个物证与某一来源相关的概率极高，那么我们称其具有个体特征。如果一个物证只能与某一群体而非某一单一来源相关，那么我们称其具有种类特征。

在多种法庭科学调查中，我们都会遇到破损、被切割或撕裂的物品，并需要对其进行物理比对检验。这些检验是为了将某一物品与其假定来源相关联。在物品被切割、撕裂、破碎或以其他方式分离成两块或多块的情况下，我们可以进行物理比对检验。如果这种分离是由一个随机过程产生的，那么特定的分离过程无法重复，它将是独一无二的。因此，我们有可能将破裂的碎片以独特的方式拼接在一起，以证明其有共同来源。

物理比对检验过程取决于实际物品本身。对于大多数被切割或撕裂的物品，法庭科学家能够通过边缘形态和表面特征来确定这些物品是否具有同一来源。通过体视显微镜，我们可以将这些物品作为一个整体进行检验（见图6-1），检查它们的边缘是否可以实现物理"匹配"，这类似于拼图。表面特征（如颜色、图案或独特的标记）也可以用于确定碎片的实际位置。在某些情况下，我们可能只能利用表面特征进行物理比对检验，因为以"锯切"方式分离的物品会丢失一小部分新形成的边缘。

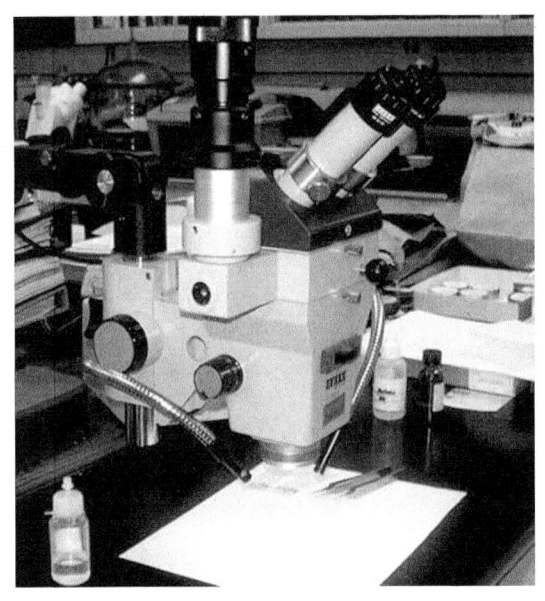

**图 6-1　蔡司体视显微镜（将体视显微镜放置在吊杆架上，可以更方便地观察各种尺寸的样品）**

碎裂的物品也可以用边缘形态特征和表面特征进行检验。然而，有时也需要开展其他检验。在破碎之前，有些物品往往会被弯曲或被拉伸。这可能会使该物品沿断裂边缘产生独特的痕迹。这些痕迹以镜像的形式出现，因此可以据以判定两个物品是否具有同一来源。

物理比对检验可以得出若干种结论。如果实现物理比对一致，我们可以确定待比对的物品此前为"一体"的。有时，我们无法获得物理比对一致的结果，这可能是由于样品之间存在差异或缺乏个体特征。在这些情况下，我们无法给出这些物品是否具有同一来源的结论。但是，在适当的时候，我们可以建议做深入检验，以证明物品之间是否具有相似性。

## 实验设备和用品

体视显微镜
切碎的塑料片
切碎的扑克牌
火柴盒与火柴
切碎的布料
破碎的载玻片

## 实验安全

使用指导老师制定的标准实验室安全程序。

### 第一部分：利用边缘形态进行物理比对检验

*步骤*

1. 选取一套塑料片。

2. 使用体视显微镜，检查碎片的边缘。

3. 描述这些碎片。记录所有物理特征，如颜色和边缘形态。

4. 使用位于附录 F 中的圆形模板，画出你视野中的每块碎片。

5. 确定这些碎片之前是否为"一体"的。如果你实现了物理比对一致，请画出并说明你所观察到的。如果你没有得到物理比对一致的结果，阐明你所观察到的不同之处。

6. 作为一名法庭科学家，你必须学会形成结论，并能用口头和书面的方式来表达你的结论。明确说明你是否发现塑料片之间是物理比对一致的。解释你是如何得出这个结论的。如果你没有获得物理比对一致的结果，阐明你找到的差异。

### 第二部分：利用边缘形态和表面特征进行物理比对检验

*步骤*
*扑克牌*

1. 选取一套扑克牌碎片。

2. 利用体视显微镜，观察碎片的边缘形态特征和表面特征。

3. 描述扑克牌碎片。记录所有物理特征，包括颜色、图案和边缘形态。

4. 画出你视野中的每块碎片。

5. 确定这些碎片之前是否是"一体"的。如果你实现了物理比对一致，请画出并说明你所看到的。如果你没有获得物理比对一致，阐明你所观察到的不同之处。

6. 明确说明你是否发现了扑克牌碎片之间是物理比对一致的。解释你是如何得出这个结论的。如果你没有获得物理比对一致的结果，阐明你找到的差异。

*火柴和火柴盒*

1. 选取一套火柴和火柴盒。

2. 利用体视显微镜，观察火柴和火柴盒的边缘形态特征与表面特征。

3. 在笔记中描述火柴和火柴盒。注明所有物理特征，如颜色、宽度、长度和厚度。多数火柴盒都是由再加工纸制成的。纸张经过裁剪和浸泡。检查火柴侧面与火柴盒分离的边缘，你有可能会发现纤维，这些纤维可以从一个物证追溯到另一个物证。你还会观察到由各种彩色碎屑、铝箔以及其他纸张生产过程中的掺杂物所组成的混合物。

4. 画出你所看到的火柴。

5. 画出你所看到的火柴盒。

6. 确定火柴和火柴盒在之前是否是"一体"的。如果你实现了物理比对一致，请画出并说明你所看到的。如果你没有获得物理比对一致的结果，阐明你所观察到的不同之处。

7. 明确说明你是否发现了火柴和火柴盒是物理比对一致的。解释你是如何得出这个结论的。如果你没有获得物理比对一致的结果，阐明你找到的差异。

*布料*

1. 获得一套布料碎片。

2. 利用体视显微镜，观察碎片的边缘形态特征和表面特征。

3. 描述布料碎片。记录所有物理特征，包括颜色、图案和边缘形态。

4. 画出你所观察到的每块碎片。

5. 确定这些碎片是否是"一体"的。如果你实现了物理比对一致，请画出并说明你所看到的。如果你没有获得物理比对一致的结果，阐明你所观察到的不同之处。

6. 明确说明你是否发现了布料碎片之间是物理比对一致的。解释你是如何得出这个结论的。如果你没有获得物理比对一致的结果，阐明你找到的差异。

### 第三部分：物理比对检验和"镜像"

**步骤**

1. 选取一套破碎的载玻片。

2. 使用体视显微镜，检查玻璃碎片的边缘形态。我们可以将玻璃视为一种超冷液体。它在破裂前会尝试弯曲或拉伸。这将导致破碎后在边缘处产生"肋骨"痕迹。

3. 画出玻璃碎片上的"肋骨"痕迹。

4. 确定这些碎片是否是"一体"的。如果你实现了物理比对一致，请画出并说明你所看到的。如果你没有获得物理比对一致的结果，阐明你所观察到的不同之处。

5. 明确说明你是否发现了玻璃碎片之间是物理比对一致的。解释你是如何得出这个结论的。如果你没有获得物理比对一致的结果，阐明你找到的差异。

### 报告要求

应包括在实验室程序中获得的所有绘图、计算或其他信息。注释和/或绘图应包括样品鉴别、放大倍数和完整的描述。

### 报告问题

1. 什么是物理比对？

2. 解释为什么可以进行物理比对。

3. 解释实物检验的三种常规类型以及每种类型的检验方式。除了我们在实验室开展的物理比对检验之外，再举一个其他例子。

4. 玻璃检验人员对一小块玻璃进行检验，并能将其与在犯罪现场发现的玻璃窗实现物理比对一致。如果玻璃检验人员针对这块玻璃样品是否来源于玻璃窗给出意见，他可以选择以下哪种意见？请充分解释。

　　a）认定同一的肯定性意见。

　　b）可能来源相同的意见。

　　c）无法认定同一的肯定性意见。

　　d）无法得出结论的意见。

　　5. 一个扫帚柄被锯成了两半，一半在犯罪现场用来打碎窗户（并留在犯罪现场），另一半还在嫌疑人的车库里。两半之间能否进行物理比对？说明你的理由。

### 推荐和拓展阅读

Adolf FP. Physical Fits between Textiles. *Proceedings of the 3rd Meeting of the European Group.* Linkoping, Sweden, 1995.

Bisbing RE. Fractured Patterns：Microscopical Investigation of Real Physical Evidence. *The Locard Exchange.* 2004；January 29：1-5.

Farmer NL, Ruffell A, Meier-Augenstein W, Meneely J, Kalin RM. Forensic Analysis of Woodensafety Matches—a Case Study. *Science & Justice.* 2007；47：88-98.

Inman K, Rudin N. The Origin of Evidence. *Forensic Science International.* 2002；126（1）：11-16.

Lee HC, Harris HA. *Physical Evidence in Forensic Science.* Tucson：Lawyers & Judges Pub. Co. , 2000.

McJunkins SP, Thornton JI. Glass Fracture Analysis：A Review. *Forensic Science.* 1973；2（1）：1-27.

Thornton JI. Fractural Surfaces as Models of Physical Matches. *Journal of Forensic Sciences.* 1986；31：4.

Tsach T, Wiesner S, Shor Y. Empirical Proof of Physical Match：Systematic Research with Tensile Machine. *Forensic Science International.* 2007；166（1）：77-83.

# 第七章

# 实验 7：物证构造检验

**推荐网站**

Wellington Leisure Products. ［Web Page］Macungie, PA 18062：The Lehigh Group；［cited 2007 October 30］；Available from：http://www. wellingtoninc. com.

The Carpet and Rug Institute. ［Web Page］Dalton, GA：The Carpet and Rug Institute；［cited 2007 October 30］；Available from：http://www. carpet-rug. org.

## 实验目的

完成本实验后，学生将对以下内容有基本了解：
1. 确定证据的构造特征的检验方法
2. 绳索、地毯和布胶带的常见构造特征

## 实验概述

构造检验是确定一件物品如何制造的过程，有些情况下它也可以给出样品的组成信息。这种检验常常可以证明两件物品是否具有同一来源。如果一个物证与某一来源相关的概率极高，那么我们称其具有个体特征。如果一个物证只能与某一群体而非某一单一来源相关，那么我们称其具有种类特征。一旦完成构造检验，法庭科学家就能确定是否需要进行其他检验。

开展简单的构造检验时，我们可以利用多种成分检验或构造方法，其目的是在某一物品与其疑似来源体之间建立关联。例如，从受害者身上提取的一段布胶带可以与一卷布胶带进行对比。确定构造的过程取决于实际物品本身。对多数物品而言，我们需要对其开展细致检验，直至可以通过样品细节确定有关结构和组成的个体鉴别特征。例如，绳索可分为两类：捻绳和编织绳。捻绳通常由三股绳组成。每股绳由捻线组成，这些捻线是由已纺在一起的纤维组成的。股绳可以是右旋的（Z型捻）或左旋的（S型捻）（见图7-1）。

**图7-1　股绳的两种捻：a）Z型捻是右旋的；b）S型捻是左旋的**

编织绳由三股或更多股交织而成，以对角线重叠的方式出现。编织绳有多种模式：实心编织、无芯或有芯的菱形编织以及麻花编织。实心编织绳是最简单的编织绳，由许多股线交织而成。无芯菱形编织（也叫空心编织）绳是一种无芯且比较松散的编织绳。有芯菱形编织（双编织）绳是一种双股编织绳，由一股编织绳套另一股编织绳组成。麻花编织绳是由已编好的捻绳组成的。常见的绳索结构如图7-2所示。

在检验一块地毯时，我们可以知晓地毯的背衬以及构造方法等细节。地毯通常有梭织、针织或簇绒三种。梭织地毯是在织布机上生产的，类似于布的生产。梭织地毯是由表面绒毛和背衬交织而成的，通过各种不同的方法来生产。图7-3是阿克明斯特、天鹅绒、雪尼尔以及威尔顿梭织地毯的侧视图。

这些地毯使用不同类型的织布机生产，或者像雪尼尔那样，使用几个织布机生产。针织地毯是将背衬纱、成圈纱和绒头纱交织而成的。簇绒地毯是在簇绒机上生产的。在织好背衬后，引入纱线，这些纱线可以被剪断，也可以作为线圈留下。目前大多数地毯产品或者是梭织的，或者是簇绒的。图7-4显示了簇绒地毯的两种背衬。除了地毯结构外，我们还可以检验地毯纱线本身的背衬和黏合剂。针对每一圈或每一簇地毯，我们都可以深入检验纱线结构和纱支数等更多细节。根据纱线结构、纱支数以及纱线是否有修剪等特征的差异，地毯会呈现不同的织物结构。对于梭织和簇绒地毯，其构造可以呈现多种织物结构。图 7-5 显示了各种类型的簇绒地毯所呈现出的多样化的织物结构。

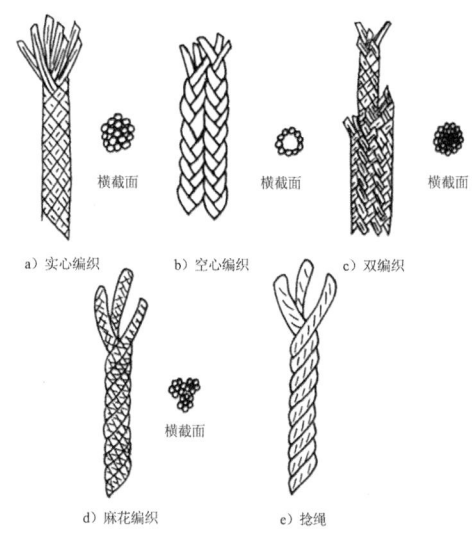

a）实心编织　　　b）空心编织　　　c）双编织

d）麻花编织　　　e）捻绳

**图 7-2　常见的绳索结构的纵向和横截面视图**

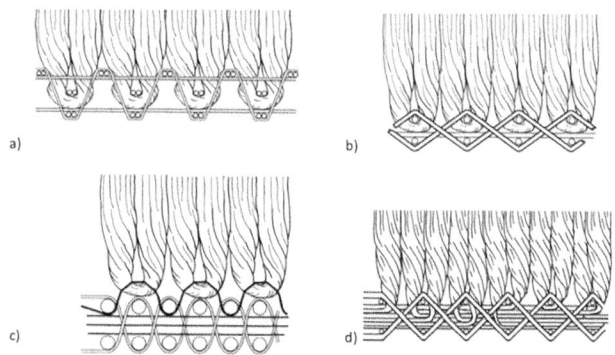

**图 7-3　常见的梭织地毯：a）阿克明斯特；b）天鹅绒；c）雪尼尔；d）威尔顿**

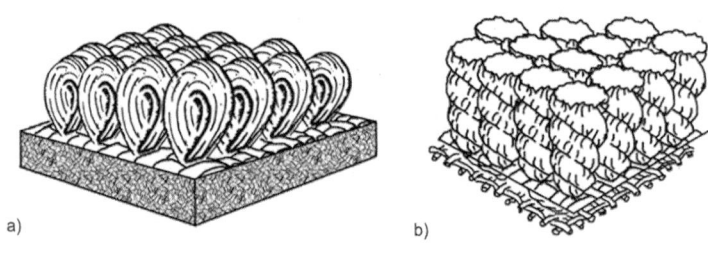

图7-4　簇绒地毯背衬；a) 泡沫背衬；b) 双编织背衬

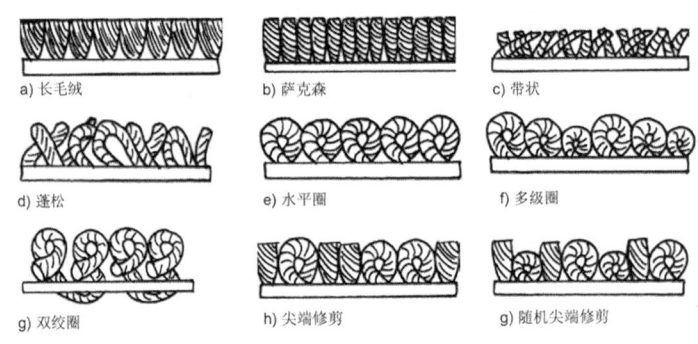

a) 长毛绒　　　　　b) 萨克森　　　　　c) 带状

d) 蓬松　　　　　e) 水平圈　　　　　f) 多级圈

g) 双绞圈　　　　　h) 尖端修剪　　　　　g) 随机尖端修剪

图7-5　常见的簇绒地毯款式

布胶带也可以有多种构造。最简单的布胶带是由乙烯基背衬与黏合剂组成的。现在很多布胶带都使用纤维获得增强效果。纤维加固也可以有多种构造，我们应考虑纱支数和纤维增强物是否为梭织或非梭织的。

大多数构造检验涉及与已知样品的比对，因此结论一般都很简单。如果结构和成分相似，我们可以得出结论确认这些物品可能来自同一来源。在这种情况下，建议进行深入检测，以证明或否定这些相似之处。有时，我们也会发现一些差异，从而论证比对样品具有多个来源。

**实验设备和用品**

体视显微镜

微型工具包

一段绳索

一块地毯

一截布胶带

**实验安全**

使用指导老师制定的标准实验室安全程序。

**第一部分：使用体视显微镜进行构造检验**

*步骤*

我们将使用体视显微镜进行各种物品的构造检验。各项检验的工作表附于本实验的最后，可在 http://www. wileyeurope. com/college/wheeler 获得。

*绳索*

1. 选取绳索样品。

2. 使用体视显微镜，确定样品的构造。

3. 本实验的最后有一张绳索工作表。画出每个部分的构造及细节。应记录所有物理特性，如颜色、直径、构造的类型（捻绳或编织绳）、股数、捻向（Z 或 S，见图 7-1）、是否有芯（见图 7-2）和/或是否被修剪。

4. 使用第二个绳索样品重复步骤 2 和 3。

*地毯*

1. 选取地毯样品。

2. 使用体视显微镜，确定样品的构造。

3. 在本实验的最后有一张地毯工作表。画出每个部分的构造及细节。任何物理特征，如颜色、构造类型、质地、风格和地毯成分，包括背衬和簇绒的细节都应予以注明（见图 7-3、7-4 和 7-5）。

4. 使用第二块地毯样品重复步骤 2 和 3。

*布胶带*

1. 选取布胶带样品。

2. 使用体视显微镜，确定样品的构造。

3. 在本实验的最后有一张布胶带工作表。画出每个部分的构造及细节。任何物理特性，如颜色、构造类型、背衬、黏合剂、宽度、厚度、纱支数和纤维增强的编织模式都应予以注明。

4. 使用第二个胶带样品重复步骤 2 和 3。

## 报告要求

应包括在实验室程序中获得的所有绘图、计算或其他信息。注释和/或绘图应包括样品鉴别、放大倍数和完整的描述。

## 报告问题

1. 解释为什么构造检验很重要。
2. 除了实验中你所确定的样品类型外，请描述另外一种绳索构造的类型。
3. 绳索生产中常用哪种纤维？
4. 除了实验中你确定的样品类型外，请描述另外一种地毯构造的类型。
5. 在地毯生产中，常用于背衬、黏合剂和纤维的成分有哪些？
6. 除了实验中你确定的样品类型外，请描述另外一种布胶带构造的类型。
7. 在布胶带生产中，常用于背衬、黏合剂和纤维增强物的成分有哪些？

## 推荐和拓展阅读

The Carpet and Rug Institute. ［Web Page］Dalton, GA：The Carpet and Rug Institute；［cited 2007 October 30］; Available from：http://www. carpet-rug. org.

David SK, Pailthorpe MT. *Classification of Textile Fibres：Production, Structure, and Properties.* 2nd ed. London：Francis & Taylor, 1999.

JosephML. *Joseph's Introductory Textile Science.* 6th ed. New York：International Thomson Publishing, 1992.

Laux DL. Identification of a Rope by Means of a Physical Match between the Cut Ends. *Journal of Forensic Sciences.* 1984; 29 (4)：1246-48.

Wellington Leisure Products. ［Web Page］Macungie, PA 18062：The Lehigh Group；［cited 2007 October 30］; Available from：http://www. wellingtoninc. com.

Wiggins K. *Ropes and Cordage.* 2nd ed. London：Francis & Taylor, 1999.

Wiggins KG. Recognition, Identification and Comparison of Rope andTwine. *Science & Justice.* 1995; 35 (1)：53-8.

**绳索工作表**

物理特征：

  颜色＿＿＿＿＿＿＿＿＿＿＿＿＿＿

  直径＿＿＿＿＿＿＿＿＿＿＿＿＿＿

  构造类型：

  捻向＿＿＿＿＿＿＿＿＿＿＿（Z 型或者 S 型）

  股绳＿＿＿＿＿＿＿＿＿＿线/股绳

  编织＿＿＿＿＿＿＿＿＿＿＿：实心＿＿＿空心＿＿＿双编织＿＿＿

        菱形编织＿＿＿＿麻花编织＿＿＿＿

        股绳＿＿＿＿＿＿＿＿＿＿线/股绳

        芯＿＿＿＿＿＿＿＿＿＿＿＿＿

        股绳＿＿＿＿＿＿＿＿＿＿线/股绳

        鞘＿＿＿＿＿＿＿＿＿＿＿＿

## 地毯工作表

物理特征：

　　颜色 _____

　　构造类型：

　　质地和风格 _____

　　簇绒/英尺：经线_____ 纬线 _____

　　黏合剂_____

　　第一层背衬 _____

　　　　经线：支数_____ 　　捻_____

　　　　纬线：支数_____ 　　捻 _____

　　第二层背衬_____

　　　　经线：支数_____ 　　捻_____

　　　　纬线：支数_____ 　　捻 _____

## 布胶带工作表

物理特征：

  背衬颜色_____  胶色_____

  宽度_____

  纤维增强/梭织_____

    经线：支数_____  纤维类型_____ 捻_____

    纬线：支数_____  纤维类型_____ 捻_____

显微镜分析：

  经线：_____

    _____

    _____

  纬线：_____

    _____

    _____

# 第八章

# 实验 8：灯丝检验

**推荐实验前阅读作业**

Baker JM, Fricke LB, Baker KS, Ayock TL. Lamp Examination for 'On' or 'Off' in Vehicle Collisions. *Traffic Collision Investigation*. 9th ed. Evanston, IL: Northwestern University Center for Public Safety, 2001; 301-66.

Becker T. *Lamp Examination for Traffic Collision Investigators*. Jacksonville, FL: Institute of Police Technology and Management, 1995.

## 实验目的

完成本实验后，学生将对以下内容有基本了解：

1. 灯丝
2. 灯丝检验

## 实验概述

有时，法庭科学家可能有必要检验车辆的灯丝碎片，以确定碰撞发生时车灯是否开启。我们可以使用体视显微镜对灯丝进行检验。然而，在讨论灯丝检验之前，有必要了解灯丝的构造和工作原理。

现今，几乎所有的灯都是白炽灯。当灯丝产生光亮时，它的温度约为4000°C。在这个温度下，灯丝产生的电流会使灯丝的温度升高，直至达到白炽或产生"白光"。灯丝的常用材料为钨，因为它在白炽温度下不会熔化。电线用于支撑灯丝，并将电流输送至灯丝中。白炽温度下的钨在空气中会迅速氧化，所以灯丝和支架必须处于密封的玻璃灯泡中，而且玻璃灯泡中的空气必须使用氮气或其他惰性气体替代。许多新型车辆的前灯使用卤素气体技术，这使得钨丝在相同功率下比无卤素灯更为高效地发光（每瓦特的流明更大），并为驾驶者提供更多光线。然而，即使在正常使用情况下，钨也会逐渐"沸腾"，这是钨灯丝的"软肋"。随着时间的推移，热量会继续削减钨丝，直至导致灯丝失效的裂缝出现。

另一种类型的故障可能由断裂引的。这种故障可能是意外断裂，或者是由于灯丝在冷的时候受到振动或力的作用。灯丝检验可以确定与每一种灯丝故障相关的微观特征，从而使法庭科学家能够确定灯丝在撞击时是否处于白炽状态。

多数灯丝检验都涉及车灯，但是，这些检验可以用于任何类型的灯丝。灯有各种尺寸、形状和多种用途。车灯也可能有一个或多个不同形状或尺寸的灯丝，可以有多种用途。前照灯是最常见的检验对象，一般有两种类型。封闭式前照灯的玻璃罩内有一根或两根灯丝；半封闭式前照灯包含一个卤素灯泡，放置于塑料透镜组件中。有时，我们需要对车辆上多种其他类型的车灯进行检验，这些灯可能是单灯丝，也可能是双灯丝。

灯丝检验涉及对整个车灯的细致观察。了解车灯在车辆中的实际位置，对于形成最终结论至关重要。进行显微镜检验时，我们必须先看到灯丝。如果有必要打开封闭式前照灯或卤素灯泡，应特别小心，因为这些灯都是加了高压的。根据灯的实际情况，其特性会有所不同。表 8-1 列出了普通灯的特性。

区分老化灯丝和正常烧坏的灯丝非常重要，人们常常将二者混淆。区分这些灯丝特性和撞击特性最简单的方法是观察线圈间距的均匀性。老化的灯丝的线圈往往会保持均匀的间距，即使在灯弧处可能出现下垂。正常烧坏的灯丝，其端头会呈锥形或球状（见图 8-1）。这种形态源于钨丝的"沸腾"现象，并导致短路或灯丝熔断。

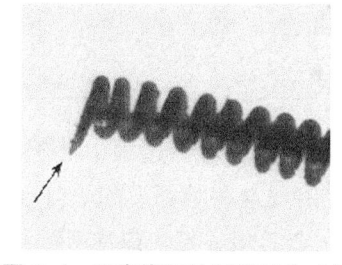
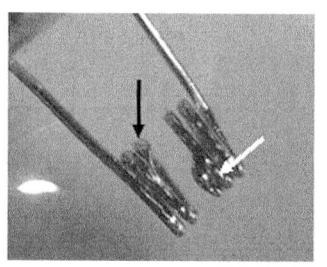

a)                                        b)

**图 8-1　正常烧坏的灯丝端头（线圈均匀间隔，端头有不同的形状：**
**a）轻微的球状锥形端头；b）水滴形端头）**

表 8-1　普通灯的特性

| | |
|---|---|
| 新的 | 灯丝具有明亮光泽 |
| | 灯丝支架具有明亮光泽 |
| | 线圈具有均匀间隔 |
| | 灯丝具有纵向划线 |
| | 灯丝具有正常的弧度 |
| | 玻璃外壳不发黑 |
| | 有工作回路 |
| 老化的 | 灯丝具有明亮光泽 |
| | 灯丝支架具有明亮光泽 |
| | 线圈具有均匀间隔 |
| | 灯丝粗糙或有凹陷 |
| | 灯弧向下弯曲 |
| | 玻璃外壳可能变黑 |
| | 有工作回路 |
| 烧坏的 | 灯丝具有明亮光泽 |
| | 灯丝支架具有明亮光泽 |
| | 线圈具有均匀间隔 |
| | 灯丝断裂 |
| | 断端通常呈圆形或球形，有时可能为锥形 |
| | 玻璃外壳可能变黑 |
| | 开路 |

　　撞击会使灯丝产生一些其他特征。当灯丝在撞击过程中处于"热"（白炽）或"冷"（熄灭）状态时，可能会出现这些特征。如果灯丝是亮着的，可能出现的特征被称为"热冲击"。表 8-2 总结了与"热冲击"相关的特征。"热冲击"最常见的特征是灯丝的线圈被大大拉长或变形（见图 8-2）。

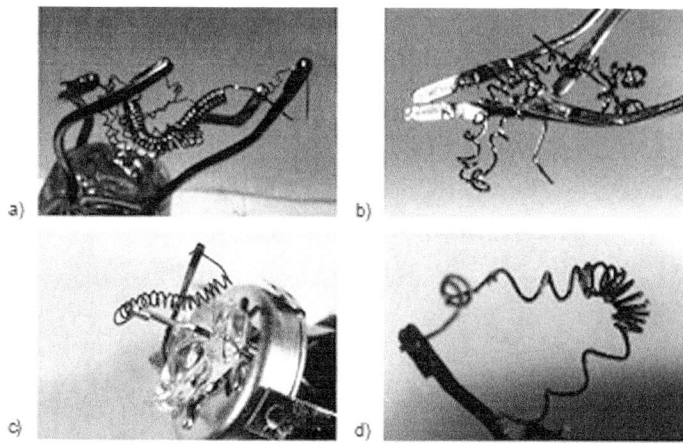

图 8-2　玻璃外壳破碎，灯丝露出的"热冲击"的例子

表 8-2　撞击（热）时的白炽特性

| | |
|---|---|
| 玻璃未碎，<br>灯丝完整 | 灯丝具有明亮光泽<br>灯丝支架具有明亮光泽<br>线圈大幅拉长或扭曲<br>如果灯丝断裂，断端会呈锥形<br>玻璃外壳可能会变黑（取决于老化程度）<br>有可能出现工作回路 |
| 玻璃破碎，<br>灯丝完整 | 灯丝变色或变黑<br>灯丝支架变色<br>线圈大幅拉长或扭曲<br>如果线圈断裂，断端呈锥形<br>玻璃外壳可能变黑（取决于老化程度）<br>灯丝和支架上可能会出现熔化的玻璃<br>灯丝和支架氧化<br>开路 |
| 玻璃破碎，<br>灯丝丢失 | 灯丝变色或变黑<br>灯丝支架变色<br>玻璃外壳可能变黑（取决于老化程度）<br>支架上可能会出现熔化的玻璃<br>支架氧化<br>开路 |

　　如果灯丝在撞击过程中处于熄灭状态，那么这些特征被称为"冷冲击"。

表 8-3 总结了与"冷冲击"有关的特征。"冷冲击"最常见的特征是均匀排列的灯丝端头存在脆性断裂（见图 8-3）

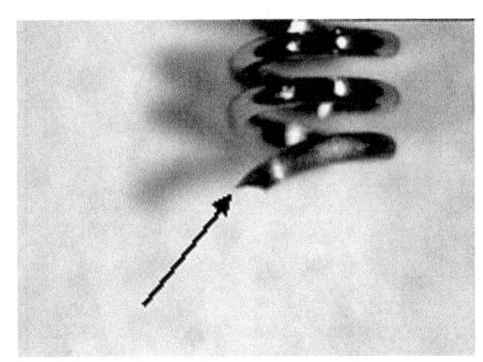

图 8-3　"冷冲击"灯丝的钝端

表 8-3　撞击（冷）时未发光的特性

| | |
|---|---|
| 玻璃未碎，<br>灯丝完整 | 灯丝具有明亮光泽<br>灯丝支架具有明亮光泽<br>灯丝间距正常<br>如果灯丝断裂，断端呈脆性断裂<br>玻璃外壳可能会变黑（取决于老化程度）<br>可能会出现工作回路 |
| 玻璃破碎，<br>灯丝完整 | 灯丝具有明亮光泽<br>灯丝支架具有明亮光泽<br>灯丝间距正常<br>如果灯丝断裂，断端呈现脆性断裂<br>玻璃外壳可能会变黑（取决于老化程度）<br>开路 |
| 玻璃破碎，<br>灯丝丢失 | 灯丝碎片具有明亮光泽<br>灯丝支架具有明亮光泽<br>玻璃外壳可能会变黑（取决于老化程度）<br>开路 |

请记住，某些情况下可能仅出现部分特征，当灯丝离撞击区较远时尤为如此。在这种情况下，我们可能会得出不确定性的结论。

灯丝检验通常有三种结论：其一，当发现有"热冲击"变形、熔化或氧化的玻璃颗粒等迹象时，我们可以确定灯丝在撞击时是白炽的。其二，灯丝可能没有任何白炽迹象。在这种情况下，灯丝可能表现出"冷冲击"，或者它可能离撞击区太远，无法显示特征。其三，灯丝可能缺乏足够的特征，无法判断其状态。

## 实验设备和用品

体视显微镜

微型工具包

丙烷喷灯，用于打开加压的前照灯

灯丝

## 实验安全

使用指导老师制定的标准实验室安全程序。打开灯泡时要小心，因为它们是加高压的。将玻璃丢弃在恰当的容器中。

## 第一部分：灯丝检验

步骤

单灯丝和双灯丝工作表位于本实验的最后，并可在 http://www.wileyeurope.com/college/wheeler 获得。

1. 选取一个灯泡样品。

2. 使用体视显微镜，检验灯泡。

3. 描述灯泡的整体情况，记录灯泡上的所有特征。

4. 如有可能，检查电路，确定灯丝是否工作。

5. 如有必要，请清洁玻璃外壳，以便可以看到灯丝。

如果不能看到灯丝，可能需要打开外壳。灯泡的压力很大，因此要极为小心。处于塑料透镜组件内部的灯可能会被切开。要打开玻璃外壳，将灯朝下（放在毛巾上），用划线器在底座周围划出一道圆弧。接着，用丙烷喷灯连续对灯和划痕周围的区域进行加热。立即将一条已经"结冰"的毛巾放在热灯的划痕区域。玻璃会因压力在划痕处弹开。

6. 确定该灯为单灯丝还是双灯丝。

7. 检查灯丝的颜色。

8. 检查灯丝的形状。

9. 如果断裂，检查断裂的两端。

10. 确定是否有任何颗粒热熔到灯丝上。

11. 检查支架的颜色和形态。

12. 确定是否有任何颗粒热熔到支架上。

13. 如果为双灯丝，则重复步骤 7~12。

14. 画出你视野中的图像。

15. 确定灯在撞击时是否处于发亮状态。

16. 用另外两个灯重复步骤 2~15。

17. 在每一个灯丝检验中，你都要对物证做出评价。作为一名法庭科学家，你必须学会形成结论，并能以口头和书面的形式表达你的结论，清楚地阐明你的结果，解释你是如何得出结论的。

## 报告要求

应包括在实验室程序中获得的所有绘图、计算或其他信息。注释和/或绘图应包括样品鉴别、放大倍数和完整的描述。

## 报告问题

1. 解释灯是如何发光的。

2. 解释双灯丝的工作原理。举一个双灯丝的例子，并说明每个灯丝的用途。

3. 解释"热冲击"，并与"冷冲击"相区别。

4. 举例说明在什么情况下灯丝检验会为侦查提供宝贵的信息。

5. 驾驶员一侧的前照灯灯丝显示出白炽的特征，而副驾驶一侧的前照灯灯丝（同一车辆）没有任何特征，存在这种可能吗？请阐明你的理由。

6. 如果被检车辆前部有大面积损坏，以至于无法检验前照灯和侧灯，那么如何判断撞击时车灯是亮还是灭？

## 推荐和拓展阅读

Baker JM, Fricke LB, Baker KS, Ayock TL. *Lamp Examination for 'on' or 'Off' in Vehicle*

*Collisions*. Traffic Collision Investigation. 9 ed. Evanston, IL: Northwestern University Center for Public Safety, 2001; 301-66.

Baudoin P, Lavabre R, Vayne F. An Unusual Oxidation Type on Bulb Filaments after a Car Crash Dive. *Journal of Forensic Sciences*. 2002; 47 （2）: 377-80.

Becker T. *Lamp Examination for Traffic Collision Investigators*. Jacksonville, FL: Institute of Police Technology and Management, 1995.

Fu L, Leutz R, Ries H. Physical Modeling of Filament Light Sources. *Journal of Applied Physics*. 2006; 100 （10）: 103528.

Lavabre R, Baudoin P. Examination of Light bulb Filaments after a Car Crash: Difficulties in Interpreting the Results. *Journal of Forensic Sciences*. 2001; 46 （1）: 147-55.

Menon VJ, Agrawal DC. A Theory of Filament Lamp's Failure Statistics. *European Physical Journal-Applied Physics*. 2006; 34 （2）: 117-21.

## 单灯丝工作表

灯泡位置：_____

灯泡类型/标记：_____

灯泡状态：

    玻璃完整_____

      变黑_____

      白色沉积_____

    玻璃破碎_____

      变黑_____

      白色沉积_____

电路：_____

单灯丝状态：

    闪光_____  变色_____

    均匀拉长_____  扭曲_____

    损坏_____

    端头_____

    沉积_____  熔化的玻璃_____

    其他_____

    丢失_____

灯丝支架：

    弯曲_____

    损坏_____

    变色_____

    沉积_____

    其他_____

## 双灯丝工作表

灯泡位置：_____

灯泡类型/标记：_____

灯泡状态：

　　玻璃完整_____

　　　　变黑_____

　　　　白色沉积_____

　　玻璃破碎_____

　　　　变黑_____

　　　　白色沉积_____

电路：_____

双灯丝状态–粗灯丝：

　　闪光_____　　变色 _____

　　均匀拉长_____　　扭曲 _____

　　损坏 _____

　　端头_____

　　沉积_____　　熔化的玻璃_____

　　其他_____

　　丢失_____

灯丝支架：

　　弯曲_____

　　损坏 _____

　　变色 _____

　　沉积_____

　　其他_____

双灯丝状态–细灯丝：

闪光＿＿＿＿＿＿＿＿　　变色＿＿＿＿＿＿＿＿＿＿

均匀拉长＿＿＿＿＿＿　　扭曲＿＿＿＿＿＿＿＿＿

损坏＿＿＿＿＿＿＿＿＿

端头＿＿＿＿＿＿＿＿

沉积＿＿＿＿＿＿＿＿＿　熔化的玻璃＿＿＿＿＿＿

其他＿＿＿＿＿＿＿＿＿

丢失＿＿＿＿＿＿＿＿

灯丝支架：

弯曲＿＿＿＿＿＿＿＿

损坏＿＿＿＿＿＿＿＿

变色＿＿＿＿＿＿＿＿

沉积＿＿＿＿＿＿＿＿

其他＿＿＿＿＿＿＿＿

# 第九章

# 实验 9：指纹检验和比对[1]

**推荐实验前阅读作业**

　　US Department of Justice; *The Science of Fingerprinting*; US Government Printing Office; 1990.

　　US Department of Justice; *Fingerprint Training Manual*; US Government Printing Office; 1993.

## 实验目的

完成本实验后，学生将对以下内容有基本了解：

1. 指纹的一般特征
2. 利用体视显微镜观察指纹特征
3. 指纹比对

## 实验概述

　　指纹是指在手掌和指尖上发现的摩擦脊纹的痕迹。指纹有两种形式：可见指纹与潜在指纹。可见指纹是指那些很容易用肉眼观察到的指纹，如血指纹、油指纹或者遗留在胶带粘面那种软质客体表面的指纹。潜在指纹是指那些需要借助显现媒介才能观察到的指纹。常见的指纹显像试剂有指纹显现粉末（黑色、彩色、荧光或磁性）、茚三酮和氰基丙烯酸酯。

　　摩擦脊纹是在胎儿发育的第三至第四个月形成的。摩擦脊纹是由表皮的两层（即角质层和黏膜层）融合形成的。角质层覆盖在表面，黏膜层在角质层下方。正是这两层结合形成了摩擦脊纹。黏膜层的各个部分折叠形成脊纹，

---

〔1〕　本实验改编自 courtesy of Joe Wallace, Department of Criminal Justice Training, Richmond, KY 40475。

这些脊纹沿长度方向延伸，并与表层脊纹相对应。在黏膜层中，对应于表层脊纹中部的较深脊纹与对应于表层脊纹小梨沟处的较浅脊纹交替出现，所以黏膜层中脊纹的数量是表层脊纹的两倍。汗孔沿着脊纹排成单行。汗液将通过这些汗孔释放并沉积在皮肤表面。指纹是通过直接接触湿润或柔软的表面（可见指纹）或汗液和皮肤上的油污转移到物品上（潜在指纹）而形成的。

当人擦伤或轻度割伤手指的外层皮肤时，摩擦脊纹不会发生永久性改变。如果受伤严重至破坏了黏膜层，虽然皮肤会愈合，但它将不再是原来的形态。受伤部位会出现一道疤痕，并改变摩擦脊纹的形态。

指纹是一种可靠的个体鉴别手段。其他的个体特征可能会改变，但指纹是在出生前形成的，直到死亡和尸体腐败前都是不变的。即使是拥有相同DNA的同卵双胞胎，他们的指纹也是不同的！个体的指纹纹线类型可能相同，但是，每个人每个指纹的纹线细节特征是不同的。手掌、脚趾和脚底亦如此。

指纹纹线可分为三大类别：弓型纹、箕型纹和斗型纹。我们可以根据同一类别之间的较小差异将这些基本类别进一步划分为子类别。我们必须先确定一个模式区。模式区是指纹中核心、三角和脊纹出现的部分。弓型纹的模式区是开放的，而箕型纹或斗型纹模式区的纹型线则是封闭的。纹型线可以被定义为位于最里面，并引发平行、分叉、环绕或倾向于环绕模式区的两条脊纹。我们会选取一些关键点来区分模式区的种类。这些点被称为三角和/或核心（见图9-1）。三角是指位于纹型线分叉中心处的脊纹上或脊纹前部最为临近的点构成的区域。三角可以是由分叉点、终点脊纹、小点、短脊纹、两条脊纹的交汇点构成的，或者是最接近纹型线分叉中心和前面的第一条折回脊纹上的一点。核心近似于指纹的中心，位于最内侧的折回曲线处。当最内侧的折回曲线含有上升到肩部的奇数个小棒时，无论是否接触环形脊纹，核心都会位于中心棒的末端。当最内侧的充分折回曲线包含偶数个小棒时，核心将位于两根中心棒中较远的一端。

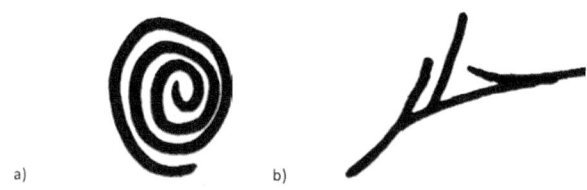

**图 9-1　核心和三角是用来划分指纹类型的两个特征〔a）核心近似于指纹的中心；**
**b）三角是位于脊纹上的分叉起始点〕**

　　弓型纹是一种纹型，其特点是纹线从一侧进入指纹，从另一侧出来。当它穿过模式区时，脊纹会有一个上升。这种上升的差异决定了它被归类为弧形纹还是帐形纹（见图 9-2）。

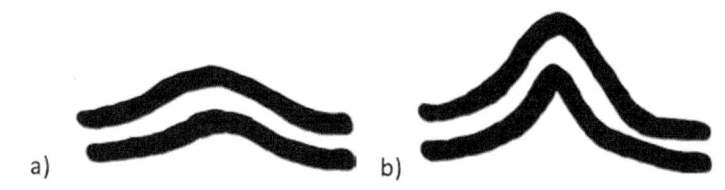

**图 9-2　弓型纹是从一侧进入指纹并从另一侧出来的脊纹〔弓型纹可以是**
**a）弧形的，也可以是 b）帐形的〕**

　　弧形纹是所有指纹纹型中最简单的一种，没有折回的脊线或三角，纹型将遵循一般的轮廓，然而，这种纹型也存在各种脊纹形态，如终点脊纹、分叉、小点和小岛。对于一个帐形纹，大部分的脊纹从指纹的一侧进入，并从另一侧出来；然而，中心的一条或多条脊纹则不会这样。中心的一条或多条脊纹形成一个上推力。上推力是指一条任意长度的终点脊纹从水平面以一定程度上升（在 45°或以上）。有时我们容易将帐形纹与箕型纹混淆。

　　箕型纹是一种纹型，其特点是线条从指纹的一侧进入并折回，接触或通过从三角到核心的虚线，在（或面向）进入指纹的同一侧终止（或趋于终止）（见图 9-3）。箕可被区分为桡侧箕（反箕）或尺侧箕（正箕）。"桡"和"尺"这两个术语来自于前臂的桡骨和尺骨。沿着尺骨方向（向着小拇指）延伸的箕称为尺侧箕，沿着桡骨方向延伸的箕称为桡侧箕。箕型纹中总会有一个三角。

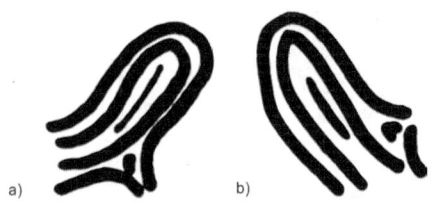

**图 9-3** 箕型纹分为桡侧箕和尺侧箕：**a）** 向右形成的箕是桡侧箕（反箕）；
**b）** 向左形成的箕是尺侧箕（正箕）

斗型纹是一种通常呈圆形，且至少有两个三角的纹型（见图 9-4）。斗型纹可以进一步细分为四种类型：螺形斗、囊形斗、双箕斗或杂形斗。螺形斗有两个三角和至少一条脊纹，形成一个完整的圆。这个圆可能是螺旋形、椭圆形、圆形或圆形的任何变体。两个三角之间的虚线必须触及或穿过内部模式区内的至少一条折回的脊纹。囊形斗有两个三角和至少一条脊纹，这样可形成或倾向于形成一个完整的圆。这个圆可以是螺旋形、椭圆形、圆形或圆形的任何变体。在两个三角形之间画出的虚线不能触及或穿过内部模式区的任何折回的脊纹。双箕斗由两个独立的箕组成，有两组独立而不同的肩和两个三角。杂形斗是一种组合花纹，可以由两种除螺形斗以外的不同斗型纹组合而成，可以有两个或两个以上的三角，可以具有两个或两个以上不同纹型，甚至具有不符合任何定义的纹型。

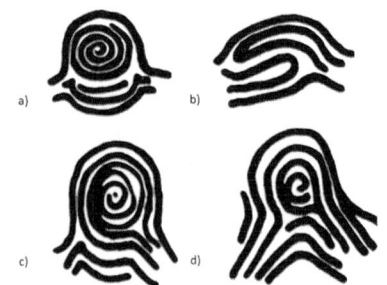

**图 9-4** 这些纹型通常是圆的并且有两个三角［它们属于斗型纹：
**a）** 螺形斗；**b）** 双箕斗；**c）** 囊形斗；**d）** 杂形斗］

一旦确定了纹型，就可以考虑进行比对了。指纹比对的方法是记录两个指纹痕迹中的纹路特征，以确定它们是否一致。当一定数量的特征在两个指纹痕迹中占据相同的相对位置时，就会得出肯定性结论。进行比对时，我们首先要用放大镜或体视显微镜观察，以确定指纹是否为同一类型（弓型、箕型、斗型）。

如果纹型相同，下一步就是检验指纹的特征：分叉、短纹、脊线终点和/或小环。这些特征被称为细节特征（见图 9-5）。脊线终点是摩擦脊线停止的点。小环是一条脊线完全包围另一条脊线。短纹是指比指纹的平均脊线长度小很多的脊线。分叉是指在某一个点上，一条脊线分裂成两条。检验人员首先要寻找最明显的鉴别点：指纹首次被看到时，能引起注意的特征。将这个特征或特征点与嫌疑指纹的相同区域进行比较，从而寻找潜在的匹配。如果两个指纹中都有相同的特征或特征点，则计算从第一个特征或特征点到第二个特征经过的脊线的数量。继续这个过程，直到确定两个指纹痕迹相同（见图 9-6）或不同。

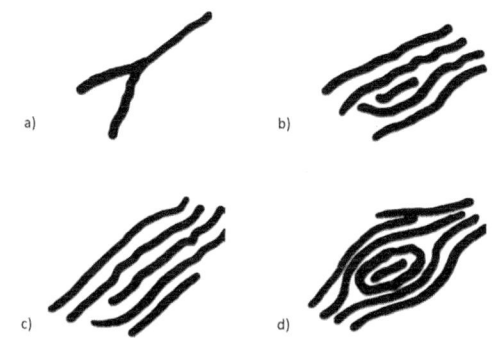

**图 9-5　用于指纹分类的细节特征：a）分叉；b）短纹；c）脊线终点；d）小环**

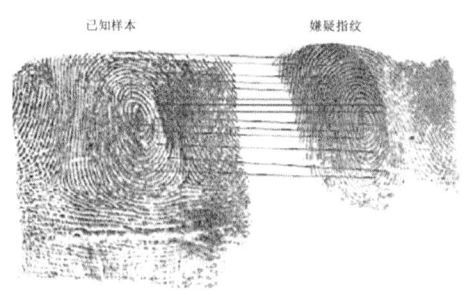

**图 9-6　潜在指纹与已知指纹样本的比对**

同一认定所需的特征没有数量标准。究竟何时可获得足够的特征点用以支撑同一认定？这需要由指纹检验人员自行决策。这个数字可能会因清晰度、形态的独特性、经验和能力而有所不同。

## 实验设备和用品

指纹墨水

捺印卡

体视显微镜

已知的指纹

未知的潜在指纹

## 实验安全

使用指导老师制定的标准实验室安全程序。谨慎选择显微镜的光照强度，避免眼睛受伤。

## 第一部分：指纹检验

步骤

1. 选取一张指纹卡。

2. 使用指纹墨水，为你的每个手指上墨并在卡片上的指定区域内滚动手指捺印指纹。

3. 使用体视显微镜或放大镜，确定每个手指的指纹纹型和子分类。

4. 如果适用的话，找出指纹中的三角。

5. 如果适用的话，找到指纹中的核心。

6. 使用附录 F 中的圆形模板，画出你所看到的主要特征，以确定纹型和子分类。记录发现的核心或三角。

## 第二部分：指纹比对

步骤

1. 选取一组已知的指纹。

2. 选取一组未知的指纹。

3. 使用上述程序确定未知指纹与已知指纹是否匹配。

4. 画出你认为匹配的指纹比对。

## 报告要求

应包括在实验室程序中获得的所有绘图、比对或其他信息。注释和/或绘图应包括样品鉴别、放大倍数和完整的描述。

## 报告问题

1. 什么是可见指纹？你会如何与已知样本进行比对？

2. 什么是潜在指纹？你会如何与已知样本进行比对？

3. 指纹主要有哪几类？请分别描述一下。

4. 弓型纹的两个子类别是什么？

5. 箕型纹的两个子类别是什么？

6. 斗型纹的四个子类别是什么？

7. 什么是三角？

8. 什么是核心？

9. 用来比对指纹的四种细节特征是什么？请分别说明。

10. 局部指纹可以比对吗？

11. 必须有多少个特征匹配才能得出同一认定的结论？请给出你的理由。

12. 同卵双胞胎能通过指纹来区分吗？能通过他们的 DNA 来区分吗？

## 推荐和拓展阅读

Cole SA. Witnessing Identification：Latent Fingerprinting Evidence and Expert Knowledge. *Social Studies of Science*. 1998；28（5-6）：687-712.

Cole SA. What Counts for Identity？The Historical Origins of the Methodology of Latent Fingerprint Identification. *Science in Context*. 1999；12（1）：139-172.

Cole SA. Grandfathering Evidence：Fingerprint Admissibility Rulings from Jennings to Llera Plaza and Back Again. *American Criminal Law Review*. 2004；41（3）：1189-276.

Cole SA. More Than Zero：Accounting for Error in Latent Fingerprint Identification. *Journal of Criminal Law & Criminology*. 2005；95（3）：985-1078.

Egli NM, Champod C, Margot P. Evidence Evaluation in Fingerprint Comparison and Automated Fingerprint Identification Systems-Modelling within Finger Variability. *Forensic Science International*. 2007; 167 (2-3): 189-195.

Grant A, Wilkinson TJ, Holman DR, Martin MC. Identification of Recently Handled Materials by Analysis of Latent Human Fingerprints Using Infrared Spectromicroscopy. *Applied Spectroscopy*. 2005; 59 (9): 1182-1187.

Kahn HS. Enhanced Collection of Fingerprints and Ridge Counting. *American Journal of Human Biology*. 2005; 17 (3): 383.

Kempton JB, Sirignano A, Degaetano DH, Yates PJ, Rowe WF. Comparison of Fingernail Striation Patterns in Identical-Twins. *Journal of Forensic Sciences*. 1992; 37 (6): 1534-1540.

Kulkami JV, Patil BD, Holambe RS. Orientation Feature for Fingerprint Matching. *Pattern Recognition*. 2006; 39 (8): 1551-1554.

US Department of Justice. *The Science of Fingerprinting*. Washington, DC: Government Printing Office, 1990.

US Department of Justice. *Fingerprint Training Manual*. Washington, DC: Government Printing Office, 1993.

Wilson JD, Cantu AA, Antonopoulos G, Surrency MJ. Examination of the Steps Leading up to the Physical Developer Process for Developing Fingerprints. *Journal of Forensic Sciences*. 2007; 52 (2): 320-329.

Zhu E, Yin JP, Hu CF, Zhang GM. A Systematic Method for Fingerprint Ridge Orientation Estimation and Image Segmentation. *Pattern Recognition*. 2006; 39 (8): 1452-1472.

Zhu Y, Dass SC, Jain AK. Statistical Models for Assessing the Individuality of Fingerprints. *IEEE Transactions on Information Forensics and Security*. 2007; 2 (3): 391-401.

# 第十章

# 实验 10：工具痕迹检验

**推荐实验前阅读作业**

Burd D, Kirk PL. Tool Marks: Factors Involved in Their Comparison and Use as Evidence. *Journal of Police Science*. 1942; 32 (6): 465.

Miller J. An Introduction to the Forensic Examination of Tool Marks. *AFTE Journal*. 2001; 33 (3): 233-248.

## 实验目的

完成本实验后，学生将对以下内容有基本了解：

1. 工具痕迹检验
2. 使用比对体视显微镜进行工具痕迹检验

## 实验概述

工具痕迹鉴定涉及唯一性的基本原则，即所有的物品都是独一无二的，因此它们可以相互区分。工具痕迹的区分机制取决于种属特征和个体特征。种属特征是指刻意而为之的特征或者设计特征，这些特征将是某组物品的共同特征。工具的大小和形状就是种属特征的一个例子。例如，一种花头螺丝刀留下的痕迹可能比另一种大得多。形状的差异也会导致产生不同的痕迹，如花头螺丝刀和十字头螺丝刀。齿形工具的齿间距离也被认为是种属特征。个体特征是由工具表面的随机缺陷或不规则的痕迹产生的。这些特征既可以是在机械加工过程中规律性产生的，也可能是在制造、使用、腐蚀或损坏过程中，偶然出现的随机缺陷或不规则现象。例如，由于切削加工过程而在工具边缘留下的微小的不规则痕迹，这种不规则性形成了工具的个体特征。这些不规则的形状和模式也会因工具的磨损和损坏而发生改变。这为每个工具创建了一个独特的模式，从而使工具痕迹检验成为可能。

工具痕迹是指工具与另一物体接触时形成的印记、切割、沟痕或磨损痕迹。由于工具通常具有较硬的表面，当它与较软的物体接触时，便会在该物体上留下独特的痕迹。

在显微镜下观察痕迹，我们可以找到不规则之处，进而与嫌疑工具的工作表面进行比较。通常，我们必须制作工具或工具痕迹的反向图像，以便进行比较。我们使用硅铸模材料来获取反向图像。

在某些情况下，侦查人员可能想知道作案工具的种类。为此，检验人员要确定痕迹的种属特征。根据这些信息，我们便可以确定工具的种类。

在其他情况下，我们可能需要对工具进行全面检验。此时，如果检材的种属特征与可疑工具一致，我们使用铅片获得测试痕迹。随后，我们将多个测试痕迹相互比对，以寻找那些由工具产生的独特的、一致的个体痕迹。这种检验是在带有特殊载物台的比对体视显微镜上进行的。用于工具痕迹鉴别的载物台允许样品移动和旋转，这样就可以很容易地比较不同表面上的痕迹（见图10-1）。

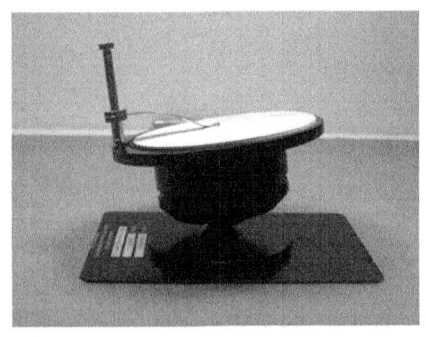

**图10-1 用于工具痕迹鉴别的载物台**（这个特殊的载物台上可以放置工具痕迹样品，以便在比对体视显微镜上观察。该载物台的样品区域位于球窝接头上，因此样品可以很容易地进行比对检验）

比对体视显微镜由两台体视显微镜通过光桥连接而成。光桥包含棱镜和反射镜，用于将光引导到一组共同的目镜上。一组旋钮用于调整视野，因此，我们既可以观察任一独立显微镜中的样品，也可以将两个显微镜中的样品进行组合查看。在组合的视野中，图像是分裂的，仅显示每个显微镜的视野中的一部分。这将允许检验人员在显微镜测微尺上并排查看两个物品。如果找到具有独特性和一致性的痕迹，我们就可以将其与其他样品进行比对。在开展比对检验时，法庭科学家通常会得出如下三种结果：

- 认定：该痕迹是通过该工具接触而产生的，并且发现个体特征之间有足够的相关性。
- 否定或排除：由于类别或个体特征不一致，该痕迹不是由该工具产生的。
- 无结论：种属特征一致，但个体特征之间的相关性不足。

### 实验设备和用品

比对体视显微镜

未知工具痕迹

铸模材料（Mikrosil™、Duplicast™或 Epse Impregum™）

工具

铅片

### 实验安全

使用指导老师制定的标准实验室安全程序。

### 第一部分：工具痕迹铸模

步骤

1. 根据制造商的说明混合铸模物质。

2. 在要铸模工具或工具痕迹上涂抹铸模物质。

3. 在铸模物质充分凝固（或冷却）后，轻轻敲击该区域以松开铸件。针对某些铸模物质，我们可能需要很大的力气才能将铸件与该区域分离。

### 第二部分：工具痕迹比对

1. 检验分配给你的工具痕迹。如有必要，可进行铸模。

2. 找出种属特征，确定可能的工具类型。

3. 选取一个可能的工具，并利用该工具，用铅片做几个测试工具痕迹。

4. 将测试工具痕迹放置在比对体视显微镜的载物台上。检验测试工具痕迹，以确定该工具是否会产生独特的、一致的痕迹。

5. 如果一致，就把这些痕迹与你的铸件痕迹进行比对。这要求尺寸和形状必须一致，而且每个铸件上的不规则或纵向条纹也必须一致。对条纹进行评论，并使用附录 F 中的圆形模板画出你所发现的相似区域。在已知样品或未知样品中，是否有任何异常之处？

## 报告要求

应包括在实验室程序中获得的所有绘图、计算或其他信息。注释和/或绘图应包括样品鉴别、放大倍数和完整的描述。

## 报告问题

1. 对于工具痕迹物证，什么特征是种属特征？选取一件工具，描述其种属特征。

2. 工具痕迹物证的个体特征是什么？用不同的工具，描述个体特征。

3. 请写出与"已知工具"的比对说明。该工具是否会产生工具痕迹？为你的书面陈述背书，为什么你认为它们匹配/不匹配，必要时参考你的绘图。

## 推荐和拓展阅读

Burd D, Kirk PL. Tool Marks: Factors Involved in Their Comparison and Use as Evidence. *Journal of Police Science*. 1942; 32 (6): 465.

Liukkonen M, Majamaa H, Virtanen J. The Role and Duties of the Shoeprint/Toolmark Examiner in Forensic Laboratories. *Forensic Science International*. 1996; 82 (1): 99-108.

Miller J. An introduction to the Forensic Examination of Tool Marks. *AFTE Journal*. 2001; 33 (3): 233-248.

Nichols RG. Firearm and Toolmark Identification Criteria: A Review of the Literature. *Journal of Forensic Sciences*. 1997; 42 (3): 466-474.

Nichols RG. Firearm and Toolmark Identification Criteria: A Review of the Literature, part II. *Journal of Forensic Sciences*. 2003; 48 (2): 318-327.

Nichols RG. Defending the Scientific Foundations of the Firearms and Tool Mark Identification Discipline: Responding to Recent Challenges. *Journal of Forensic Sciences*. 2007; 52 (3): 586-

594.

    Novoselsky Y, Tsach T, Klein A, Volkov N, Shor Y, Vinokurov A. Unusual Contact Marks: Connecting the Hubcap to the Wheel of the Car. *Journal of Forensic Sciences.* 2002; 47 (3): 630-632.

    Petraco N, Petraco ND, Pizzola PA. An Ideal Material for the Preparation of Known Toolmark Test Impressions. *Journal of Forensic Sciences.* 2005; 50 (6): 1407-1410.

# 第十一章

# 枪支检验

## 实验 11：枪支检验

**推荐实验前阅读作业**

Hamby J. Identification of Projectiles. *AFTE Journal*. 1974；6（5/6）：22.

Nicols R. Firearms and Tool mark Identification Criteria：A Review of the Literature. *Journal of Forensic Sciences*. 1997；42（3）：466-74.

Nicols R. Firearms andTool Mark Identification Criteria：A Review of the Literature-Part 2. *Journal of Forensic Sciences*. 2003；48（2）：18-327.

**推荐网站**

FirearmsID［Web Page］Louisville，KY；［cited 2007 October 30］；Available from：http：//www. firearmsid. com.

### 实验目的

完成本实验后，学生将对以下内容有基本了解：

1. 枪支检验
2. 使用比对体视显微镜进行枪支检验

### 实验概述

当枪支发射时，下述几个活动为枪支检验提供了可能。首先，子弹进入枪膛；随后，撞针撞击弹壳的底火，点燃底火；底火产生的火花点燃推进剂；推进剂产生的燃烧气体使弹壳膨胀，并将其密封在枪膛壁上；这将导致弹头沿着压力释放的方向被推出，顺着枪管向前运动；弹头离开枪管后，压力被释放，弹壳将从枪膛中掉出。这些活动会在子弹和弹壳上留下独特的印记或痕迹。枪支检验人员将利用这些印记或痕迹开展鉴定。

枪支鉴定实际上是一种工具痕迹鉴定。工具痕迹是指工具与另一物体接触时所形成的任何印记、切割、沟痕或磨损痕迹。在枪支检验中，枪械本身就是工具。枪械的部件比子弹的硬度大，所以与之接触的弹药部件会留下凹陷或条状痕迹。研究表明，任意两支枪，即使属于同一品牌和型号，其发射的子弹和弹壳上所产生的特征性痕迹也是不同的。

在进行检验时，枪支检验人员将从种属特征和个体特征着手。种属特征是指某组物品共同的、刻意为之的特征或设计特征。检验人员必须考虑的种属特征包括：阳膛线和阴膛线的数量、阳膛线和阴膛线的宽度、缠绕方向、缠度和口径（或规格）。在步枪的制造过程中，枪管需要经过膛线处理。枪管的膛线可以通过几种方法做出。最常用的方法是拉削法、模头挤压法、锤锻法和电化学蚀刻法。这些工艺创造了独特的螺旋形阳膛线和阴膛线，枪支检验人员用它们来鉴定子弹。纹路凸起的部分被称为阳膛线，凹陷的部分被称为阴膛线。枪支枪管上的阳膛线和阴膛线的数量可以是任意的。不同枪支的膛线宽度存在差异，缠绕方向也可能不同，或向左螺旋，或向右螺旋。最后一个种属特征是枪支的尺寸。我们用口径表达枪支的尺寸，它是指两个相对阳膛线之间的距离。铅径是指枪管光滑的枪支的尺寸。使用一磅铅制成若干实心铅球，其直径等于枪管直径，实心铅球的个数便是铅径。

个体特征是工具表面的随机缺陷或不规则痕迹。这些特征既可以是在机械加工过程中规律性产生的，也可能是在制造、使用、腐蚀或损坏过程中偶然出现的随机缺陷或不规则现象。检验人员必须考虑的个体特征包括：膛线痕迹、条纹痕迹和压痕。对于弹头，我们需要仔细检查膛线痕迹。枪管内侧的瑕疵会在弹头通过枪管时留下微观条纹或划痕。对于弹壳，我们需要仔细检查条纹痕迹和压痕。条纹痕迹是指弹壳在枪膛内横向移动时产生的划痕。这些划痕的形式可能是枪膛痕、修剪痕、撞针拖痕、拔弹痕或弹射痕。枪膛痕是指当子弹上膛或退膛时，由枪膛壁造成的划痕。弹壳底火区与撞针孔之间的相对运动引发的划痕被称为修剪痕。撞针拖痕是指在拔弹过程中，撞针拖过底火区时所产生的划痕。拔弹痕是拔弹器的"钩子"将子弹从枪膛中拔出时所产生的划痕，而弹射痕是射击时子弹与弹射器接触产生的条纹状痕迹。压痕是由于枪械的一部分受到足够的冲击而产生的凹痕。撞针痕迹是指撞针撞击底火时所产生的压痕。弹头撞击枪膛表面所产生的凹痕被称为后膛痕。弹射痕是指子弹从枪膛中弹出时所产生的压痕。

在某些情况下，侦查人员可能需要查明武器的类型。为此，检验人员要确定弹头或弹壳的种属特征。根据这一信息，我们可以推测潜在的武器。在其他情况下，侦查人员可能会要求进行全面检验。此时，如果检材的种属特征与可疑武器一致，我们将使用类似的弹药进行试弹。然后，将多个实验样品相互比较，以确保枪械产生独特的个体痕迹。这种检验是在比对体视显微镜上进行的。万向子弹载物台的设计允许样品移动和旋转，从而使在不同的表面比较痕迹变得更为容易（见图11-1）。它还能适应子弹、弹壳和弹壳铸模的多种尺寸和形状。比对体视显微镜由两台体视显微镜通过光桥连接而成。光桥包含棱镜和反射镜，用于将光引导到一组共同的目镜上。一组旋钮用于调整视野，因此，我们既可以观察任一独立显微镜中的样品，也可以将两个显微镜中的样品进行组合查看（见图11-2）。如果发现独特的、一致的痕迹，我们就可以将检材与其他样品进行比对。

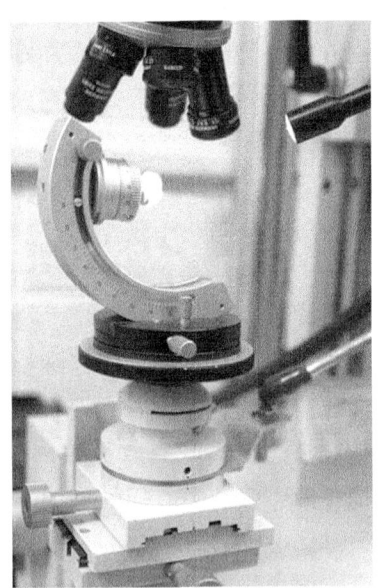

**图 11-1 枪支比对体视显微镜上专用的载物台（这个载物台允许样品在所有方向上任意移动）**

**图 11-2　弹壳样品的比对**

开展比对时，枪支检验人员通常会得出以下四种结论：①可以认定检材是由嫌疑枪支发射的，或处于嫌疑枪支内部；②既不能认定也不能排除检材是由嫌疑枪支发射的；③证据被排除，检材并非由嫌疑枪支发射，也未处于嫌疑枪支内部；④可以认定检材经历了嫌疑枪支的发射过程。

**实验设备和用品**

比对体视显微镜
一组已知和未知的弹头
一组已知和未知的弹壳

**实验安全**

使用指导老师制定的标准实验室安全程序。谨慎选择显微镜的光照强度，避免眼睛受伤。学生应了解检验过程中所使用溶剂的相关危险，并遵照指导老师设定的适当预防措施使用它们。根据需要参考材料安全数据表，学生应在实验室内全程佩戴个人防护设备，如护目镜和丁腈手套。所有使用氯仿和有机溶剂进行的工作都应在通风橱或足够通风的条件下完成。一些试剂中含有浓酸，应谨慎处理。

### 第一部分：比对体视显微镜的元件

在相应编号旁边标注徕兹（Leitz™）比对体视显微镜（见图11-3）的元件名称。这个工作表的副本可以从 http://www.wileyeurope.com/college/wheeler 获得。

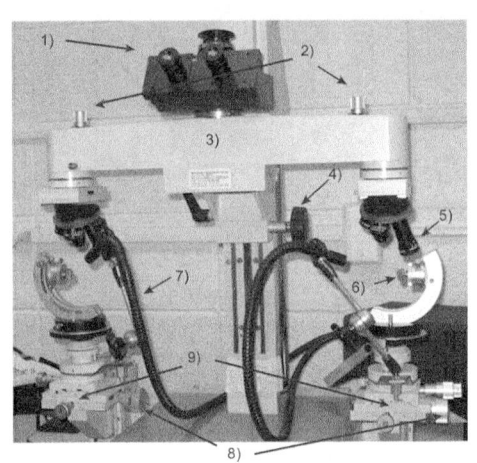

图 11-3　徕兹比对体视显微镜的照片

针对每个元件的功能，分别用一句话予以解释，写在下方空白处。如有必要，请增加附页。

### 第二部分：弹头和弹壳比对

*步骤*

你将使用比对体视显微镜来比对几种枪支的弹头和弹壳。这个过程将同时适用于已知样品（A、B、C）和你所获得的未知样品。

*子弹*

1. 检验未知弹头上阳膛线和阴膛线的数量。将弹头的尖端远离你，在比对体视显微镜下观察。

2. 用笔或记号笔在其中一条阳膛线上做标记。使用可以在检验完成后擦掉的笔标注。

3. 用蜡将弹头压在旋转载物台支架上。转动子弹，并计算阳膛线痕迹的数量，直到弹头转完一周。得到的数字就是样品的阳膛线和阴膛线数量。

4. 检验弹头的缠绕方向。握住弹头，使其尖端远离你，确定缠绕方向。如果阳膛线和阴膛线向右，则弹头有右旋；如果向左，则弹头有左旋。

5. 检验已知弹头的阳膛线和阴膛线数量，以及步骤 1~3 中的缠绕方向。确定你的未知弹头是否与任何已知弹头有相同的种属特征。

6. 使用比对体视显微镜，检验未知弹头的膛线条纹。

7. 观察条纹并与任何可能的已知弹头进行比较。嫌疑弹头和已知弹头的阳膛线和阴膛线必须吻合，而且每个弹头的纵向条纹也必须吻合。对条纹进行评论，并使用附录 F 中的圆形模板画出你所找到的相似特征区。在已知或未知的弹头中，是否有任何不寻常的地方？

*弹壳*

1. 一个弹壳既可以比对撞针痕、后膛痕、弹射痕，也可以比对弹壳侧面的拔弹痕。

2. 画出每个被检验弹壳（已知和未知）的撞针痕。

3. 确定是否有弹壳来自同一武器。

## 报告要求

应包括在实验室程序中获得的所有绘图、计算或其他信息。注释和/或绘图应包括样品鉴别、放大倍数和完整的描述。

## 报告问题

1. 枪支物证有哪些种属特征？逐一讨论。

2. 如何通过一颗射出的弹头确定枪支的口径？

3. 枪支物证的个体特征是什么？逐一讨论。

4. 就"已知弹头样品"的比对写一份书面陈述。发射它们（已知弹头样品）的枪支是否与发射未知弹头的枪支相同？为你的书面陈述背书，说明你为什么认为它们是一致的，必要时参考你的图纸。

5. 就"已知弹壳样品"的比对写一份书面陈述。发射它们（已知弹壳样品）的枪支是否与发射未知弹壳的枪支相同？为你的书面陈述背书，说明你为什么认为它们是一致的，必要时参考你的图纸。

## 实验 11A：射击残留物检验

**推荐实验前阅读作业**

Dillon J. The Sodium Rhodizonate Test: A Chemically Specific Test for Lead in Gunshot Residues. *AFTE Journal*. 1990; 22 (3): 26.

Lekstrom JA, Koons RD. Copper and Nickel Detection on Gunshot Targets by Dithiooxamide Test. *Journal of Forensic Sciences*. 1986; 31 (4): 1283.

Anon. Gunshot Residues and Shot Pattern Test. *FBI Law Enforcement Bulletin*. 1970; 39 (9): 7.

Fiegel F, Anger V. *Spot Tests in Inorganic Analysis*. 6th ed. Amsterdam: Elsevier, 1972.

**推荐网站**

FirearmsID [Web Page] Louisville, KY; [cited 2007 October 30]; Available from: http://www.firearmsid.com.

### 实验目的

完成本实验后，学生将对以下内容有基本了解：

1. 射击残留物
2. 用于射击残留物检验的化学实验
3. 对射击残留物进行化学检验，以确定射击距离
4. 对样品进行化学检验以确定铜的含量

### 实验概述

有时，确认一个样品是否有射击残留物可能至关重要。当枪支发射时，撞针会击中弹壳的背面，并引发底火，从而点燃"火药"，使其燃烧。这导致了蒸气的形成，迫使弹头沿着枪管从枪口射出。大部分蒸气从枪口流出，但蒸气也可以从左轮手枪的弹筒间隙或手枪的弹射口逸出。从这些地方逸出的蒸气被称为射击残留物，它包括底火和火药残留物，以及弹头的金属残留物。

要了解射击残留物，我们首先需要探讨弹药的组成，因为这是射击残留物组分的来源。一颗现代枪弹由子弹（弹头）、弹壳（将所有部件固定在一

起）、推进剂（火药）、轮缘、弹壳中的填充物和底火（点燃推进剂）组成。现代霰弹枪的枪弹由以下部分组成：霰弹（弹头）、弹壳（将所有部件固定在一起）、弹托（将霰弹和推进剂分开）、推进剂（火药）、黄铜头和底火（点燃推进剂）。下面三种元素与射击残留物密切相关：钡、铅和锑。我们需要通过进一步检验确定是否存在来自硝化纤维和/或硝化甘油（弹药中使用的推进剂和底火）的硝酸盐。

推进剂是一种通过施力使物体移动的化学品。弹药中常使用黑火药和无烟火药作为推进剂或火药。黑火药含有木炭、硝酸钾和硫黄。无烟火药可分为单基和双基。单基无烟火药含有硝化纤维、稳定剂和改性剂。双基无烟火药含有硝化纤维和硝化甘油，并含有稳定剂和改性剂。稳定剂会与氮氧化合物发生反应。如果不去除这些氮氧化合物，推进剂会极不稳定，容易自燃。常见的稳定剂有二苯胺和乙基重晶石。改性剂包括增塑剂和消焰剂。增塑剂可使粉末软化，防止粉末断裂。消焰剂可中断枪口气体的反应。常见的增塑剂有硝化甘油、环戊烯酸乙酯、邻苯二甲酸二丁酯、2，4-二硝基甲苯和三乙炔。常见的消焰剂有硝酸钾和硫酸钾。弹壳的点火部件是底火。起初，人们使用水合汞以及氯酸钾作为底火，但这些化合物会使枪支被腐蚀。目前使用的底火主要有叠氮化铅、苯乙烯酸铅、苏铁锑、硝酸钡和四甲苯。

虽然大多数实验室都会采用仪器分析技术来鉴别射击残留物中的钡、铅和锑（实验25），但我们也可以进行化学显色实验。重氮酸钠实验是鉴别铅和钡的专属方法。哈里森·吉尔罗伊实验用于鉴定锑。这些实验一般用于确定弹孔的物理特性。

大多数弹药所使用的火药是由硝化纤维或硝化甘油和硝化纤维制成的无烟火药。未燃烧的硝化纤维和硝化甘油可以用格里斯实验鉴别。这种实验也是为了确定弹孔的物理特性。

我们还可以对铜进行化学显色实验。许多子弹都有铜涂层，所以哈里森·吉尔罗伊实验可向分析人员提供有关子弹入口或出口的重要信息。它还可以提供产生弹孔的子弹类型信息。

我们可以通过物质成分检验来确定是否存在射击残留物。发射的子弹穿过衣服或物品后往往会留下痕量的铅和铜。铅可能来自弹头表面、枪管或底火组件。铜可能来自于弹头本身。与此同时，我们还可以检验是否存在钡、锑和硝酸盐等弹药成分，这些成分在上膛后会释放出来。开展上述检验时，我们有时可以确定射击距离。需要注意的是，我们应按照特定顺序开展实验，以避免试剂干扰结果。应首先开展改进后的格里斯实验，二硫氧胺实验次之，然后是重氮酸钠实验。当枪支到被射客体的距离问题非常重要时，我们会测量射击距离。我们通过从不同的射击距离开枪获得已知样品。例如，从距离被射客体12英寸、18英寸以及24英寸处开枪。然后使用显色实验对这些样品进行处理，给出视觉图案。枪支离被射客体越近，图案就越明显。同样，当实验距离超过3英尺时，图案就会变得不明显。使用化学方法处理未知样品，并将其与已知实验样品进行比对，我们便可以确定枪支与被射客体之间可能的距离。

化学显色实验既简便又经济。它们可能会非常高效，但又易于操作，甚至经验不足的工作人员都能开展化学显色实验。与所有推定实验一样，这些显色实验结果必须通过其他实验予以确证（见实验25）。

### 实验设备和用品

试剂和样品，见每项实验所列。

### 实验安全

使用指导老师制定的标准实验室安全程序。谨慎选择显微镜的光照强度，避免眼睛受伤。学生应了解检验过程中所使用溶剂的相关危险，并遵照指导老师设定的适当预防措施使用它们。根据需要参考材料安全数据表。学生应在本实验室内全程佩戴个人防护设备，如护目镜和丁腈手套。所有使用氯仿和有机溶剂进行的工作都应在通风橱或足够通风的条件下完成。一些试剂中含有浓酸，应谨慎处理。

### 第一部分：钡、铅和锑的显色实验

针对子弹底火中的钡、铅和锑等元素的显色实验源自20世纪60年代。人们认为这些实验比硝酸盐实验更有说服力，因为上述元素的组合在自然环境中非常罕见。如果从某人身上检测到这三种元素的含量都很高，那么他很可能近期接触过射击残留物。

*钡和铅的重氮酸盐实验*

你将需要以下试剂：

• 重氮酸钠溶液：将 0.2 g 重氮酸钠加入到 100 mL 蒸馏水中并搅拌，制备重氮酸钠溶液。本试剂保质期短，应现用现做，不用的部分应丢弃。将试剂放在喷雾瓶中，并贴上标签。

• 缓冲溶液，pH 值 2.8：将 1.9 g 酒石酸氢钠和 1.5 g 酒石酸溶于 100 mL 蒸馏水中。此溶液可以储存。将其放在喷雾瓶中，并贴上标签。

• 盐酸溶液：将 5 mL 浓盐酸加入 95 mL 蒸馏水中。此溶液可以储存。记得要轻轻地将盐酸倒入水中。计算盐酸的摩尔数，并放入有标签的喷雾瓶中。

已知样品：1 mg/mL 铅标准溶液，1 mg/mL 钡标准溶液。

未知样品：从老师那里获取未知样品，并在笔记中记录其编号。

步骤

1. 先进行阳性对照实验。准备一张大的圆形滤纸，并使用醋酸做预处理。将其一分为二。将其中一半标记为钡对照，另一半标记为铅对照。加入 1~2 滴对应的标准溶液。使用热风枪烘干滤纸。记录颜色变化。在试纸上喷洒重氮酸钠溶液，直至试纸饱和。

2. 让试纸静置约 1 分钟。实验区应该变成黄橙色。

3. 随后，用缓冲溶液喷洒该区域，铅的实验区应该变成粉红色。

4. 要确定铅的存在，用盐酸溶液喷洒该区域。如果实验区变成深蓝紫色，则表示有铅存在。

5. 接下来，进行阴性对照实验。使用空白的滤纸，用重氮酸钠溶液使滤纸饱和。

6. 继续进行步骤 2~4。

7. 获得一个未知样品。用重氮酸钠溶液使滤纸饱和。

8. 继续进行步骤 2~4。

*铅的哈里森·吉尔罗伊（三苯基甲基砷化物）实验*

你将需要以下试剂：

• 三苯基甲基砷碘化铵溶液：溶解 10 g 三苯胂、10 g 甲基碘和 20 mL 无水乙醇。将溶液回流 3 小时。回流时，将溶液置于圆底瓶中，并连接分馏柱和冷凝器，使回流的液体被截留。将乙醚添加到截留液中，以沉淀三苯基甲基砷盐。该盐可以通过重新溶解在乙醇中，并用乙醚沉淀来提纯。

已知样品：1 mg/mL 锑标准溶液。

未知样品：从老师那里获取未知样品，并在笔记中记录其编号。

步骤

1. 进行阳性对照实验。准备一张大的圆形滤纸，先不用醋酸做预处理。把它分成两半。将其中一半贴上标签作为锑对照，另一半为阴性对照。加入1~2滴对应的标准溶液。使用热风枪干燥滤纸。记录颜色变化。加入1~2滴三苯基甲基砷碘化铵溶液，滴在锑标准溶液滴入的地方。如果锑离子存在，那么30秒左右将出现橙色沉淀，2分钟后将不会再出现任何颜色变化。记录你观察到的现象。

2. 进行阴性对照实验。将几滴蒸馏水滴到空白的滤纸上。在你要实验的位置加入1~2滴三苯基甲基砷碘化铵。这不应导致颜色变化。记录你观察到的现象。

3. 检测你的未知样品，加入1~2滴三苯基甲基砷碘化铵溶液。记录你的观察结果。

## 第二部分：硝酸盐的显色实验

这些显色实验将检测射击残留物中常见的硝酸盐和亚硝酸盐离子。硝酸盐是普遍存在于许多消费品中的化合物，因此必须谨慎解释阳性结果。这些实验通常用于鉴别射击残留物的分布形态，从而判定射击距离。你将开展改良的格里斯实验和二苯胺（DPA）实验。

*改良的格里斯实验*

你将需要以下试剂：

• 格里斯试剂 A：准备 10 mL 浓度为 1%（w/w）的硫酸溶液（MW = 173.84 g/mol），放在滴瓶中并贴上标签。

• 格里斯试剂 B：准备 10 mL 浓度为 0.1%（w/w）的 1-萘胺（MW = 143.19 g/mol）甲醇溶液，放入滴瓶中并贴上标签。

已知样品：亚硝酸钠溶液，将 0.6 g 亚硝酸钠溶于 100 mL 蒸馏水，放入滴瓶中，并贴上标签。

未知样品：从老师那里获取未知样品，并在笔记中记录其编号。

步骤

1. 先进行阳性对照实验。在棉签上加入几滴亚硝酸钠溶液。用热风枪将棉签烘干。

2. 接下来在棉签上加几滴格里斯试剂 A，随后再滴几滴格里斯试剂 B，注意观察反应。橙红色表示亚硝酸盐存在。记录你观察到的现象。

3. 进行阴性对照实验。将几滴稀盐酸（约 1.5 M）滴到空白棉签上。随后滴几滴格里斯试剂 A 到棉签上，然后再滴几滴格里斯试剂 B。该过程不应导致颜色变化。记录你观察到的现象。

4. 要检测你的未知样品，请在棉签上滴几滴格里斯试剂 A，然后再滴几滴格里斯试剂 B。提示硝酸盐存在的阳性结果为橙红色。记录你观察到的现象。

*DPA 实验*

你将需要以下试剂：

• DPA 试剂：在 2 mL 蒸馏水中加入 10 mL 浓硫酸，同时不断搅拌。向此溶液中加入 0.05 g DPA，搅拌至固体完全溶解，储存在深色玻璃瓶中。将试剂放入滴瓶中，并贴上标签。

已知样品：硝酸钠晶体。

未知样品：从老师那里获取未知样品，并在笔记中记录其编号。

步骤

1. 测试试剂时，先在试管中加入几粒硝酸钠晶体。加入几滴水，搅拌至硝酸钠溶解。将干净的干棉签浸入溶液，然后将棉签放入试管中，令其吸收。取出棉签，加入一滴 DPA 试剂。记录反应。棉签呈蓝紫色即为阳性结果，表明硝酸盐存在。

2. 记录你观察到的现象。

3. 进行阴性对照实验。将几滴 DPA 试剂滴在空白棉签上。该过程不应导致颜色变化。记录你观察到的现象。

4. 要检测你的未知样品，在棉签上滴几滴 DPA 试剂。记录你观察到的现象。

## 第三部分：铜的显色实验

这个显色实验可以检测铜的含量。铸铅弹头是最简单的子弹形式。有时，人们可能使用铅与另一种金属的合金，从而增强弹头的硬度。铅弹上有一层薄薄的镀铜层，这是极为普遍的。这样的子弹被称为铜洗子弹。本实验将提供有关子弹入口或出口的重要信息。它还可以提供导致弹孔形成的子弹的类型信息。

### 二硫代乙酰胺

你将需要以下试剂：

● 二硫代乙酰胺溶液：将 0.2 g 二硫代乙酰胺溶于 100 ml 乙醇中。此溶液应存放在密封的容器中，以防止蒸发。使用前转移到喷雾瓶中。

● 氨水溶液：将 50 ml 浓氢氧化铵用 50 ml 蒸馏水稀释。混合氢氧化铵溶液时一定要使用通风橱。将溶液放在喷雾瓶中，并贴上标签。

已知样品：1 mg/ml 铜标准溶液或铜洗子弹。

未知样品：从老师那里获取未知样品，并在笔记中记录其编号。

步骤

1. 进行阳性对照实验。准备一张大的圆形滤纸，将其一分为二。将其中一半贴上标签作为铜对照，另一半作为阴性对照。添加 1～2 滴铜标准溶液或用滤纸擦拭几次铜洗子弹。如果使用溶液，用热风枪干燥该区域。记录颜色的变化。

2. 用氨水溶液喷洒实验区。

3. 1 分钟后，用二硫代乙酰胺溶液喷洒该区域。绿色代表铜的阳性反应（出现黄色可能表明存在铅）。

4. 进行阴性对照实验。先在空白滤纸上滴几滴氨水，然后再用二硫代乙酰胺溶液，如在上述步骤 2 和 3 中执行的那样。该过程不应导致颜色变化。记录你观察到的现象。

5. 要检测你的未知样品，在棉签上滴几滴试剂。记录你观察到的现象。

### 报告要求

应包括在实验室程序中获得的所有绘图、计算或其他信息。注释和/或绘图应包括样品鉴别、放大倍数和完整的描述。

### 报告问题

1. 用一段话描述如何开展显色实验，包括实验的价值和目的。

2. 解释假阳性。举一个假阳性显色实验的例子。

3. 如果确证实验样品上有锑和铅，但没有钡的存在，这怎么解释？我们还能认定它是射击残留物吗？

4. 什么是显著水平？

5. 格里斯实验是如何用于距离测量的？

6. 有血的衣服对实验弹孔会有什么影响？用什么办法可以弥补？

7. 实验样品的两面同等重要吗？

## 推荐和拓展阅读

Anon. Gunshot Residues and Shot Pattern Test. *FBI Law Enforcement Bulletin*. 1970；39（9）：7.

Banno A, Masuda T, Ikeuchi K. Three Dimensional Visualization and Comparison of Impressions on Fired Bullets. *Forensic Science International*. 2004；140（2-3）：233-240.

Basu S, Boone CE, Denio DJ, Miazga RA. Fundamental Studies of Gunshot Residue Deposition by Glue-Lift. *Journal of Forensic Sciences*. 1997；42（4）：571-581.

Bell S. *Forensic Chemistry Laboratory Manual*. Upper Saddle River, NJ：Pearson Education, 2006.

Coumbaros J, Kirkbride KP, Kobus H, Sarvas I. Distribution of Lead and Barium in Gunshot Residue Particles Derived from 0.22 Caliber Rimfire Ammunition. *Journal of Forensic Sciences*. 2001；46（6）：1352-1357.

D'Uffizi M, Falso G, Ingo GM, Padeletti G. Microchemical and Micromorphological Features of Gunshot Residue Observed by Combined Use of Afm, Sa-Xps and Sem Plus Eds. *Surface and Interface Analysis*. 2002；34（1）：502-506.

Degaetano D, Siegel JA. Survey of Gunshot Residue Analysis in Forensic-Science Laboratories. *Journal of Forensic Sciences*. 1990；35（5）：1087-1095.

Dillon J. The Modified Griess Test：A Chemically Specific Chromophoric Test for Nitrate Compounds in Gunshot Residues. *AFTE Journal*. 1990；22（3）：248.

Dillon J. The Sodium Rhodizonate Test：A Chemically Specific Test for Lead in Gunshot Residues. *AFTE Journal*. 1990；22（3）：26.

Emmons RC. *The Universal Stage（with Five Axes of Rotation）*. Washington, Geological Society of America, Memoir 8, 1943.

Hamby J. Identification of Projectiles. *AFTE Journal*. 1974；6（5/6）：22.

Houck MM, Siegel JA. *Fundamentals of Forensic Science*. Amsterdam；Boston：Elsevier Academic Press, 2006.

Kage S, Kudo K, Kaizoji A, Ryumoto J, Ikeda H, Ikeda N. A Simple Method for Detection of

Gunshot Residue Particles from Hands, Hair, Face, and Clothing Using Scanning Electron Microscopy/ Wavelength Dispersive X-Ray (Sem/Wdx). *Journal of Forensic Sciences.* 2001; 46 (4): 830-834.

Klein A, Nedivi L, Silverwater H. Physical Match of Fragmented Bullets. *Journal of Forensic Sciences.* 2000; 45 (3): 722-727.

Lekstrom JA, Koons RD. Copper and Nickel Detection on GunshotTargets by Dithiooxamide Test. *Journal of Forensic Sciences.* 1986; 31 (4): 1283.

Meng HH, Caddy B. Gunshot Residue Analysis—A Review. *Journal of Forensic Sciences.* 1997; 42 (4): 553-570.

Nichols RG. Defending the Scientific Foundations of the Firearms and Tool Mark Identification Discipline: Responding to Recent Challenges. *Journal of Forensic Sciences.* 2007; 52 (3): 586-594.

Nicols R. Firearms and Tool Mark Identification Criteria: A Review of the Literature. *Journal of Forensic Sciences.* 1997; 42 (3): 466-474.

Nicols R. Firearms and Tool Mark Identification Criteria: A Review of the Literature—Part 2. *Journal of Forensic Sciences.* 2003; 48 (2): 18-27.

Romolo FS, Margot P. Identification of Gunshot Residue: A Critical Review. *Forensic Science International.* 2001; 119 (2): 195-211.

Saferstein R. *Criminalistics: An Introduction to Forensic Science.* 7th ed. Upper Saddle River, NJ: Prentice Hall, 2001.

Simpson BM, Grant RE. A Synopsis of Urban Firearm Ballistics: Washington, DC Model. *Clinical Orthopaedics and Related Research.* 2003; (408): 12-16.

Tillman WL. Automated Gunshot Residue Particle Search and Characterization. *Journal of Forensic Sciences.* 1987; 32 (1): 62-71.

Tugcu H, Yorulmaz C, Bayraktaroglu G, Ulner HB, Karslioglu Y, Koc S, et al. Determination of Gunshot Residues with Image Analysis: An Experimental Study. *Military Medicine.* 2005; 170 (9): 802-805.

Tugcu H, Yorulmaz C, Karslioglu Y, Uner HB, Koc S, Ozdemir C, et al. Image Analysis as an Adjunct to Sodium Rhodizonate Test in the Evaluation of Gunshot Residues—An Experimental Study. *American Journal of Forensic Medicine and Pathology.* 2006; 27 (4): 296-299.

Wilber CG, Lantz RK, Sulik PL. Gunshot Residue, 10Years Later. *American Journal of Forensic Medicine and Pathology.* 1991; 12 (3): 204-206.

Zeichner A. Is There a Real Danger of Concealing Gunshot Residue (GSR) Particles by Skin Debris Using the Tape-Lift Method for Sampling GSR from Hands? *Journal of Forensic Sciences.*

2001；46（6）：1447-1455.

Zeichner A，Levin N. More on the Uniqueness of Gunshot Residue（GSR）Particles. *Journal of Forensic Sciences*. 1997；42（6）：1027-1028.

# 第十二章

# 实验 12：鞋印和轮胎印检验

**推荐实验前阅读作业**

Bodziak WJ. *Footwear Impression Evidence*, *Detection*, *Recovery and Examination*, 2nd ed. Boca Raton, FL: CRC Press, 2000; 59-134.

McDonald P. *Tire Imprint Evidence*. Boca Raton, FL: CRC Press, 1993.

## 实验目的

完成本实验后，学生将对以下内容有基本了解：

1. 鞋印及轮胎印检验
2. 使用体视显微镜进行鞋印和轮胎印检验

## 实验概述

与工具痕迹类似，鞋印和轮胎印检验也涉及唯一性的基本原则，即所有物体本身都是独一无二的，因此可以相互区分。鞋印或轮胎印的区分机制取决于种属特征和个体特征。种属特征是指刻意为之的特征或设计特征，这些特征将是一组特定物品的共同特征。鞋或轮胎的尺寸和表面形状就是典型的种属特征。例如，13 号网球鞋留下的痕迹可能比 9 号大得多。胎面的花纹设计和制造特征也会留下不同的痕迹，如不同品牌的轮胎。鞋和轮胎的一般磨损模式也被认为是种属特征。个体特征是由胎面上的随机瑕疵或不规则痕迹产生的。这些特征既可以是在机械加工过程中规律性产生的，也可能是在制造、使用、腐蚀或损坏过程中偶然出现的随机缺陷或不规则现象。例如，在轮胎边缘处留下的微小的不规则痕迹是由切割这种机械加工工艺造成的，边缘的这种缺陷可以作为轮胎的个体特征。通常而言，胎面的形状和花纹会因轮胎或鞋底的磨损和损坏而改变。石头或棍子等异物可能会附着于或楔入鞋底或轮胎，这也会在捺印或压印中留下个性化特征。上述情况让每只鞋或轮胎产生了独特的花纹特征，从而让物证的个体鉴别成为可能。

鞋印、轮胎印等痕迹物证通常可分为两类：①二维痕迹；②三维表面。从硬表面沉积或去除材料而遗留的痕迹是二维的，我们需要考虑其长度和宽度特征。通常，我们通过照相固定和/或提取这些痕迹物证。在软质材料上形成的压痕是三维的，这涉及长度、宽度和深度特征。应对该类痕迹进行拍照和铸模（见图 12-1）。

**图 12-1　由土壤中的部分鞋印制成的模型（我们可以从这个鞋印上提取土壤，并与嫌疑鞋进行比对）**

许多痕迹都可以通过增强的方式优化其可见度。这可能涉及多种摄影技术，如使用滤镜、侧光照明、紫外光照明、红外线照明和高对比度照明。静电压痕仪也可用于增强纸张表面的痕迹轮廓或灰尘印。指纹显现粉末可以增强在潮湿表面遗留的指纹和痕迹。明胶和黏合剂提取剂也可用于提取可见的指纹和痕迹。化学增强剂可以使痕量血指纹和痕迹变得更为直观。

当几个物体相互挤压或印压，物体之间的特征得以转移或保留时，就会产生痕迹物证。虽然土壤是最常见的例子，但任何可以用某种程度的力气操纵的物质都可能包含痕迹物证。与液体（如血液、油）接触的鞋底或轮胎，继续移动时便可能留下污渍或图案。未干透的水泥和雪地可以为三维压痕提供适宜的表面。

在某些情况下，侦查人员可能会要求鉴别鞋或轮胎的种类。为此，检验人员要确定痕迹的种属特征。根据这些信息，我们有时可以确定鞋或轮胎的类别。

在其他情况下，我们可能要对样品进行全面检验。此时，如果检材的种属特征与嫌疑鞋或轮胎一致，则需要制作测试痕迹，然后将测试痕迹相互比对，以确保鞋或轮胎可以产生独特的、一致的个体痕迹。此项检验可通过直接观察法和体视显微镜观察法进行。如果找到具有独特性和一致性的痕迹，我们就可以将其与检材进行比较。进行比较时，法庭科学家通常会得出如下三种结论：①认定，即发现痕迹是通过与鞋或轮胎接触而产生的，并且个体特征之间有充分的相关性；②否定或排除，即发现痕迹不是由鞋或轮胎产生的，且种属特征不一致；③无结论，即种属特征一致，但个体特征之间的相关性不足。

### 实验设备和用品

体视显微镜

微型工具包

未知的鞋印和轮胎印痕

未知的鞋印和轮胎压痕

铸模物质（牙石或模石）

纸板（或其他坚固的材料，以框住压痕）

发胶

无墨打印套件（也可使用纸张和墨水）

鞋

轮胎

### 实验安全

使用指导老师制定的标准实验室安全程序。

## 第一部分：压痕铸模

**步骤**

1. 在压痕周围做一个框或垒一个坝。

2. 如果压痕是在松散的物质（例如干燥的土壤）上产生的，则用发胶喷洒该区域，使其表层固定。

3. 根据制造商的说明混合铸模物质。理想的混合物应该有类似面糊的稠度，不能是水状，但也不能太稠。

4. 将铸模物质涂抹在要铸模的压痕上。为防止铸模物质破坏压痕，请将混合物轻轻地倒在铲子上。对于大型压痕，可能需要一次以上的铸模。

5. 在铸模材料凝固后，用特殊记号标记该区域。

## 第二部分：捺印痕迹比对

**步骤**

1. 检验分配给你的未知痕迹。

2. 认定种属特征，判断鞋或轮胎可能的种类。

3. 选取一个可能的鞋或轮胎，并使用无墨打印套件制作多个测试痕迹。将鞋或轮胎压在印刷涂布机上，再将其压在化学处理纸上，便会出现黑色的可见捺印痕迹。

4. 用肉眼或体视显微镜检验测试痕迹，以确定鞋或轮胎是否会产生独特、一致的痕迹。

5. 将这些痕迹与你的未知痕迹进行比较。不但尺寸和形状必须一致，而且每个痕迹上的不规则或纵向条纹也必须一致。对这些条纹进行评论，并画出相似区域。这些已知或未知的痕迹有什么不寻常之处吗？

## 第三部分：压痕比对

**步骤**

1. 检验分配给你的未知压痕。

2. 为这个压痕铸模。

3. 彻底干燥后，用清水和软刷清洗铸模。要特别注意不能损坏铸模。

4. 找出种属特征，确定可能的鞋或轮胎。

5. 获得一个可能的鞋或轮胎，并使用无墨打印套件制作几个测试痕迹。将鞋或轮胎压在印刷涂布机上后，再将其压在化学处理纸上，便会出现黑色的可见捺印痕迹。如有必要，也可以对已知的鞋或轮胎制作测试压痕或铸模。

6. 用肉眼或体视显微镜检验测试压痕，以确定鞋或轮胎是否产生独特、一致的痕迹。

7. 将这些痕迹与你的未知痕迹进行比较。不但尺寸和形状必须一致，而且每个痕迹上的不规则或纵向条纹也必须一致。对这些条纹进行评论，并画出相似区域。这些已知或未知的痕迹有什么不寻常之处吗？

## 报告要求

应包括在实验室程序中获得的所有绘图、计算或其他信息。注释和/或绘图应包括样品鉴别、放大倍数和完整的描述。

## 报告问题

1. 对于鞋印或轮胎印而言，什么性质属于种属特征？用一只鞋做例子，描述它的种属特征。

2. 鞋印或轮胎印物证的个体特征是什么？使用轮胎，描述个体特征。

3. 写出你的未知痕迹样品与"已知"捺印痕迹的对比说明。鞋子或轮胎是否会产生这种痕迹？用你认为它们匹配或不匹配的原因来支持你的书面陈述，必要时参考你的图纸。

4. 写出与"已知"压痕的比对说明。鞋子或轮胎是否会产生这种压痕？用你认为它们匹配或不匹配的原因来支持你的书面陈述，必要时参考你的图纸。

## 推荐和拓展阅读

Abbott Jr. *Footwear Evidence*. Springfield, IL: Charles C. Thomas, 1964.

Bodziak WJ. Manufacturing Processes for Athletic Shoe Outsoles and Their Significance in the Examination of Footwear Impression Evidence. *Journal of Forensic Sciences*. 1986; 31 (1): 153-176.

Bodziak WJ. *Footwear Impression Evidence*. 2nd ed. Boca Raton, FL: CRC Press, 2000.

Bull PA, Parker A, Morgan RM. The Forensic Analysis of Soils and Sediment Taken from the Cast of a Footprint. *Forensic Science International*. 2006; 162 (1-3): 6-12.

DuPasquier E, Hebrard J, Margot P, Ineichen M. Evaluation and Comparison of Casting Materials in Forensic Sciences-Applications to Tool Marks and Foot/Shoe Impressions. *Forensic Science International*. 1996; 82 (1): 33-43.

Kersltolt JH, Paashuis R, Sjerps M. Shoe Print Examinations: Effects of Expectation, Complexity and Experience. *Forensic Science International*. 2007; 165 (1): 30-34.

Liukkonen M, Majamaa H, Virtanen J. The Role and Duties of the Shoeprint/Toolmark Examiner in Forensic Laboratories. *Forensic Science International*. 1996; 82 (1): 99-108.

Majamaa H, Ytti A. Survey of the Conclusions Drawn of Similar Footwear Cases in Various Crime Laboratories. *Forensic Science International*. 1996; 82 (1): 109-120.

McDonald P. *Tire Imprint Evidence*. Boca Raton, FL: CRC Press, 1993.

Novoselsky Y, Tsach T, Klein A, Volkov N, Shor Y, Vinokurov A. Unusual Contact Marks: Connecting the Hubcap to the Wheel of the Car. *Journal of Forensic Sciences*. 2002; 47 (3): 630-632.

Robbins LM. The Individuality of Human Footprints. *Journal of Forensic Sciences*. 1978; 23 (4): 775-778.

Shor Y, Kennedy RB, Tsach T, Volkov N, Novoselsky Y, Vinokurov A. Physical Match: Insole and Shoe. *Journal of Forensic Sciences*. 2003; 48 (4): 808-810.

Shor Y, Weisner S. A Survey on the Conclusions Drawn on the Same Footwear Marks Obtained in Actual Cases by Several Experts Throughout the World. *Journal of Forensic Sciences*. 1999; 44 (2): 380-384.

Wilshire B, Hurley N. Development to Two-Dimensional Footwear Impressions Using Magnetic Flake Powders. *Journal of Forensic Sciences*. 1996; 41 (4): 678-680.

# 第十三章

# 实验 13：植物学检验

**推荐实验前阅读作业**

Core HA, Cote WA, Day AC. *Wood Structure and Identification*. 2nd ed. New York, NY: Syracuse University Press, 1979; 64-89, 98-122.

Summitt R, Siliker A. *CRC Handbook of Materials Science*. Boca Raton, FL: CRC Press, 1980; 11-19.

Hauber DJ. Marijuana Analysis with Recording Botanical Features Present and Without the Environmental Pollutants of the Duquenois-Levine Test. *Journal of Forensic Sciences*. 1992; 37 (6): 1656-1661.

Small E. Morphological Variation of Achenes of Cannabis, *Canadian Journal of Botany*. 1974; 53: 978-987.

Clarke RC. *Marijuana Botany: Propagation and Breeding of Distinctive Cannabis*. 2nd ed. Berkeley, CA: Ronin Publishing, 1993.

## 实验目的

完成本实验后，学生将对以下内容有基本了解：

1. 大麻的一般特征
2. 使用体视显微镜鉴定大麻的微观特征
3. 硬木和软木的一般特征
4. 使用复式显微镜鉴定硬木和软木的微观特征

## 实验概述

有时，法庭科学家可能需要对植物开展检验。最常见的植物学检验包括：通过植物学检验确定大麻——一种含有四氢大麻酚的管制物质，或各种类型案件中经常遇见的硬木和软木。我们可使用体视显微镜和复式显微镜开展上述检验。

## 大麻

大麻是最常见的毒品之一，因此，人们需要通过检验植物样品确认其是否为大麻以及其化学成分中是否含有四氢大麻酚。大麻检验包括显微镜法和化学实验法。为了了解大麻的个体形态特征，我们需要先介绍一下这种植物。

大麻有许多品种，但其鉴别特征是相同的。该植物本身是一种高大的杂草植物，有时可长到 18 英尺（5.5 m）高。叶子在直立、分枝的茎上互相对生。叶子是掌状复叶，从一个共同的起源放射出若干个小叶，看起来像手一样。小叶的数量通常为奇数，最常见的是 7，然而，小叶数量在 3 到 9 之间的情形也出现过。小叶呈披针形，边缘有锯齿。叶子有一条主脉，从主脉到锯齿状边缘有进一步伸展的脉序。大麻被认为是雌雄异株，有雄花或雌花。雄性花苞以细长的簇生方式生长，而雌性花苞则多为穗状簇生，一般成对生长。雌花可能存在雌蕊，从叶茎基部附近的苞片（种子覆盖）生长出来。种子呈椭圆形，一侧有明显的脊。它们的外观类似斑驳的龟壳，也可能有茎和根。

大麻的个体微观特征出现在每个小叶的绒毛上。钟乳石状绒毛出现在小叶的顶部，而常规绒毛分布在底部。钟乳石状绒毛呈爪状，指向小叶的末端。常规绒毛不呈锥形，而且较长，它们的数量更多，并以绒毛团的形式出现。钟乳石状绒毛和常规绒毛必须存在于同一小叶上，才能进行大麻微观鉴定。图 13-1 所示为这两种情况。

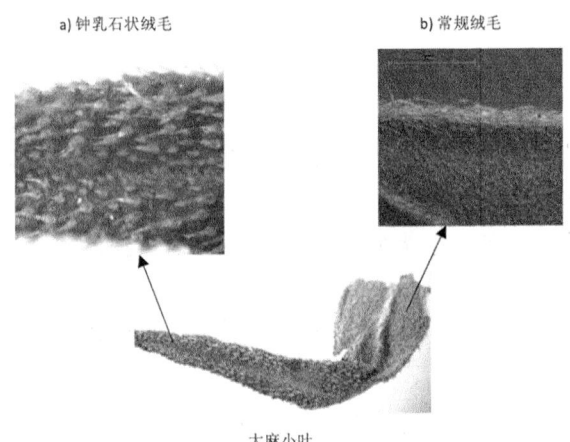

a) 钟乳石状绒毛　　　　　　　　　　b) 常规绒毛

大麻小叶

图 13-1　大麻叶上钟乳石状绒毛和常规绒毛的位置　[a)　钟乳石状绒毛处于大麻叶子的顶部，而 b)　常规绒毛处于叶子的底部。两者必须同时存在，才能进行认定]

在大多数情况下，我们需要深入的确证实验才能得出认定的结论。这往往是基于本书实验 20 描述的改进的快速香荚兰素显色实验、薄层色谱法或仪器分析法（GC–MS 或 LC–MS）完成的。

通常情况下，大麻检验的结论有两种：样品被认定为含有四氢大麻酚（一种管制物质），或者样品中没有管制物质。

**硬木和软木**

木材有很多用途，它在家具、工具、餐具和建筑材料中的使用，令其有可能在所有类型的犯罪中成为证据。法庭科学家可能被要求检验植物样品，以确定各种木材的种类。

木材由被称为管胞的细胞结构组成，管胞是木质部中细长的纤维状细胞。在硬木（非针叶树或多孔树）中，管胞较短，存在具有小具缘纹孔的导管分子；在软木（针叶树或非多孔树）中，管胞较长，通常在其径向细胞壁上有较大的、突出的具缘纹孔。硬木和软木的主要区别为是否存在导管分子或孔隙（见图 13-2）。导管分子是一种宽阔的开口，其存在是为了在植物体内输送水分。只有在硬木中才会找到导管分子。

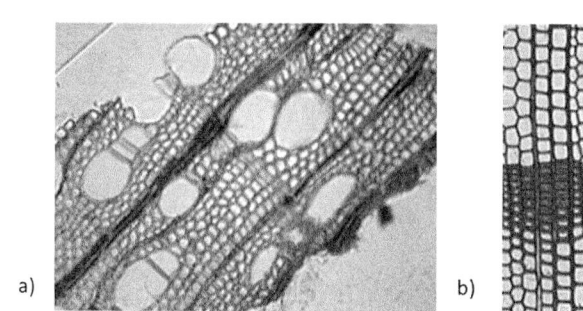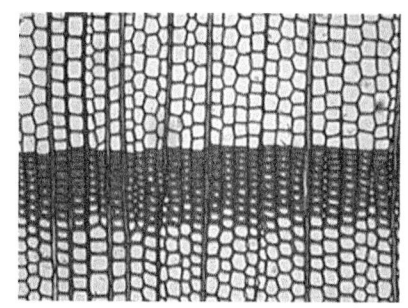

**图 13-2 硬木和软木 [a) 桦木（硬木）的显微切片，显示存在导管分子。为了使细胞结构更容易观察，样品使用食用色素染色。b) 道格拉斯冷杉（软木）的显微切片。请注意其没有导管分子]**

为了进一步区分软木和硬木的种类，我们需要进行其他显微镜检验。应使用偏振光显微镜检验径向和横向切片，以确定样品的各种微观特征。

木材检验通常有三种结论：①样品可能被认定为某一特定种类的硬木；②样品可能被认定为某一特定种类的软木；③无法认定样品种类。

**实验设备和用品**

体视显微镜

复式光学显微镜，配有各种放大倍数的物镜（如 4 倍、10 倍、20 倍、40 倍）和配有测微尺的聚焦目镜

微型工具包

显微镜载玻片和盖玻片

封固剂（折射率在 1.50~1.60 范围内的无色封固剂）

各种植物样品，包括大麻

硬木和软木样品

**实验安全**

使用指导老师制定的标准实验室安全程序。谨慎选择显微镜的光照强度，避免眼睛受伤。

### 第一部分：大麻检验

步骤

1. 选取植物样品。

2. 如有可能，请对样品进行称重。

3. 使用体视显微镜，检验样品。

4. 说明样品的整体情况。

5. 观察样品是否有以下特征：掌状小叶、披针形小叶、锯齿状边缘、互生脉序或羽状脉序、种子、茎、苞片、壳、雌花、雄花。

6. 使用稍高的放大倍数，继续在体视显微镜下检验小叶。

7. 观察样品是否存在以下特征：钟乳石状绒毛、常规绒毛、树脂腺。使用附录 F 中的圆形模板，画出你视野中的图像。

8. 确定样品是否为大麻。

9. 使用 5 个其他样品，重复步骤 1~8。

### 第二部分：木材检验

步骤

1. 选取木材样品。

2. 制备一个横截面切片用于观察，即沿着垂直于样品生长的方向制作一个薄而洁净的切片。

3. 制备样品，以便开展复式光学显微镜检验。检验其表面是否存在导管分子。

4. 如有必要，可通过将横截面切片浸泡在绿色食用色素中来增强图像。待晾干后重新检验表面。

5. 画出你视野中的图像。

6. 鉴别样品是硬木还是软木。

7. 使用 5 个其他样品，重复步骤 1~6。

## 报告要求

应包括在实验室程序中获得的所有绘图、计算或其他信息。注释和/或绘图应包括样品鉴别、放大倍数和完整的描述。

## 报告问题

1. 用于鉴别大麻的微观特征有哪些？
2. 描述一下大麻上绒毛的区别。
3. 雌雄大麻植物有什么区别？
4. 硬木和软木的区别是什么？分别举例说明。
5. 硬木的个体特征是什么？
6. 软木的个体特征是什么？

## 推荐和拓展阅读

Clarke RC. *Marijuana Botany*. Berkeley, CA：And/Or Press, 1981.

Clarke RC. *Marijuana Botany*：*Propagation and Breeding of Distinctive Cannabis*. Berkeley, CA：Ronin Publishing, 1993.

Core HA, Cote WA, Day AC. *Wood Structure and Identification*. 2nd ed. New York, NY：Syracuse University Press, 1979.

Hauber DJ. *Marijuana* Analysis with Recording Botanical Features Present and Without the Environmental Pollutants of the Duquenois - Levine Test. *Journal of Forensic Sciences*. 1992；37 (6)：1656–1661.

Robards AW. *Botanical Microscopy*. Royal Microscopical Society (Great Britain). Oxford/New York：Oxford University Press, 1985.

Schultes RE, Hoffman A. *The Botany and Chemistry of Hallucinogens*. Springfield, IL：Charles C. Thomas, 1980.

Small E. Morphological Variation of Achenes of Cannabis. *Canadian Journal of Botany*. 1974；53：978–987.

Summitt R, Siliker A. *CRC Handbook of Materials Science*. Boca Raton, FL：CRC Press, 1980.

US Treasury Dept. *Marijuana and Its Identification*. Washington, DC：US Government Printing Office, 1948.

Welch MJ, Ellerbe P, Tai SSC, Christensen RG, Sniegoski LT, Sander LC, et al. NIST Reference Materials to Support Accuracy in Drug - Testing. *Fresenius Journal of Analytical Chemistry*. 1995；352（1-2）：61–65.

Wheeler EA, Baas P. Wood Identification—a Review. *IAWA Journal*. 1998；19（3）：241–264.

# 第十四章

# 实验 14：油漆检验

**推荐实验前阅读作业**

Thornton J，Shemuel K，Lerner B，Kahane D. Solubility Characterization of Automotive Paints. *Journal of Forensic Science*. 1983；28（3）：1004.

Thornton JI. Forensic Paint Examinations. In：Saferstein R，ed. *Forensic Science Handbook*. Upper Saddle River，NJ：Pearson Education，2005；458-473.

## 实验目的

完成本实验后，学生将对以下内容有基本了解：
1. 油漆的一般特征
2. 横截面
3. 可用于制作油漆横截面样品的技术
4. 溶解度实验
5. 油漆溶解度实验
6. 使用复式光学显微镜或比对显微镜观察油漆的特征

## 实验概述

多年以来，人类一直使用包含在某种基质中的有色物质来装饰或保护表面。装饰效果是由颜色、光泽、质地、光照或这些特性的组合产生的。油漆（也称涂料）的保护功能除了硬度和耐磨性等特性外，还包括对空气、化学物质和水的抵抗力。由于这些装饰性和保护性功能，通常人们身边都会存在油漆制品。油漆的主要用途包括：汽车、建筑性或结构性以及其他杂项用途（即工具、非汽车车辆、电器、艺术媒体和化妆漆）。由于接触到这些油漆物品的可能性，法庭可以使用油漆微观检验结果作为间接证据。这种证据一般需要与其他证据结合使用。油漆检验是为了确定人、地点、物体之间可能存在的关联。

　　油漆通常被认为是一种颜料或体质颜料，它分散在合适的载体或黏合剂中，并通过添加溶剂降低到应用黏度。颜料可以是有机或无机的，为油漆提供颜色和遮盖性能。它们使干燥后的油漆具有颜色、不透明度、光泽和渗透性。体质颜料可以添加到配方中以分散颜料。这些化合物是借助于载体或黏合剂而保持在一起的。油漆载体是由化学品制成的，一般是树脂，能够形成薄薄的漆膜。载体给漆膜提供了黏性、耐久性、柔韧性和其他加强性能。漆膜的厚度可以用水或多种有机溶剂调整。溶剂具有影响干燥时间和浮力的特性。油漆中也可以加入其他助剂，以改变油漆的性能或用途。有时，我们会加入一些成分来增加油漆的光泽、硬度和耐化学性。抗紫外光和防霉成分也可能被添加。

　　油漆检验使用各种显微镜、技术和仪器。检验有两个目标：①确定油漆类型；②在可能的情况下，将油漆样品与嫌疑来源油漆进行比较。最初，体视显微镜用于检验油漆的层结构和溶解度。傅立叶变换显微红外光谱法（实验 22）和紫外–可见光显微分光光度法、扫描电子显微镜（实验 25）和裂解气相色谱法是可以对油漆进行检验的其他技术。

　　横截面的检验和比对是油漆检验的组成部分。一个固体的横截面样品是通过对该固体进行"切片"得到的。横截面的形状可以根据切片的方向而变化。真正的横截面是通过 90°切片得到的，然而，有时为了更有效地观察油漆样品，最好采用 45°横截面切片。对于油漆样品，横截面用于鉴别油漆样品的漆层，有时还用于鉴别漆层中的其他特征。层结构是油漆样品的一个特征，而且它可能具有唯一性。各层的顺序也提供了有价值的信息。汽车油漆一般具有漆层序列，这种序列可以回溯到特定制造商。例如，一些制造商使用三层的组合（清漆、色漆和底漆），而其他制造商使用四层（清漆、色漆、中涂漆、底漆）。各层油漆也可以提供其他制造商信息。漆层的厚度可能有助于说明油漆喷涂方式。汽车原始油漆是非常薄的，而大多数重新喷漆的漆层稍厚，有时不均匀。漆层的厚度也可以表明油漆是来自车辆、涂漆物体还是结构性油漆样品。检验人员可以针对每一单独漆层开展检验，并获得更多的化学信息。在横截面检验中，我们也观察到由风化和老化造成的表面缺陷以及污染物。

可以用手术刀获得横截面样品，以直观地观察漆层。通过以一定角度切割油漆样品，可以检验层结构。将切片后的横截面样品放入瓷盘中，用甲醇等溶剂覆盖样品，这将有助于观察薄层或透明层样品。

溶解度实验也是油漆检验的重要组成部分。虽然这种检验方法具有破坏性，但我们可以获取有价值的信息。油漆样品中不同层溶解度的检验，已被用于区分由外观相似的不同颜料和黏合剂组成的油漆样品。这些测试的基础是不同种油漆黏合剂溶解度的差异性，此外还有颜料和黏合剂之间所发生的氧化、脱水以及还原等相互作用。油漆的溶解度实验包括油漆与各种溶剂可能发生的反应。油漆是由不同的成分和工艺制成的，所以在某些溶剂中的反应也不同。常见的反应包括：①油漆可能是可溶的或部分可溶的；②油漆可能会渗出颜色；③油漆可能会膨胀、卷曲、变色、软化、下沉和/或泛白。油漆样品偶尔会与溶剂发生反应，这将提供与被测油漆类型相关的其他有限信息。表 14-1 列出了一些常见溶剂和不同油漆类型的溶解度和反应特性。

### 表 14-1　油漆检验中常见溶剂的溶解度和反应特性

| 溶剂 | 溶解度和反应特性 |
| --- | --- |
| 氯仿 | 瓷漆保持不溶性 |
| | 丙烯酸树脂会软化 |
| | 丙烯酸瓷漆会冒烟，并留下油性残留 |
| | 醇酸树脂无反应 |
| | 清漆可溶化或软化 |
| | 硝基漆可溶化或软化 |
| 丙酮 | 大部分丙烯酸树脂会软化 |
| | 丙烯酸清漆一般都是可溶的 |
| | 清漆几乎都是可溶的 |
| | 硝基漆可溶或软化 |
| DPA 试剂：（3 g 二苯胺、200 mL 浓硫酸和 100 mL 冰醋酸的混合物） | 颜色变为蓝色可能表明存在氧化剂或硝基漆，有些油漆也会起泡 |

**实验设备和用品**

体视显微镜

油漆样品

微型工具包

点滴板

溶剂［氯仿、甲醇、丙酮、DPA 试剂（按表 14-1 所述制备该试剂）］

**实验安全**

使用指导老师制定的标准实验室安全程序。谨慎选择显微镜的光照强度，避免眼睛受伤。应小心处理溶剂。应始终使用适当的通风、手套和护眼设备。如有必要，可参阅参考材料安全数据表。

**第一部分：横截面**

步骤

1. 选取油漆样品。

2. 使用体视显微镜，将漆片的边缘翻起。

3. 使用位于附录 F 中的圆形模板，绘制层结构。

4. 将你的样品切下一小片。使用点滴板，将漆片的边缘浸泡在甲醇里。

5. 绘制层结构（使用甲醇有助于使薄层和/或透明层可视化）。

6. 将漆片放回原处。使用手术刀，慢慢地以大约 45° 的角度切开漆片的边缘，露出下面的层。检验层结构，对比你之前的结论。画出你的发现。

**第二部分：溶解度**

步骤

1. 选取两个油漆样品。

2. 从其中一个油漆样品上切下三小段。

3. 把每一段放在一个单独的孔穴中。

4. 滴一滴（或两滴）氯仿到孔穴中。

5. 观察并记录油漆样品的反应。

6. 在第二个孔穴中，加入一滴（或两滴）丙酮。

7. 观察并记录油漆样品的反应。

8. 在第三个孔穴中，加一滴（或两滴）DPA 试剂。

9. 观察并记录油漆样品的反应。

10. 用第二个油漆样品重复步骤 2~9。

11. 根据你的发现创建一个图表。

## 报告要求

应包括在实验室程序中获得的所有绘图、计算或其他信息。注释和/或绘图应包括样品鉴别、放大倍数和完整的描述。

## 报告问题

1. 油漆有哪三个组成部分？各部分的作用是什么？

2. 什么是横截面？

3. 油漆样品的横截面能给检验人员提供哪些信息？

4. 检验人员如何判断车漆样品是否为重新喷涂的？

5. 说明溶解度实验的原理。

6. 描述溶解度实验。为什么在油漆检验中要进行溶解度实验？

7. 溶解度实验的优势是什么？

8. 溶解度实验的缺点是什么？

9. 对油漆物证进行溶解度实验的正确程序是什么？

## 推荐和拓展阅读

Allen TJ. Modifications to Sample Mounting Procedures and Microtome Equipment for Paint Sectioning. *Forensic Science International*. 1991；52（1）：93-100.

Allen TJ. The Examination of Thin-Sections of Colored Paints by Light-Microscopy. *Forensic Science International*. 1992；57（1）：5-16.

Allen TJ, Schnetz B. The Removal of Paint Smears from Tools and Clothing for Microscopic Examination and Analysis. *Forensic Science International*. 1991；52（1）：101-105.

Beam TL, Willis WV. Analysis Protocol for Discrimination of Automotive Paints by Sem-Edx Using Beam Alignment by Current Centering. *Journal of Forensic Sciences*. 1990；35（5）：1055–1063.

Caddy B. *Forensic Examination of Glass and Paint：Analysis and Interpretation*. London：Ellis Horwood Ltd，2001.

Castle DA. The Forensic Examination of Paint. *Jocca-Surface Coatings International*. 1992；75（7）：247.

Crown DA. *The Forensic Examination of Paints and Pigments*. Springfield，IL：Charles C. Thomas，1968.

Giang YS，Wang SM，Cho LL，Yang CK，Lu CC. Identification of Tiny and Thin Smears of Automotive Paint Following a Traffic Accident. *Journal of Forensic Sciences*. 2002；47（3）：625–629.

Laing DK，Locke J，Richard RA，Wilkerson JM. The Examination of Paint Films and Fibers as Thin-Sections. *Microscope*. 1987；35：233–248.

Stoecklein W. *The Role of Colour and Microscopic Techniques for the Characterization of Paint Fragments*. London，England：Taylor & Francis，2001.

Thornton J，Shemuel K，Lerner B，Kahane D. Solubility Characterization of Automotive Paints. *Journal of Forensic Sciences*. 1983；28（3）：1004.

Thornton JI. Forensic Paint Examinations. In：Saferstein R，ed. *Forensic Science Handbook*. Upper Saddle River，NJ：Pearson Education，2002；458–473.

Zieba-Palus J. Selected Cases of Forensic Paint Analysis. *Science & Justice*. 1999；39（2）：123–127.

# 第十五章

# 毛发检验

## 实验 15：毛发检验

**推荐实验前阅读作业**

Ogle RR，Mitosinka GT. A rapid technique for preparing hair cuticle scale casts. *Journal of Forensic Sciences*. 1973；18-82.

**推荐网站**

Deedrick DW, Koch SL. Microscopy of Hair Part I：A practical guide and manual for human hair. *Forensic Science Communications*. 2004；6（1）. Available from：http://www. fbi. gov.

Deedrick DW, Koch SL. Microscopy of Hair Part II：A Practical Guide and Manual for Animal Hairs. *Forensic Science Communications*. 2004；6（3）. Available from：http://www. fbi. gov.

## 实验目的

完成本实验后，学生将对以下内容有基本了解：

1. 毛发的一般特征
2. 利用体视显微镜直接观察毛发样品的特征
3. 利用复式光学显微镜或比对显微镜直接观察毛发样品的特征
4. 制作鳞片铸模
5. 鉴别动物毛发
6. 鉴别人体毛发

**实验概述**

人类和大多数哺乳动物的身体上都有毛发。虽然动物毛发的特征有限，无法用于确定物种或来源，但人体毛发所拥有的特征会让鉴定或深入比对偶尔成为可能。毛发的微观检验结果可以作为一种间接证据，呈现在法庭上。这种证据通常与其他法庭科学证据一起使用。进行毛发检验是为了确定人、地点和物体之间可能的关联。

为了方便检验，我们将毛发分为几个区域（见图15-1a）。发根是指毛发近端部分。这部分毛发与毛囊相连，是活跃的生长部位。发尖是毛发最远端。中间部分是发干，由三层结构组成：角质层、髓质层和皮质层（见图15-1b）。

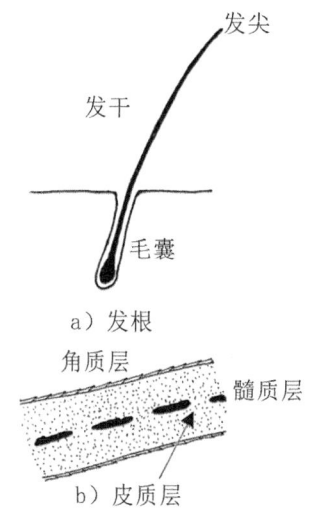

**图15-1　a）毛发生长自毛囊**［毛发可以分为三个区域：发根、发干、发尖（远端）。毛发在生长过程中从附着在毛囊上的根端生长出来］。**b）毛发的三层结构：角质层、髓质层和皮质层**

毛发的微观分析包括体视显微镜检验和复式光学显微镜检验。检验是为了确定毛发的特征。这些特征可能包括较为明显的宏观特征，如颜色，发干的形状、直径和长度；但也有微观特征，如角质层的鳞片、皮质层特征（包括色素颗粒)、髓质的形状、发根和发尖特征。很多时候,我们还可以确定髓质指数(MI)。髓质指数是指髓质直径与毛发直径的比值:

$$髓质指数 = \frac{髓质直径}{毛发直径} \qquad (公式 15-1)$$

我们可以使用髓质指数区分动物毛发和人体毛发。动物的髓质指数为0.5~0.9,而人类的髓质指数小于0.3。

### 宏观特征

毛发的颜色、形状、直径和长度等特征被认为是宏观特征。各种颜色,无论是天然的还是人工的,都可以在毛发中找到(术语为白色、灰色、金色、红色、棕色、黑色和其他)。这些颜色可能有不同的色调和强度。可见的着色或带状图案也可能存在。毛发可以显示出各种形式或形状,直的、波浪形的、卷曲的、扭结的和弯曲的都可能存在。直径是毛发结构的另一个宏观特征。直径既可以记录为测量值,也可以用诸如细、中、粗、不均等术语表示。最后,我们还需要测量毛发的长度,通常以英寸或厘米为单位测量,且通常用一定的范围值表示。

### 微观特征

在显微镜下观察毛发的同时,还可以描述毛发反射出的颜色。无色、金色、红色、棕色、黑色以及其他常用于描述显微镜下毛发的颜色。这些颜色可能有不同的色调(灰棕色、黄棕色和红棕色)或不同的强度(浅色、中色和深色)。对色素进行描述可以进一步展现显微镜下毛发的颜色。天然色素颗粒的颜色、大小、形状、密度和分布,以及色素聚集、聚集大小和密度等,可以提供有关毛发微观特征的附加信息。人工染色的头发也可以用类似的细节来描述。

在毛发检验中,毛发的微观结构也可分为几类。从显微镜检验中可以确定发干的形态,如弯曲、卷曲、肩曲、起伏、扭曲和均匀等。弯曲(见图15-2d)是指发干被破坏,导致方向突然改变而不发生扭转。卷曲是发干的突然旋转。肩曲(见图15-2e)是沿发干直径的局部变化。起伏特征是沿发干的直径变化。

横截面形态也可以提供有关毛发的附加信息。毛发样品中常见到圆形、椭圆形、平面和三角形的横截面。在微观检验中，毛发的直径是以微米为单位的，应该沿发干选取几个点（从发根到发尖），用带有校准测微尺的物镜测量。

毛发可以分为三个主要区域：发根、发干和发尖。发根（近端）可以提供许多微观特征。处于生长期（积极生长）且从头皮上脱落的头发通常会有上皮鞘附着在拉长的色素根上。在退行期（过渡期）掉落的毛发，其根部一般会略微增大，并可能有一些上皮组织附着在根部。在休止期脱落的毛发，其根部一般会扩大，没有色素，也没有上皮组织附着。萎缩、拉伸或损坏的毛囊附着物也可以提供有关毛发如何或为何脱落的信息。发根脱落后的变化及发根的缺失同样可以提供信息。缺失的发根切口可能是方形、角形、带拉长尾巴的角形、粉碎、断裂和挑断的。当发根缺失时，我们同样可以描述脱落后的变化。

发干（中央部分）也有许多微观特征。发干有三层结构：角质层、皮质层和髓质层。

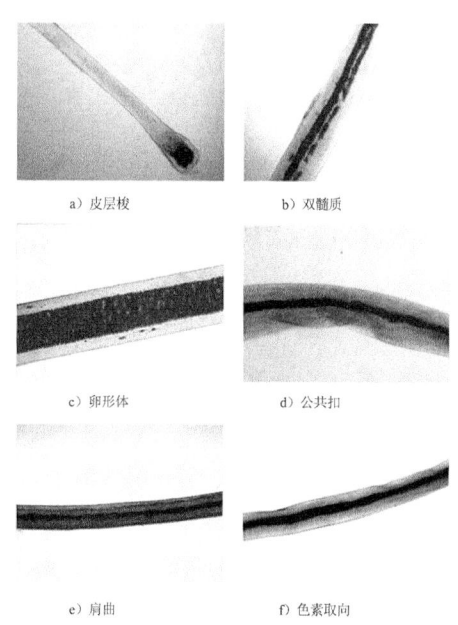

a）皮层梭　　　　b）双髓质

c）卵形体　　　　d）公共扣

e）肩曲　　　　f）色素取向

**图15-2　可以使毛发样品"个体化"的几个微观特征**

**角质层**

这部分毛发可能有多片鳞片外层，也可能没有。鳞片重叠形成各种形态。鳞片形态主要有三种：冠状、刺棘状和覆瓦状（见图 15-3）。冠状鳞片形态是由重叠的鳞片形成的，这些鳞片的形状呈小的冠状或杯状，互相堆叠。刺棘状或花瓣状的鳞片由形状像小三角瓦片的鳞片重叠而成。覆瓦状鳞片的边界和边缘不规则。同样，它们也是相互堆叠的。在动物的毛发中可以找到各种各样的鳞片形态，然而，人类头发往往呈现为覆瓦状或不规则的波浪状。图 15-4 中包含了几种刺棘状和覆瓦状鳞片形态。

如果鳞片存在，应记录角质层的厚度和颜色。一般厚度在 2.5 μm 或以下为薄的，厚度在 2.5 μm 以上为厚的。颜色一般是透明、半透明或黄色。角质层外缘的状况也可能表现出各种微观差异，例如光滑、扁平、锯齿状、环状、粗糙和龟裂。内角质层边缘可能明显或不明显，色素颗粒可能存在，也可能不存在。

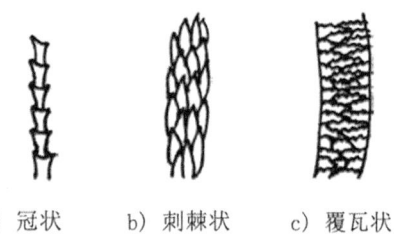

a）冠状    b）刺棘状    c）覆瓦状

**图 15-3　毛发鳞片的三种主要形态**

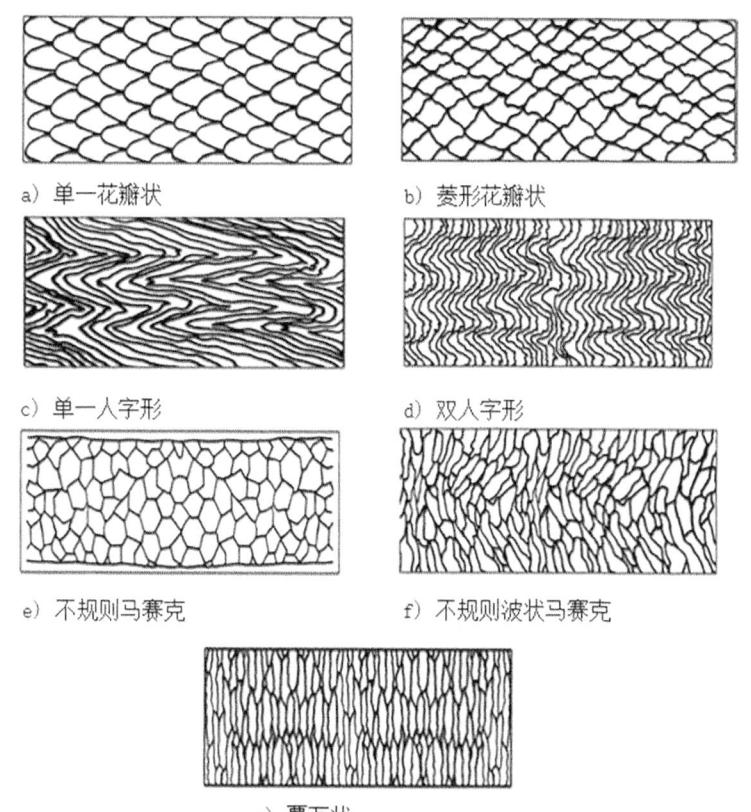

a）单一花瓣状

b）菱形花瓣状

c）单一人字形

d）双人字形

e）不规则马赛克

f）不规则波状马赛克

g）覆瓦状

**图 15-4 刺棘状和覆瓦状鳞片形态（鹿科动物和羚羊的鳞片形态如图 15A-2 所示）**

### 皮质层

这部分是毛发的主体，由细长的纺锤形角化细胞组成。在这部分毛发中可以发现许多微观特征。皮质层的细胞纹理可能是明显的、极端的或不可见的。在皮质层同样可以观察到颜色和色素细节［见图 15-2f）］。有时会在皮质层中发现含有空气的皮层梭。它们更常见于毛发的根部和近端部分［见图 15-2a）］，但有时也可在远端部分观察到。检验时应注意它们的大小、形状、位置和丰度。卵形体是球形或长圆形的大型色素聚集体，也可能存在于皮质层中［见图 15-2c）］。它们的直径从 3 μm 到 20 μm 不等。如果存在，也应注意其大小、形状、位置和丰度。

### 髓质层

这是毛发的最后一部分。髓质位于毛发的中心，在每根毛发中可能存在，也可能不存在。在人类和动物的毛发中可以发现几种细胞模式或髓质形态。动物毛发可能有单轴、多轴、空泡、晶格和无定形的髓质，如图 15-5 所示。人的头发髓质一般是无定形的。

a) 单轴

b) 多轴

c) 空泡

d) 晶格

e) 无定形

**图 15-5　动物或人体毛发中发现的髓质形态**

髓质的分布也是一个重要的微观特征。这个特征可以用来描述髓质沿发干的存在状态。缺失、连续或不连续是描述髓质分布的几个术语。髓质的外观可能是不透明、半透明或不可见的。如果髓质是用空气填充的，它在透射光模式下将呈现黑色或不透明状态［见图 15-2b）］。如果髓质是用液体包裹的，它将呈现透明或半透明状态。髓质的相对宽度也应使用髓质指数予以记录，髓质指数可由公式 15-1 计算出。

发尖也会显示出微观特征。自然或未切割的尖端一般呈现锥形。切割后的发尖可能呈方形、角形或带尾巴的角形。发尖也可能呈现断裂、分裂、磨损、圆形、粉碎、刮擦或弯曲等形态。

动物毛发和人体毛发可以很容易地通过宏观特征和微观特征予以区分。动物毛发可能有多种颜色以及色带图案，而人体毛发的颜色往往比较一致。动物毛发的发干直径往往沿发干发生变化。人体毛发会显示出不规则的波浪形鳞片形态，而在动物毛发中我们能发现各种鳞片形态。人体毛发一般具有无定形的髓质，且可能存在髓质缺失、不连续或连续等情况。在动物毛发中可以发现各种髓质形态。除了髓质形态外，髓质指数也可以作为判定毛发来源是人还是动物的依据。某些动物的毛发，其发根形状可能是多样化的。

### 动物毛发

法庭科学家利用许多特征来鉴别动物毛发。表 15-1 对这些特征进行了总结。色素、毛发直径、鳞片形态、髓质形态和发根形状为毛发检验人员提供了宝贵的信息。在动物毛发中常见到各种色素和色带图案。这些图案为动物毛发鉴定提供了信息。毛发直径和沿发干的变化也是鉴别动物毛发时需要考虑的重要因素。在动物毛发中可以发现许多鳞片形态。使用鳞片铸模可以使毛发检验人员更容易观察鳞片形态。毛发的大小、形状和图案排列提供了某些动物独有的毛发特征。在动物毛发中还可以发现几种髓质形态。这些形态为某些动物毛发鉴定提供了附加信息。在某些动物毛发中还能够发现各种发根形状。这些发根形状提供了关于动物毛发特征的信息。在案件工作中，动物毛发并不是常规的比对项目。然而，在许多情况下，可能有必要对物种进行鉴定。

**表 15-1　动物和人体毛发特征比较**

| 特征 | 动物 | 人体 |
| --- | --- | --- |
| 颜色 | 通常沿发干存在颜色变化，可能有特殊的色带图案 | 颜色保持一致 |
| 色素分布 | 色素在髓质部分更密集 | 色素均匀或在髓质部分更密集 |

| 特征 | 动物 | 人体 |
|------|------|------|
| 角质层 | 多种鳞片形态，沿发干变化 | 覆瓦状形态 |
| 皮质层 | 宽度小于髓质 | 宽度占毛发的大部分 |
| 髓质层 | 宽度大于发干的1/3，通常是连续的 | 宽度较窄，大部分是连续的 |
| 髓质形态 | 各种形态 | 如果存在，无定形的 |
| 发根形状 | 各种形状 | 球状体 |
| 毛发直径 | 沿发干变化，呈"盾型" | 直径适中，沿发干逐渐变化 |

## 人体毛发

我们可利用许多特征鉴别人体毛发（见表15-1）。色素、毛发直径、鳞片形态、髓质形态和发根形状也提供有助于鉴别的信息。人体毛发的颜色一般是恒定的，发干直径一般是适度的，并存在逐渐变化的趋势。人体毛发的鳞片形态呈覆瓦状或不规则的波浪状。髓质往往是无定形的，有连续或不连续的分布。发根形状也可以作为一种信号。一旦毛发样品被确定为人体毛发，我们就可以做进一步的特征分析。

毛发检验需要使用各种显微镜、技术和仪器。检验通常是为了鉴别毛发，然后在必要时，将毛发样品与可能的毛发来源进行比较。先使用体视显微镜检查毛发的宏观特征，如颜色、长度和形状。然后，使用复式光学显微镜或比对显微镜做进一步的检验，确定毛发样品的微观特征。要做到这一点，我们可以使用鳞片铸模，并将其制为半永久性或永久性样品。

复式光学显微镜使用的是透射光，所以我们可以用鳞片铸模来观察毛发的外部或表面特征。鳞片铸模是根据毛发的鳞片形态制作的印模或半永久性铸模。鳞片形态以及其他微观特征，主要用于动物毛发的种类鉴别。半永久性和永久性制片用于使毛发的其他微观特征可视化。为了正确地观察这些特征，毛发必须制备在一个约等于毛发本身折射率的封固剂中。毛发的平均折射率是1.55。通常建议使用的封固剂为合成的、半永久性的或永久性的，折射率在 1.5~1.6 范围内。

## 实验设备和用品

体视显微镜

复式光学显微镜，配有各种放大倍数的物镜（如 4 倍、10 倍、20 倍、40 倍）且配有带校准测微尺的聚焦目镜

微型工具包

显微镜载玻片和盖玻片

封固剂

指甲油和/或宝丽来胶片涂层

动物毛发

人体毛发

未知的毛发样品

## 实验安全

使用指导老师制定的标准实验室安全程序。谨慎选择显微镜的光照强度，避免眼睛受伤。了解与封固剂相关的危险，并遵照指导老师设定的适当预防措施使用它们。将玻璃丢弃在恰当的容器中。

### 第一部分：毛发的宏观检验

*步骤*

使用位于本实验最后的毛发工作表进行毛发检验，该工作表可从 http://www.wileyeurope.com/college/wheeler 获得。

1. 用体视显微镜检验毛发。

2. 测量毛发的长度，以厘米为单位记录数值。

3. 记录颜色和任何可能存在的带状图案。

4. 记录毛发的发干形态。

5. 记录毛发的直径。

6. 使用另外 4 个动物毛发样品和 1 个人体毛发样品重复步骤 1~5。

### 第二部分：鳞片铸模

**步骤**

1. 使用第一部分中检验的毛发样品。

2. 在显微镜载玻片上标注鉴别标记（分析人员姓名的首字母和样品名称）。

3. 涂上一层薄薄的透明指甲油（也可使用宝丽来胶片涂层）。

4. 指甲油未干时，将一根动物毛发放置其中。确保毛发整体均放置其中。

5. 让指甲油干透。

6. 轻轻去除毛发，获得鳞片铸模。

7. 使用复式光学显微镜观察鳞片形态。记得检查显微镜，确保样品使用科勒照明观察。

8. 一定要观察整根毛发，因为从近端到远端的鳞片形态可能会发生变化。画出你所观察到的现象。

9. 用其他头发样品重复步骤 1~8。

### 第三部分：动物毛发和人体毛发特征

**步骤**

1. 为之前检验的 5 个动物毛发样品制片。

2. 为之前检验的人体毛发和 4 个其他样品制片。

3. 用复式光学显微镜检验毛发。

4. 记录每根毛发的宏观特征：颜色、发干形态和直径。

5. 检验毛发的附加微观特征，这将有助于鉴别毛发类型。记录每根毛发的附加特征：角质层、皮质层和髓质层宽度，髓质形态，发根形状和色素方向。

6. 测量所有毛发和其髓质的直径，计算每根毛发的髓质指数。使用公式 15-1 计算髓质指数。

7. 画出每根毛发的鉴别特征，包括样品和放大倍数等信息。

8. 选取一根未知毛发样品。确定该毛发是动物的还是人的。根据需要参考表 15-1。在毛发工作表上列出毛发的宏观和微观特征。

**报告要求**

应包括在实验室程序中获得的所有绘图、计算或其他信息。注释和/或绘图应包括样品鉴别、放大倍数和完整的描述。

**报告问题**

1. 描述与毛发有关的术语：发根、角质层、皮质层、髓质层、发尖。在描述每个术语时附上图画和/或例子。

2. 列举三个用于区分人体毛发和动物毛发的特征。举例说明每个特征，以及人体毛发和动物毛发之间的区别。

3. 描述你对所获样品的检验步骤。

4. 鳞片铸模帮助确定了什么？湿式制片有助于确定什么？

5. 报告中应包含第一和第二部分的文件和图纸。确保你的文件有适当的标签（姓名、样品编号、实验室）。

6. 报告中应包含未知毛发样品的编号，以及你是否已确定毛发来自动物或人。阐述你的理由。

## 毛发工作表

样品＿＿＿＿＿＿＿＿＿＿＿＿＿

颜色＿＿＿＿＿＿＿＿＿＿＿＿

长度＿＿＿＿＿＿＿＿＿＿＿＿

发干形态＿＿＿＿＿＿＿＿＿＿

直径＿＿＿＿＿＿＿＿＿＿＿＿＿

角质层＿＿＿＿＿＿＿＿＿＿＿

皮质层＿＿＿＿＿＿＿＿＿＿＿

髓质层＿＿＿＿＿＿＿＿＿＿＿

发根形状＿＿＿＿＿＿＿＿＿＿

色素＿＿＿＿＿＿＿＿＿＿＿＿

髓质指数＿＿＿＿＿＿＿＿＿＿

样品＿＿＿＿＿＿＿＿＿＿＿＿＿

颜色＿＿＿＿＿＿＿＿＿＿＿＿

长度＿＿＿＿＿＿＿＿＿＿＿＿

发干形态＿＿＿＿＿＿＿＿＿＿

直径＿＿＿＿＿＿＿＿＿＿＿＿＿

角质层＿＿＿＿＿＿＿＿＿＿＿

皮质层＿＿＿＿＿＿＿＿＿＿＿

髓质层＿＿＿＿＿＿＿＿＿＿＿

发根形状＿＿＿＿＿＿＿＿＿＿

色素＿＿＿＿＿＿＿＿＿＿＿＿

髓质指数＿＿＿＿＿＿＿＿＿＿

## 实验 15A：动物毛发检验

**推荐实验前阅读作业**

Brunner H. *The Identification of Mammalian Hair*. Melbourne, Australia: Inkata Press, 1974; 1–18.

Spence LE. *Study of Identifying Characteristics of Mammal Hair*. Wildlife Disease Research Laboratory: Wyoming Game and Fish Commission, 1963.

### 实验目的

完成本实验后，学生将对以下内容有基本了解：
1. 动物毛发的一般特征
2. 利用体视显微镜直接观察毛发的特征
3. 使用复式光学显微镜或比对显微镜鉴别和观察毛发的特征
4. 鳞片铸模的制备和观察

### 实验概述

洛卡德交换原理指出，只要两个物体相互接触，就会发生物质交换。这一原理适用于毛发物证。只要两个物体、两个人或一个人和另一个物体之间有接触，毛发就容易脱落并转移。宠物经常掉毛，这些毛可能很容易转移到衣服或其他物体上。动物毛发也可能存在于由动物毛发制成的服装或纺织产品中（如羊毛衫、毛毯）。这些毛发也可能被转移到个人、衣服或其他物体上。因此，我们常常使用动物毛发确认某人与某物品或某场景之间的关联。这使得动物毛发成为法庭科学调查的重要信息来源。

法庭科学家利用各种特征鉴别动物毛发。动物毛发具有各种宏观和微观特征，这使得鉴别和进一步确定某一特定物种成为可能。案件工作中遇到的动物毛发可能有以下三种类型：皮毛、触毛和针毛。皮毛是一种坚硬的内层毛发，动物利用皮毛保暖和隔热。触毛是动物头部的毛发，通常为动物的触觉器官。针毛是动物的外层毛发，用于保护动物。这些毛发通常可以显示动物科或物种的特征，可用于鉴别。

将动物毛发分为这三个"家族"，我们便可以更为容易地对动物毛发的宏观和微观特征进行分类。可以用于将动物毛发分为这三组的特征有很多方面。当把一根毛发样品归入一个特定的"科"或物种时，我们需要考虑其特征，如颜色、色素分布、角质层形态、皮质层和髓质层宽度、髓质形态、发根形状（见图15A-1）、毛发的总直径。

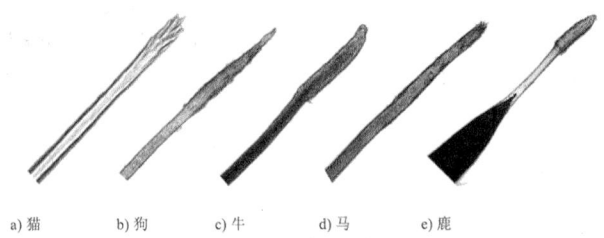

a) 猫　　　b) 狗　　　c) 牛　　　d) 马　　　e) 鹿

**图15A-1　有些动物的发根形状很明显：a）猫毛的根部呈"油漆刷"形；b）狗毛的根部呈铲形；c）牛毛的根部呈细长形，髓部进入根部；d）马毛的根部呈细长形；e）来自鹿科动物和羚羊的毛发具有酒杯状的发根**

### 鹿科动物和羚羊

这组动物毛发很容易区分：很粗，一般有轻微的波浪或卷曲。酒杯状的发根［见图15A-1e）］也是这组动物毛发的主要特征。髓质由球形细胞组成，占据整个毛发。除了其他微观特征和色带图案，还可以用鳞片形态来区分鹿科动物和羚羊的毛发。图15A-2所示为鹿科动物和羚羊毛发不同的鳞片形态。

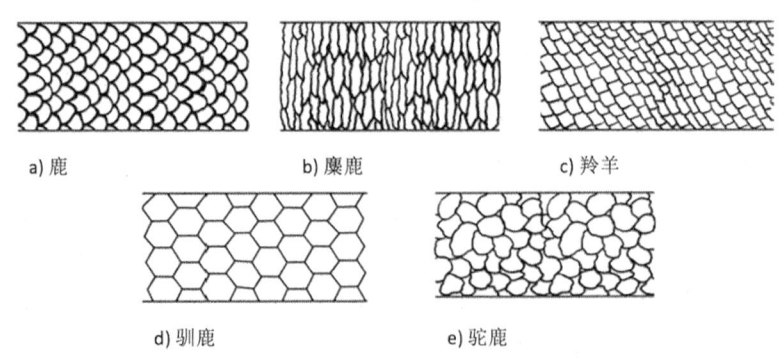

a) 鹿　　　　　　b) 麋鹿　　　　　　c) 羚羊

d) 驯鹿　　　　　　e) 驼鹿

**图15A-2　鹿科动物和羚羊的鳞片形态**

每种动物的毛发上都有不同的色带图案。鹿的毛发从根部开始呈现白色或浅灰色，然后从这个颜色过渡到灰棕色、黄色，至发尖时变为黑色。麋鹿的毛发从根部的棕色-灰色开始，然后变成黄色，末端是黑色。羚羊的毛发开始是棕灰色，然后是棕黄色，发尖是深棕色。驯鹿毛发的发根为白色，然后是浅褐色和黑色发尖。驼鹿毛发的根部区域为白色，然后渐变到棕灰色，随后过渡到黑色，接着是浅灰色、棕灰色和黑色发尖。

### 毛皮动物

这组动物的毛发可以很容易地通过整体直径来区分。毛发样品的直径也存在很大的差异。特征性的髓质形态可以用来进行组内区分。除了其他微观特征外，鳞片形态也可以用来区分一些带毛的动物。这些动物毛发也显示出独特的色带图案。表 15A-1 中列出了一些毛皮类动物的鉴别特征。

**表 15A-1　毛皮类动物的重要鉴别特征**

| 动物 | 特征 |
| --- | --- |
| 兔子 | 鳞片铸模形态：不规则波状马赛克-人字形/不规则波状马赛克 |
| | 髓质形态：多列梯形，髓质指数 > 0.9 |
| 貂 | 色带：深色系/浅色系 |
| | 鳞片铸模形态：菱形花瓣状/不规则波状马赛克 |
| | 髓质形态：无定形/晶格 |
| | 发干形状：突出盾牌状 |
| 麝香鼠 | 色带：红棕色/深棕色 |
| | 鳞片铸模形态：不规则波状马赛克，单一人字形 |
| | 髓质形态：多列梯形/晶格，1/2 宽 |
| | 发干形状：突出盾牌状 |
| 南美洲栗鼠 | 髓质形态：单列梯形 |
| | 发干形状：直径非常小，通常是丛生的 |
| 浣熊 | 色带：白色/深棕色/黄色/黑色 |

| 动物 | 特征 |
|---|---|
| | 鳞片铸模形态：菱形花瓣状/不规则波状马赛克 |
| | 髓质形态：无定形，蜂窝状，1/2 至 3/4 宽 |
| 狐狸 | 鳞片铸模形态：马赛克/菱形花瓣状 |
| | 髓质形态：未损坏，无定形或空泡，3/4 宽 |
| 　　红狐狸 | 色带：深棕色/黄色/红棕色 |
| 　　灰狐狸 | 色带：白色/深棕色-黑色/浅褐色/黑色 |
| 海狸 | 髓质形态：皮毛-连续蜂窝状，有珠光，薄 |
| 海豹 | 鳞片形态：花瓣状 |
| | 髓质形态：缺失 |
| 水獭 | 色带：浅棕色-灰色/深棕色 |
| | 鳞片铸模形态：菱形花瓣状/不规则波状马赛克 |
| | 发干形状：突出盾牌状 |
| | 髓质形态：晶格，宽 |
| 绵羊 | 鳞片铸模形态：马赛克 |
| | 髓质形态：缺失 |
| | 发干形状：通常卷曲，皮毛卷曲 |
| 骆驼 | 鳞片铸模形态：马赛克 |
| | 髓质形态：无定形 |
| 黑貂 | 鳞片形态：花瓣状 |
| | 髓质形态：晶格，纤细，髓质指数 > 0.5 |
| 熊 | 鳞片铸模形态：非常大的不规则波浪状 |
| | 髓质形态：无定形，空泡，薄，髓质指数 < 0.5 |
| | 发干形状：非常宽 |
| 白貂 | 色带：棕灰色/浅棕色 |

| 动物 | 特征 |
|------|------|
| | 鳞片铸模形态：不规则花瓣状／不规则波状马赛克 |
| | 髓质形态：多列梯形 |
| | 发干形状：突出盾牌状 |
| 猞猁 | 色带：灰色／深棕色／白色／黑色或浅棕色／深棕色／黄色／黑色 |
| | 鳞片铸模形态：花瓣状 |
| | 髓质形态：不间断的蜂窝状 |

## 家畜

这类动物毛发很容易区分，其整体直径中等，仅沿毛发有适度变化。髓质形态一般为无定形。特征性的发根形状也可用于区分一些家畜毛发。鳞片形态和其他微观特征可用于区分家畜的毛发。本组的大多数毛发一般没有色带图案。表 15A-2 中列出了一些家畜的毛发重要鉴别特征。

表 15A-2　家畜和其他动物的毛发重要鉴别特征

| 动物 | 特征 |
|------|------|
| 狗 | 髓质形态：空泡或无定形，1/2 整体头发直径 |
| | 根部形状：铲状［见图 15A-1b）］ |
| | 发干形状：可能有桶形 |
| 猫 | 鳞片铸模形态：花瓣状，通常突出 |
| | 髓质形态：单列梯形，宽 |
| | 根部形状：拉长，在基部有菱形磨损［见图 15A-1a）］ |
| | 发干形状：细 |
| 牛 | 髓质形态：无定形，薄 |
| | 根部形状：拉长，有色素进入发根区域［见图 15A-1c）］ |
| | 发干形状：较粗 |

| 动物 | 特征 |
|------|------|
| 马 | 特殊特征：卵形体突出，有粗大的条纹状色素<br>髓质形态：无定形，蜂窝状，髓质指数 > 0.5<br>根部形状：拉长球茎状［见图 15A-1d)］<br>发干形状：直径较粗<br>特殊特征：均匀，少量色素 |
| 白鼬 | 鳞片铸模形态：马赛克/花瓣状/菱形<br>髓质形态：单列及晶格<br>发干形状：盾牌状 |
| 猪 | 发干形状：非常粗，坚硬，均匀直径<br>特殊特征：分叉的发尖 |
| 山羊 | 鳞片铸模形态：不规则波状马赛克<br>髓质形态：晶格，1/2 至 3/4 整体头发直径<br>根部形状：酒杯状<br>发干形状：粗<br>特殊特征：皮质层可见 |
| 负鼠 | 色带：白色/黑色<br>鳞片铸模形态：马赛克/不规则波状马赛克<br>髓质形态：空泡及无定形，1/2 整体头发直径<br>发干形状：直径较细 |
| 臭鼬 | 鳞片铸模形态：不规则波状马赛克<br>髓质形态：无定形 |
| 松鼠 | 鳞片铸模形态：不规则波浪<br>髓质形态：空泡，纤细 |
| 郊狼 | 色带：白色/深棕灰色/白色/黑色 |

| 动物 | 特征 |
| --- | --- |
| | 鳞片铸模形态：马赛克/菱形花瓣状/不规则波浪 |
| | 髓质形态：空泡，1/2 至 3/4 整体头发直径 |
| 山狮 | 色带：棕灰色/黑色/浅棕色/黑色 |
| | 鳞片铸模形态：马赛克/不规则波状马赛克 |
| | 髓质形态：空泡，非常宽 |
| 狼 | 髓质形态：厚的无定形或空泡 |
| | 特殊特征：皮质层很少或者没有色素 |
| 土拨鼠 | 色带：深色/白色/黑色 |
| | 鳞片铸模形态：不规则波状马赛克 |
| | 髓质形态：空泡 |
| | 特殊特征：髓质附近有红色素 |

对动物毛发的宏观特征及微观特征的了解，使法庭科学家能够开展动物毛发检验。动物毛发检验需要使用各种显微镜、技术和仪器。先使用体视显微镜检验毛发的宏观特征。随后，使用复式光学显微镜或比对显微镜进行深入检验，确定毛发的微观特征。要做到这一点，就需要使用鳞片铸模和半永久性或永久性制片方式制片。当给出关于毛发可能的物种来源结论时，我们应指出动物毛发不具备足够的个体特征，无法排除其他同种动物而仅仅确认为某一只特定动物。

**实验设备和用品**

体视显微镜

复式光学显微镜，配有各种放大倍数的物镜（如 4 倍、10 倍、20 倍、40 倍）和配有测微尺的聚焦目镜

微型工具包

显微镜载玻片和盖玻片

封固剂（折射率在 1.5~1.6 范围内的无色封固剂）

透明指甲油和/或宝丽来胶片涂层

动物毛发

未知的毛发样品

## 实验安全

使用指导老师制定的标准实验室安全程序。谨慎选择显微镜的光照强度，避免眼睛受伤。了解与封固剂相关的危险，并遵照指导老师设定的适当预防措施使用它们。将玻璃丢弃在恰当的容器中。

### 第一部分：动物毛发检验

步骤

填写位于本实验末尾的毛发工作表，该表可在 http://www.wileyeurope.com/college/wheeler 获取。

1. 从每组选取一根动物毛发（鹿和羚羊、毛皮类动物、家畜）。
2. 用体视显微镜检验第一根毛发。
3. 测量毛发的长度，以厘米为单位记录数值。
4. 记录颜色和任何可能存在的带状图案。
5. 记录毛发的形态。
6. 记录毛发的直径。
7. 在显微镜载玻片上标注鉴别标记（分析人员姓名的首字母和样品名称）。
8. 在显微镜载玻片上涂抹一层薄薄的透明指甲油，制作鳞片铸模。也可以使用宝丽来胶片涂层代替透明指甲油。
9. 指甲油未干时，将一根动物毛发放置其中。确保毛发整体均放置其中。
10. 让指甲油干透。
11. 轻轻地去除毛发，以获得鳞片铸模。此毛发将进行湿式制片。
12. 使用鳞片铸模及复式光学显微镜，观察鳞片形态。记住，检查显微镜，确保样品使用科勒照明观察。
13. 一定要观察整根毛发，因为从发根到发尖的鳞片形态可能会发生变化。画出你观察到的现象。
14. 为毛发制作湿式制片。
15. 用复式光学显微镜检验毛发。

16. 记录毛发的宏观特征：颜色、形态、直径。

17. 检验毛发的任何额外的微观特征，这将有助于鉴别毛发类型。记录每根毛发的附属特征：角质层、皮质层和髓质层宽度，髓质形态，发根形状和色素方向。

18. 测量所有毛发和髓质层的直径，用公式 15–1 计算每根毛发的髓质指数。

19. 画出每根头发的鉴别特征，包括样品和放大倍数等信息。

20. 你的结果与该动物的已知特征一致吗？列出毛发的宏观和微观特征。

21. 从其他组中选取毛发，重复步骤 1~20。

22. 获得一个未知的毛发。

23. 重复步骤 1~20，鉴别该毛发。

24. 请描述你对未知样品的检验步骤。

25. 报告中应包括未知的毛发编号和你确定的毛发种类。阐述你的理由。

## 报告要求

应包括在实验室程序中获得的所有绘图、计算或其他信息。注释和/或绘图应包括样品鉴别、放大倍数和完整的描述。

## 报告问题

1. 描述与动物毛发有关的术语：发根、角质层、皮质层、髓质层和发尖。在描述每个术语时，请附上图画和/或实例。

2. 动物的毛发主要有哪些部分？从每一组别中挑选一个物种，并描述其用于鉴别的微观特征。

3. 为什么动物毛发检验要使用鳞片铸模？

4. 没有鳞片的情况下，能辨别动物毛发吗？

5. 如果发现一种动物毛发，其髓质像玉米穗，该动物可能是什么物种？

6. 狗毛和猫毛是案件中常需要鉴别的动物毛发。狗毛的鉴别特征是什么？

7. 猫毛的鉴别特征是什么？

8. 可以对狗毛和猫毛开展比对分析吗？

9. 有些动物的毛发被用来制作纤维，如何判断它是毛发还是纤维？

## 毛发工作表

样品＿＿＿＿＿＿＿＿＿＿＿＿＿＿＿＿＿＿＿＿

颜色＿＿＿＿＿＿＿＿＿＿＿＿＿＿＿＿＿＿＿＿

长度＿＿＿＿＿＿＿＿＿＿＿＿＿＿＿＿＿＿＿＿

发干形态＿＿＿＿＿＿＿＿＿＿＿＿＿＿＿＿＿

直径＿＿＿＿＿＿＿＿＿＿＿＿＿＿＿＿＿＿＿＿

角质层＿＿＿＿＿＿＿＿＿＿＿＿＿＿＿＿＿＿

皮质层＿＿＿＿＿＿＿＿＿＿＿＿＿＿＿＿＿＿

髓质层＿＿＿＿＿＿＿＿＿＿＿＿＿＿＿＿＿＿

发根形状＿＿＿＿＿＿＿＿＿＿＿＿＿＿＿＿＿

色素＿＿＿＿＿＿＿＿＿＿＿＿＿＿＿＿＿＿＿

髓质指数＿＿＿＿＿＿＿＿＿＿＿＿＿＿＿＿＿

样品＿＿＿＿＿＿＿＿＿＿＿＿＿＿＿＿＿＿＿＿

颜色＿＿＿＿＿＿＿＿＿＿＿＿＿＿＿＿＿＿＿＿

长度＿＿＿＿＿＿＿＿＿＿＿＿＿＿＿＿＿＿＿＿

发干形态＿＿＿＿＿＿＿＿＿＿＿＿＿＿＿＿＿

直径＿＿＿＿＿＿＿＿＿＿＿＿＿＿＿＿＿＿＿＿

角质层＿＿＿＿＿＿＿＿＿＿＿＿＿＿＿＿＿＿

皮质层＿＿＿＿＿＿＿＿＿＿＿＿＿＿＿＿＿＿

髓质层＿＿＿＿＿＿＿＿＿＿＿＿＿＿＿＿＿＿

发根形状＿＿＿＿＿＿＿＿＿＿＿＿＿＿＿＿＿

色素＿＿＿＿＿＿＿＿＿＿＿＿＿＿＿＿＿＿＿

髓质指数＿＿＿＿＿＿＿＿＿＿＿＿＿＿＿＿＿

## 实验 15B：确定人体毛发的种族特征和体源特征

**推荐实验前阅读作业**

Robertson J. Forensic and Microscopic Examination of Human Hair. In: Robertson J ed. *Forensic Examination of Hair*. London, England: Taylor & Francis, 1999; 79-153.

Ogle RR. *Atlas of Human Hair Microscopic Characteristics*. Boca Raton, FL: CRC Press, 1998.

### 实验目的

完成本实验后，学生将对以下内容有基本了解：

1. 人体毛发的一般种族特征
2. 人体毛发的一般体源特征
3. 使用体视显微镜直接观察毛发的特征
4. 使用复式光学显微镜或比对显微镜直接观察毛发的特征
5. 毛发横截面样品的制备和观察
6. 鉴别人体毛发

### 实验概述

和动物毛发一样，只要两个物体、两个人或一个人与另一物体之间发生接触，人体毛发便很容易脱落或转移。影响毛发脱落或转移的因素有很多种。毛发的生长阶段是决定性因素之一。更为重要的是，对于两个相接触的人或人与物，其任何活动都可能影响毛发的脱落或转移。通常，人每天大约掉100根毛发。这些毛发可以通过接触而脱落或转移。这种接触可以通过日常活动发生，如梳理头发，也可以通过暴力接触发生，如攻击或强奸。人体毛发很容易被转移到衣服或其他物品上。因此，人体毛发经常被用来将人与物品或场景相关联。这使得人体毛发成为法庭科学调查的重要信息来源。

与动物毛发相同，法庭科学家也利用几种毛发特征来鉴别人体毛发。人体毛发具有许多宏观特征和微观特征，这使得鉴别和比对成为可能。这些特征在实验15中已经讨论过。正因为如此，在案件工作中，人体毛发经常被用于鉴定和比对。

在某些情况下，我们可以依据头发对其来源者的种族进行判定。在公认的三个人类学群体（即高加索人、黑种人和蒙古人）中，其头发具有不同特征（见图 15B-1）。高加索人是一个人类学术语，指来自欧洲和印度次大陆的民族。黑种人也是一个人类学术语，指来自非洲的大多数民族。蒙古人则指来自亚洲的民族，不包括印度次大陆，但包括美洲印第安原住民。

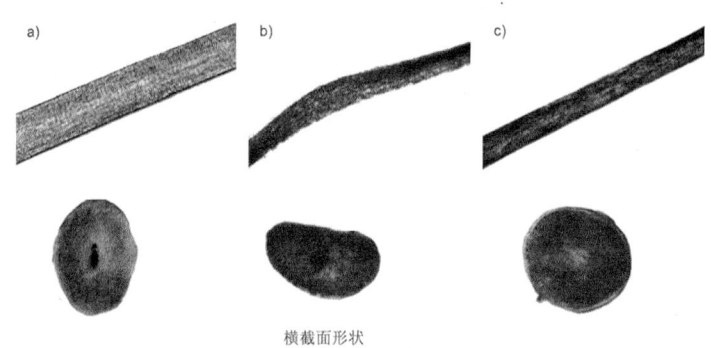

**图 15B-1　与人类学群体相关的头发特征：a）高加索人；b）黑种人；c）蒙古人**

高加索人的毛发整体发干一般为中等粗细，变化不大。色素颗粒分布相当均匀（密度有高有低），横截面形状为椭圆形［见图 15B-1a）］。被定性为黑种人的毛发表现为整体发干直径为细到中等，变化较大；色素颗粒分布密集，有时成块出现；横截面呈扁平状并有弯曲、卷曲和扭曲区域［见图 15B-1b）］。被定性为蒙古人的毛发整体发干直径粗大，变化不大；色素颗粒分布密集，呈条纹状；一般存在突出的髓质，角质层较厚；横截面呈圆形［见图 15B-1c）］。在表 15B-1 中我们归纳了种族群体的微观特征。有时，由于种族混杂，我们可能无法通过检验确定样品可能的种族群体。值得注意的是，当样品特征不一致、不好确定或样品特征有限时，我们不能据此进行种族认定。

表 15B-1 种族群体微观特征

| 种族群体 | 直径 | 横截面形状 | 色素 | 角质层 | 起伏 |
|---|---|---|---|---|---|
| 黑种人 | 60 μm~90 μm | 扁平 | 密集而成块 | 不一 | 普遍 |
| 高加索人 | 70 μm~100 μm | 椭圆形 | 均匀 | 不一 | 不一 |
| 蒙古人 | 90 μm~120 μm | 圆形 | 密集而有条纹 | 厚 | 无 |

我们还可通过检验确定毛发脱落的体区。头发一般较长，发干直径适中，变化不大，有些存在薄的髓质，有些不存在；发尖可呈剪断、磨损或分裂形态。阴毛一般较粗，直径变化较大，有一定突出的弯曲；髓质一般粗大、存在且连续；大的发根一般有毛囊标记；发尖呈锥形、切割或圆形，有时被尿液漂白。

一般较细且变化不大的毛发是肢体毛发。它们整体是短的，呈弧形，髓质通常宽大且不连续。肢体毛发发尖通常有磨损。面部毛发一般粗而不规则，截面呈三角形，髓质通常宽大而连续。有的面部毛发可出现多髓质。面部毛发发尖一般为切面，有时呈角状。胸毛直径一般适中，整体形状为弧形。胸毛毛发一般呈锥形、圆形或磨损状。通常情况下，我们将直径适中、类似阴毛而少弯曲的毛发称为腋下毛或腋毛，它们的发尖通常长而细，经常被漂白。眉毛和睫毛一般短而粗壮，发干直径变化不大，整体形状是剑状的。一般混合了两个身体部位特征的毛发是过渡性毛发。髯毛是过渡性毛发的典型示例，它可能具有头部和面部的组合特征。表 15B-2 归纳了体区毛发微观特征。

表 15B-2 体区毛发微观特征

| 体区 | 长度 | 直径 | 质地 | 发尖 | 髓质 | 其他 |
|---|---|---|---|---|---|---|
| 头部 | 长，不一 | 适中，发干直径不一 | 软 | 切割或分叉 | 窄 | |
| 阴部 | 短 | 粗，卷曲变化 | 坚硬 | 锥形、切割或圆形 | 厚 | |
| 面部 | 不一 | 粗，卷曲变化 | 坚硬 | 切割或圆形 | 宽，双倍 | 横截面呈三角形 |

| 体区 | 长度 | 直径 | 质地 | 发尖 | 髓质 | 其他 |
|------|------|------|------|------|------|------|
| 肢体 | 不一 | 细，有变化 | 软 | 锥形、圆形或切割 | 不连续 | 发干形状呈弧形 |
| 胸部 | 不一 | 适中，有变化 | 坚硬 | 锥形、圆形或磨损状，长且细 | 颗粒状 | 发干形状呈弧形 |
| 腋下 | 不一 | 适中，有变化 | 坚硬 | 锥形、圆形、切割或磨损，长且细 | 不连续 | 漂白的发尖 |
| 眉毛/睫毛 | 短 | 轻微波动 | 坚硬 | 锥形 | | 发干形状呈剑形 |

了解人体毛发的宏观特征和微观特征，法庭科学家就可以进行人体毛发检验。人体毛发检验使用各种显微镜、技术和仪器。先使用体视显微镜检验毛发的宏观特征。随后，可以使用复式光学显微镜或比对显微镜开展深入检验，确定毛发样品的微观特征。要实现这一点，我们需要用毛发横截面并使用半永久性或永久性制片。

对一根毛发进行垂直取样，然后将横截面使用半永久性或永久性制片方法制片，以观察其形状。毛发的横截面提供了与确定种族和体源有关的特征信息。当然，我们可以通过纵向观察毛发来确定其横截面形状。然而，使用实际制备样品的横截面，我们可以观察到更多细节。半永久性和永久性制片可以实现观察毛发其他微观特征这一目的。一旦毛发被确定属于人类，我们就可以对毛发进行进一步的特征分析。

**实验设备和用品**

体视显微镜
复式光学显微镜，配有各种放大倍数的物镜（如 4 倍、10 倍、20 倍、40 倍）和配有测微尺的聚焦目镜
微型工具包
显微镜载玻片和盖玻片

封固剂（折射率在 1.5~1.6 范围内的无色封固剂）

聚乙烯或塑料片

加热板

移液管

微型切片机

线

指甲油

人体毛发

未知的毛发样品

**实验安全**

使用指导老师制定的标准实验室安全程序。谨慎选择显微镜的光照强度，避免眼睛受伤。了解与封固剂相关的危险，并遵照指导老师设定的适当预防措施使用它们。将玻璃丢弃在恰当的容器中。

**第一部分：人体毛发检验**

*步骤*

针对每个样品，完成位于本实验末尾的人体毛发工作表。工作表可在 http://www. wileyeurope. com/college/wheeler 获取。

1. 从每个组别（高加索人、黑种人、蒙古人；头部、阴部、面部、胸部、腋下、眉毛、睫毛）获取人体毛发样品。

2. 用体视显微镜检验第一根毛发的宏观特征。

3. 测量毛发的长度，以厘米为单位记录数值。

4. 记录可能存在的颜色。重点关注颜色是否沿着毛发发干变化。

5. 记录毛发的发干形态，例如直发、波浪形、卷曲形、扭结形或弯曲形。

6. 在复式光学显微镜上设置科勒照明。使用经校准的目镜测微尺测量毛发的直径。

7. 确定毛发的横截面形状（圆形、椭圆形、四边形、三角形）。选择下面列举的方法之一制作横截面制片，或者对经湿式制片的样品进行纵向检查以确定横截面。把你看到的画出来。

*A*：通过对样品进行夹心处理获得横截面

A1. 使用显微镜载玻片或塑料聚乙烯薄片，将样品"夹"起来。有些实验室使用厚的聚乙烯板，可以熔化后将样品包起来。

A2. 将手术刀或剃刀的刀片与样品垂直对齐。

A3. 切出一个薄薄的横截面。

A4. 使用恰当的封固剂制备样品，以便在显微镜上观察。

*B*：通过对样品进行嵌入处理获得横截面

B1. 用移液管提取少量能够硬化的封固剂（Flo-texx™或 Norland 65™）。

B2. 将样品插入移液管尖端。

B3. 让封固剂固化，直至硬化。固化时可能需要在烘箱中加热，在室温下干燥，或者使用紫外灯照射。

B4. 将手术刀或剃刀的刀片与样品垂直对齐。

B5. 切出一个薄薄的横截面。

B6. 使用恰当的封固剂制备样品，以便在显微镜上观察。

或者

B1. 在显微镜载玻片上用几层胶带制作出一个小格。

B2. 用能够硬化的封固剂（Flo-texx™或 Norland 65™）填充这个小格。

B3. 将样品插入小格。

B4. 让封固剂固化，直至硬化。固化时可能需要在烘箱中加热，在室温下干燥，或者使用紫外灯照射。

B5. 将手术刀或剃刀的刀片与样品垂直对齐。

B6. 切出一个薄薄的横截面。

B7. 使用合适的封固剂制备样品，以便在显微镜上观察。

*C*：使用微型切片机获得横截面

C1. 面向切片机，逆时针转动转盘，降低柱塞。

C2. 松开顶部活动板上右侧的小螺丝，将板子向后推。

C3. 拧开并卸下两颗较大的螺丝，取出板子。

C4. 在底板和顶部活动板之间滴入 1 滴切片机油。

C5. 取约 12 英寸（约 30 cm）的线（白色或黑色，以便与样品形成对比），将线叠放，直到形成一捆线。

C6. 将样品放在这捆线的中心。

C7. 将这捆线放入活动板的大孔中，然后将其滑回小柱塞孔中。

C8. 将柱塞推到这捆线上，并拧紧右侧的螺丝。

C9. 使用剃刀，均匀地切开从柱塞孔中突出的样品的顶部。

C10. 将活动板放回切片机上，并使用大螺丝固定。

C11. 稍微松开右边的小螺丝，然后向后推，拧紧这捆线，拧紧螺丝。

C12. 顺时针转动切片机转盘，仔细观察，直到这捆线开始向上移动。

C13. 用刀片将突出的样品平稳均匀地切下。

C14. 将切片机向上拨一两格。

C15. 在样品上刷上一薄层指甲油。待其干燥。

C16. 用刀片以轻柔的锯切动作小心地去除样品和指甲油。

C17. 根据需要重复步骤 C14~C16。

C18. 使用合适的封固剂制备样品，以便在显微镜上观察。

获得横截面切片后，从主步骤的第 7 步继续。

8. 用湿式制片法制备毛发样品。如果没有获得横截面切片，请检查头发以确定沿发干的直径变化，以便从纵向视图进行横截面评估。

9. 用复式光学显微镜检验毛发。

10. 记录毛发的宏观特征：颜色、发干形态、直径。

11. 检查毛发其他的微观特征，这将有助于鉴别毛发类型。记录每根毛发的额外特征：色素分布及密度，发根形状，角质层、皮质层和髓质层宽度，髓质形态和发尖状况。

12. 画出每根毛发的鉴别特征，包括样品和放大倍数等信息。

13. 你的结果是否与你的毛发样品的种族群体或体区的已知特征一致？列出与毛发一致的宏观特征和微观特征。

14. 从其他组中选取毛发，重复步骤 1~13。

15. 选取一个未知的毛发。

16. 重复步骤 1~12，鉴别未知毛发，完成"人体毛发特征工作表"。除了该工作表外，报告中还应包括你的未知毛发编号和你所鉴别的毛发。阐述你的理由。

## 报告要求

应包括在实验室程序中获得的所有绘图、计算或其他信息。注释和/或绘图应包括样品鉴别、放大倍数和完整的描述。

## 报告问题

1. 描述与人体毛发有关的术语：发根、角质层、皮质层、髓质层、发尖。在描述每个术语时，请附上图画和/或实例。

2. 请描述你对未知样品的检验步骤。

3. 列举人体毛发的所有宏观特征。举例说明每个特征。

4. 列举人体毛发的所有微观特征，各举一例。

5. 什么是人体毛发的横截面？它是如何制备的？

6. 列出三个种族群体的毛发的宏观和微观特征。举例说明为什么根据一根嫌疑毛发可能无法确定一个种族群体。

7. 毛发是否有足够的鉴别特征，让它可以个体化鉴别到一个人？

8. 一位毛发检验人员在一个案件中检验了一根未知毛发样品和一组已知头发样品。如果所检查的所有特征都相似，请写出检验人员在报告比较结果时可以使用的陈述。

## 人体毛发特征工作表

已知样品编号 _____

宏观：

　　颜色 _____

　　长度 _____

　　发干形态 _____

　　直径 _____

微观：

　　角质层外观：_____

　　　皮质层：

　　　　色素颜色 _____

　　　　色素分布 _____

　　　　色素密度 _____

　　　　其他特征 _____

　　　髓质层：

　　　　外观 _____

　　　　分布 _____

　　　发根外观：_____

　　　发尖外观：_____

　　　特殊特征：_____

## 人体毛发特征工作表

未知样品编号 _____

宏观：

    颜色_____

    长度_____

    发干形态_____

    直径_____

微观：

    角质层外观：_____

      皮质层：

        色素颜色_____

        色素分布_____

        色素密度_____

        其他特征_____

      髓质层：

        外观_____

        分布_____

    发根外观：_____

    发尖外观：_____

    特殊特征：_____

## 实验 15C：人体毛发检验与比对

**推荐实验前阅读作业**

Barnett PD, Ogle RR. Probabilities and Human Hair Comparisons. *Journal of Forensic Science*. 1982; 27（2）: 272-278.

Deadman HA. Human Hair Comparisons Based on Microscopic Characteristics. *Proceedings of the International Symposium on Forensic Hair Comparisons*. 1985; 45-49.

Gaudette BD. *Forensic Hair Comparison*. Crime Laboratory Digest，1985; 12: 44-59.

### 实验目的

完成本实验后，学生将对以下内容有基本了解：
1. 人体毛发的一般特征
2. 使用体视显微镜直接观察毛发特征
3. 使用复合光学显微镜或比对显微镜观察毛发特征
4. 人体毛发的横截面
5. 人体毛发的比对

### 实验概述

进行人体毛发比对是为了确定人、地点、物品之间可能的关联。这种关联是通过比较宏观特征和微观特征来实现的。学会鉴别已知来源人体毛发的特征及差异，为法庭科学家鉴别和比对人体毛发奠定了基础。仔细检验已知样品和未知毛发样品，可以为侦查人员提供关于样品相似或不同的信息。

在单一来源的毛发中，我们找到了如此多样的宏观特征和微观特征，所以在进行比对时，选择恰当的样品是至关重要的。我们应从每个体区收集已知样品，这样才可能进行毛发比对。因此，如果要比较的未知样品中同时有头发和阴毛，那么，我们应从每个相应区域收集已知样品。此外，还需要已知的样品能够全面反映特定来源的一系列特征。它应该包括所有生长阶段的头发和几个特定部位的毛发。例如，应通过梳理和拉扯收集头发，以获得所有生长阶段的毛发样品，并从头部五个不同区域（中间、后面、前面和两侧）

收集。这样可以确保收集的比对样品能够展现出其来源个体特征的内部差异。在多数情况下，如果已知样品的数量充足，我们就可以找到恰当的比对样品。通常收集头发的数量为 50~100 根，阴毛的数量为 25~50 根。然而，在某些情况下，我们也可以使用更多或更少的毛发。一旦找到恰当的已知样品，就可以确定其宏观特征和微观特征。

接下来我们对未知毛发样品进行检验，以确定该特定样品所显示的宏观特征和微观特征的范围。然后，可以将这些特征与已知样品所确认的范围进行比较。

在进行人体毛发检验和比对时，应考虑大量的宏观特征和微观特征，其中许多特征在实验 15 和 15B 中讨论过。环境特征、后天特征、人工处理和疾病特征构成了附加特征，可以实现毛发样品的个体鉴别。环境特征是指那些毛发因真菌生长或昆虫叮咬而形成的特征［见图 15C-1a）和 b）］。后天特征通常涉及毛发的变化或损伤。有时，我们可能会在发干上发现血迹［见图 15C-1c）］。我们还能在头发上找到各种类型的损伤，这类特征大多数存在于发尖，然而，某些特征可能会沿着整个发干出现，如烧焦和压碎的区域［见图 15C-1d）］。人工处理是指对毛发进行的化学处理，处理结果可能是半永久性的或永久性的［见图 15C-1e）和 f）］。毛发的疾病特征很少出现，然而，当能鉴别出毛发的疾病特征时，它可能成为极为重要的特征。表 15C-1 展示了人体毛发宏观特征、微观特征及对每个特征的描述。

 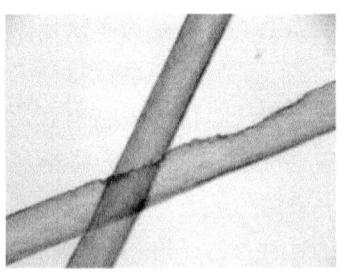

a) 真菌隧道                                  b) 昆虫叮咬

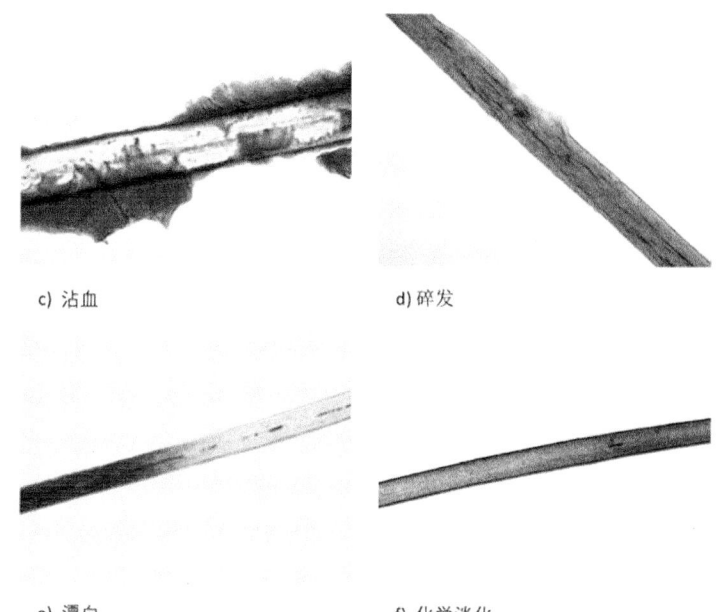

c) 沾血　　　　　　　　　d) 碎发

e) 漂白　　　　　　　　　f) 化学淡化

**图 15C-1　后天的头发特征可以通过环境条件或人工处理获得：a）真菌隧道（呈现为深色的不规则空间）是真菌生长造成的气穴；b）在被丢弃一段时间的头发上发现昆虫叮咬特征（即尘球）；c）血液会沿着发干留下有色物质；d）有时也可以确定头发的损伤类型，例如，这根头发有被压碎的部分；头发的颜色可以通过 e）漂白或 f）染色等化学方法予以改变**

表 15C-1　人体毛发宏观和微观特征汇总

| 宏观特征 | 描述 |
| --- | --- |
| 颜色 | 白色、灰色、金色、红色、棕色、黑色、其他 |
| 长度 | 通常以厘米或英寸为单位 |
| 发干形状 | 直的、波浪形、卷曲形、扭结形、弯曲形 |
| 直径 | 细、中、粗、变化 |

| 微观特征 | 描述 |
| --- | --- |
| 颜色 | 无色、黄色、红色、棕色、黑色、不透明、其他 |
| 　次要颜色 | 灰色、黄色、红色 |
| 　强度 | 浅、深 |

| 微观特征 | 描述 |
| --- | --- |
| 色素分布 | 均匀、边缘、单侧 |
| 色素颗粒颜色 | 红色、棕色 |
| 色素颗粒大小 | 小、中、大 |
| 色素颗粒密度 | 轻、中、重 |
| 色素颗粒聚集大小 | 小、中、大 |
| 色素聚集形状 | 条纹、成团、斑驳 |
| 色素聚集密度 | 轻、中、重 |
| 发干形状 | 弯曲、肩形、卷曲、起伏、扭曲、均匀 |
| 横截面形状 | 圆形、椭圆、扁平、三角形 |
| 发根特征 | |
|   发根存在 | 生长期、退行期、休止期、鞘、毛囊附着物、死后变化 |
|   发根缺失 | 方形切口、角形切口、带尾巴的角形切口、压碎、断裂、烧焦、死后变化 |
| 发干特征 | |
|   角质层厚度 | 薄、中、厚 |
|   角质层颜色 | 透明、半透明、黄色 |
|   角质层外缘 | 光滑、扁平、锯齿状、环形、粗糙、有裂纹 |
|   角质层内缘 | 不明显、色素间隙 |
|   皮质层特征 | |
|     细胞质地 | 明显、不明显、极端 |
|     卵形体 | 大小、分布、丰度 |
|     皮层梭 | 大小、形状、位置、分布、丰度 |
|   髓质层特征 | |
|     髓质连续性 | 缺失、连续、不连续 |
|     髓质外观 | 不透明、半透明、缺失 |
|     髓质宽度 | 细、中、粗、双 |
| 发尖特征 | 锥形、圆形、方形切口、角形切口、带尾的角形切口、磨损、劈裂、压碎、断裂、烧焦、刮擦 |

续表

| 微观特征 | 描述 |
|---|---|
| 人工处理 | 漂白、染发（永久性、半永久性、颜色漂洗）、永久性波浪、蓬松、头发喷雾和凝胶、营养 |
| 环境或后天特征 | 虱子、霉菌、真菌隧道、昆虫咬痕、碎片、血迹 |
| 疾病 | 环发、裂发、念珠状发、结节性脆发、套叠脆发、扭曲发、结毛症、软骨毛发发育不全、毛发纵裂病 |

　　了解人体毛发的宏观特征和微观特征，为法庭科学家开展人体毛发比对奠定了基础。人体毛发比对需要使用各种显微镜、技术和仪器。先使用体视显微镜检验毛发的宏观特征。随后，可以使用复式光学显微镜或比对显微镜进行深入检验，确定毛发样品的微观特征。要实现这一点，我们需要用到毛发的横截面并使用半永久性或永久性制片。大多数头发和阴毛样品中包含值得深入比对的特征，来自其他体区的毛发通常可以被鉴别，但往往不开展与已知样品的比对。一旦检验过已知样品，我们就可以将其与未知样品的特征进行比对。这种比对通常在比对显微镜上进行（见图15C-2）。

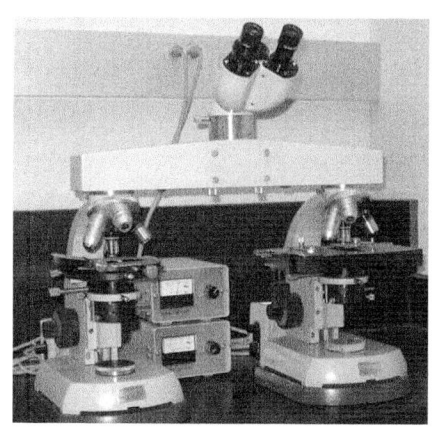

**图15C-2　蔡司比对显微镜包含两个由光桥连接的复式光学显微镜**
（这允许在一个视场内观察和比较两个样品）

　　比对显微镜由两台复式光学显微镜组成，它们由一个光桥连接。光桥包含棱镜和反射镜，用于将光引导至一组共同的目镜上。一组旋钮用于调整视野，因此，我们既可以使用某一显微镜的独立视野检验物体，也可以在两个视野组合模式下开展检验。合并后的视野可以显示每个显微镜的一部分。这允许检验人员在显微镜测微尺上并排查看两个物品（见图15C-3）。比对显微镜通常使用平移载物台，而非旋转载物台，这使得两根毛发可以被精确对齐。

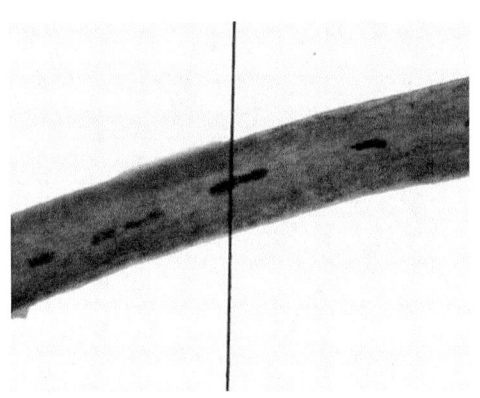

**图15C-3　在比对显微镜上看到的分割视场（这允许已知样品和未知样品在同一视场进行比对）**

如果我们能够在已知样品中找到未知毛发样品的所有特征，就可以在两者之间建立关联。然而，当就毛发潜在来源实现关联时，应当指出，与已知样品的相似性并不排除存在另一个相似来源的可能性。

## 实验设备和用品

体视显微镜

复式光学显微镜，配有各种放大倍数的物镜（如4倍、10倍、20倍、40倍）和带有测微尺的聚焦目镜

比对显微镜，配有各种放大倍数的物镜（如4倍、10倍、20倍、40倍）和带有测微尺的聚焦目镜

微型工具包

显微镜载玻片和盖玻片

封固剂（折射率在1.5~1.6范围内的无色封固剂）

指甲油和/或宝丽来胶片涂层

已知人体毛发样品

未知毛发样品

**实验安全**

使用指导老师制定的标准实验室安全程序。谨慎选择显微镜的光照强度，避免眼睛受伤。了解与封固剂相关的危险，并遵照指导老师设定的适当预防措施使用它们。将玻璃丢弃在恰当的容器中。

### 第一部分：人体毛发检验

*步骤*

针对每个样品，完成位于实验 15B 末尾的人体毛发特征工作表。工作表可在 http://www.wileyeurope.com/college/wheeler 获取。

1. 选取两个已知人体毛发样品。
2. 用体视显微镜检验第一个样品。
3. 测量样品中几根毛发的长度范围，以厘米或英寸为单位记录数值。
4. 记录可能存在的颜色，重点关注颜色的变化。
5. 记录毛发的发干形态。
6. 描述一下毛发的直径。
7. 在复式光学显微镜上设置科勒照明，确定截面形状。这可以通过制作一个横截面（必要时参考实验 15B）或进行纵向湿式制片来确定。
8. 使用湿式制片法制备毛发样品。请记住，你要获得样品特征的变化区间，所以应该检验一根以上的毛发。
9. 用复式光学显微镜检验毛发。
10. 记录毛发的微观特征：颜色、发干形态、直径、横截面、发根、角质层、皮质层、髓质层以及任何特殊的特征。
11. 画出毛发样品的四个鉴别特征，包括样品和放大倍数等信息。
12. 按照步骤 2~11 检验第二个已知人体毛发样品。

### 第二部分：人体毛发比对

*步骤*

完成位于实验 15B 末尾的未知人体毛发特征工作表。工作表也可在 http://www.wileyeurope.com/college/wheeler 获得。

1. 选取一根未知的毛发。

2. 对未知毛发重复第一部分的步骤 2~11。首先需要确定样品是否为毛发，以及属于动物还是人。

3. 将你所记录的宏观特征和微观特征与第一部分分析的已知样品进行比对，未知毛发样品是否与某一已知毛发样品相似？

4. 如果可能的话，使用比对显微镜同时检验两个样品。如果你认为样品是相似的，在未知毛发中找出与已知样品类似的特征区域。画出你所看到的发根、发尖及显示出角质层、皮质层和髓质层相似性的那段发干。

5. 报告中应包含未知毛发的编号，并说明比对结果。阐述你的理由。

## 报告要求

应包括在实验室程序中获得的所有绘图、计算或其他信息。注释和/或绘图应包括样品鉴别、放大倍数和完整的描述。

## 报告问题

1. 为什么可以进行人体毛发比对？

2. 如何进行人体毛发比对？

3. 有多少比例的人口会有类似的特征？

4. 一根毛发仅能与一人相关联吗？阐述你的理由。

5. 要确定嫌疑样品是否来自某人，应采集和检验多少根头发？为什么数量如此之多？

6. 要确定嫌疑样品是否来自某人，应采集和检验多少根阴毛？为什么数量会这么多？

7. 是否存在谋杀现场的未知毛发与已知样品相似，但此人与犯罪无关的情况？阐述你的理由。

8. 谋杀现场的未知毛发与已知样品不同，该人是否有可能参与犯罪？阐述你的理由。

# 实验 15D：对人体毛发进行 DNA 评估

**推荐实验前阅读作业**

Linch C, Smith S, Prahlow J. Evaluation of the Human Hair Root for DNA Typing Subsequent to Microscopic Comparison. *Journal of Forensic Sciences*. 1998；43（2）：305–314.

Dizinno J, Wilson M, Budowie B. Typing of DNA Derived from Hairs. In：Robertson J, ed. *Forensic Examination of Hair*. London：Taylor & Francis，1999；155–174.

## 实验目的

完成本实验后，学生将对以下内容有基本了解：
1. 毛囊发育
2. 毛发生长和生发期
3. 毛发不同生长阶段（生长期、退行期和休止期）的发根特征
4. 使用体视显微镜观察发根
5. 使用复式光学显微镜观察发根

## 实验概述

随着 DNA 技术的出现，毛发检验变得更加重要。显微镜检验提供的是物理、表型、可变和定性的信息，而 DNA 技术提供的是遗传、基因型、不变和可量化的信息。两种技术是互补的，司法鉴定工作都需要使用。

要评估发根做 DNA 检验的可能性，我们须了解毛囊和头发的生长情况。毛囊的发育需要经历几个阶段。前胚芽阶段发生在受孕后约 8 周。在这个阶段，细胞开始聚集在表皮的基底层，毛囊逐渐在表皮下面突起，成为毛胚，进入下一阶段。第二阶段在 11 周左右开始，表皮基底细胞开始变成柱状，细胞核拉长，垂直于皮肤。这就产生了外表皮的隆起，真皮层也向下生长。额外的细胞开始积累，导致真皮乳头的形成。

在毛栓阶段，细胞的继续分裂使毛胚进一步生长到真皮中，成为一列坚实的上皮。细胞以纵向推进的方式，形成一个凹形末端。毛栓前缘的细胞进一步向下推，形成真皮乳头。伸长的毛胚外层与基底层连接，形成鞘。组织

分化始于球状毛栓期。沿毛囊后侧发育两个上皮性肿物。下部肿物是隆起的部位，是立毛肌附着的地方。上部肿物含有脂质，是皮脂腺的位置。发育中的毛囊前进端变宽，包围着真皮乳头，形成毛囊的基部。毛栓的中央细胞开始向后伸长，形成毛管。现在毛囊已经形成，毛囊中的细胞开始分裂。内部的根鞘分化，形成毛锥。毛锥伸长，被下面的分裂细胞向上推。当毛锥的顶端大约到达毛囊的一半时，它开始变硬。新的毛发最终会在 19~21 周突破皮肤。最初发育的毛发被称为胎毛。这些毛发在出生前脱落，并由新的胎毛或绒毛取代。绒毛是非常柔软的，并被终毛取代。终毛是案件中常见的检验对象。

一旦毛囊发育成熟，毛发生长就开始了细胞增生、细胞分化和细胞合成的连续过程。这个连续的生长过程发生在毛囊的几个区域。这些区域的结构和发展归于毛囊的几个区域。根部是细胞分裂活跃的区域，真皮乳头最宽的部分是细胞活动最丰富之处。这个区域的细胞是未分化的，其特点是细胞核与细胞质的比例高。这些细胞积极分裂，它们有几层厚，并开始让位于将形成毛囊和毛干的同心层。这些细胞中的 20% 分化成毛囊，而其余的细胞则组成鞘。当髓质细胞开始从真皮乳头向上移动时，即可看到它们的变化。分化开始后，将出现无定形的颗粒。颗粒大小不一，并随着细胞核的向上移动而退化，变得不规则。颗粒融合，产生硬化的蛋白质，形成细胞间空间，并促进毛发纤维中心核心的生成。皮质细胞来自于毛囊周围的进一步细胞分裂。随着细胞在髓质周围向上移动，它们伸长成丝，并与毛发纤维的轴线对齐。皮质细胞在到达角质形成区时变硬并脱水。角质层细胞产生于皮质细胞周围。细胞发生变化，从毛囊向上移动，形成一个细长的扁平细胞。内外根鞘是围绕角质细胞的层结构。内根鞘的成熟和硬化形成并塑造了毛囊。外根鞘是毛囊的最外层。毛囊形成毛发纤维后将继续这一过程并进入头发生长的持续周期。持续周期由生长期、退行期和休止期组成。

生长期是新陈代谢和有丝分裂活动频繁的时期。这个阶段大约会持续 17 周到 8 年。头部 80%~90% 的毛发都处于生长期。处于生长期的毛发是有生命的，它与真皮乳头紧密相连，所以发根会发软，并可能存在鞘状物。由于它正在积极生长，根部会有色素［见图 15D-1a）和 b）］。

退行期是一个过渡时期，毛囊发生形态变化，停止生长。这个阶段大约会持续 2~3 周。头部约有 2% 的毛发处于退行期。处于退行期的头发是过渡性的，根鞘正在瓦解，所以会呈现刷子状。色素不再产生，所以根部会缺乏色素沉淀。上皮组织可能是可见的，但没有鞘状物存在［见图 15D-1c）］。

休止期是一个休整期，将持续 3~4 个月。头部约有 8% 的毛发处于休止期。毛发在休止期处于静止状态，根部没有色素沉淀或颜色。髓质存在时，与根部距离较远，没有鞘状物附着［见图 15D-1d）］。当毛发达到休止期时，它就会休息。一段时间后，新的毛发开始进入生长期。这个活动有助于将处于休止期的头发自然推出。

我们可以使用两种技术分析毛发上的 DNA：核 DNA（nDNA）和线粒体 DNA（mtDNA）。为了成功获得 DNA 检验结果，我们应根据人体毛发所处的生长阶段选取 DNA 技术类型，所以我们有必要了解毛发的生长阶段。如果毛发处于生长期，发根和鞘状物都将含有核 DNA。如果毛发处于退行期或休止期，若存在大量的毛囊附着物，就可能会含有核 DNA。如果毛发没有鞘状物、毛囊附着物或没有发根，则可能有线粒体 DNA。此时，头发的长度将极为重要，因为线粒体 DNA 技术通常需要长约 1cm 的头发。表 15D-1 比较了确定采用核 DNA 或线粒体 DNA 提取技术时使用的参数。

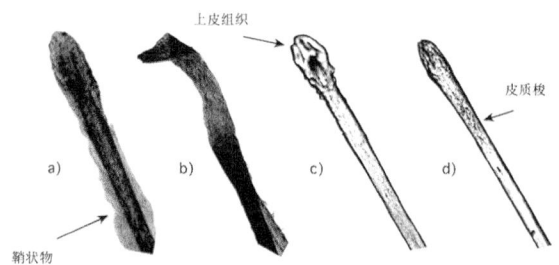

图 15D-1 a）处于生长期的发根，根部有大量的色素沉积，并有大量的鞘状物存在。b）处于退行期的发根，毛发因外力而脱落，发根的形状扭曲，但根部仍有大量的色素沉积和少量的鞘状物。c）处于退行期的发根，注意根部存在上皮组织而缺乏色素沉积。d）处于休止期的发根，根部不包含任何组织或色素沉积，但是皮质梭的形成已经开始

表 15D-1 决定 DNA 提取技术时使用的标准

| 核 NDA | 线粒体 DNA |
| --- | --- |
| • 存在鞘状物 | • 退行期的毛发 |

| 核 NDA | 线粒体 DNA |
|---|---|
| • 生长期或早期生长阶段的毛发（发根区域的细胞比进一步向下的分化细胞更容易被提取）<br><br>• 大根径<br><br>• 毛发长度，2 cm | • 毛发长度，1 cm |

处于生长期的毛发有根鞘附着，但随着毛发干燥，根鞘可能会脱落。根部将看起来很灰暗，有时可能会附着部分真皮乳头。生长期的毛发根部会出现色素颗粒。由于脱毛时需要用力，毛干可能被扭曲、拉伸或折断。处于退行期的毛发可能含有干燥的根鞘。根部可能呈现棍棒状，一般根鞘已经干枯。根部的色素减退，即使存在，也是位于较远处。休止期毛发的根部周围没有鞘状物。根部无色素沉积，也无髓质，反而会出现皮质梭。

普通人大约有 200 万个毛囊，其中约有 10 万个分布在头部。普通人每天大约脱落 100 根头发。这些头发通常处于退行期或休止期，因为它们已经准备好要脱落了。然而，除了这些头发，其他毛发也可能通过转移而成为证据。在提取 DNA 之前，应使用显微镜对毛发样品进行评估。体视显微镜提供了低放大倍数，可以查看毛发根部的初始特征。我们可以使用复式光学显微镜进行深入检验，以获取更多的细节。毛发的显微镜评估将决定采用哪种类型的 DNA 技术以获得最佳结果。

### 实验设备和用品

体视显微镜

复式光学显微镜，配有各种放大倍数的物镜（如 4 倍、10 倍、20 倍、40 倍）和配有校准测微尺的聚焦目镜

微型工具包

显微镜载玻片和盖玻片

封固剂（折射率在 1.5~1.6 范围内的无色封固剂）

人体毛发

未知毛发样品

## 安全

使用指导老师制定的标准实验室安全程序。谨慎选择显微镜的光照强度，避免眼睛受伤。了解与封固剂相关的危险，并遵照指导老师设定的适当预防措施使用它们。将玻璃丢弃在恰当的容器中。

### 第一部分：对人体毛发进行 DNA 评估

步骤

1. 使用此前学到的技术，在显微镜载玻片上制备毛发样品（或者你可以使用以前制备的毛发样品）。

2. 用体视显微镜检验毛发。

3. 如果存在发根，请记录每个发根的特征和毛发的长度。

4. 随后使用复式光学显微镜检验这根毛发。记得检查显微镜，确保样品使用科勒照明观察。

5. 检查每一个发根或毛发的微观特征。使用附录 F 中的圆形模板，画出你所观察到的现象。

6. 使用步骤 1~5 观察其他几个毛发样品。

### 报告要求

应包括在实验室程序中获得的所有绘图、计算或其他信息。注释和/或绘图应包括样品鉴别、放大倍数和完整的描述。

### 报告问题

1. 描述与毛发有关的术语：生长期、退行期和休止期。在描述每个术语时附上图画和/或例子。

2. 请列举出用于区分生长期毛发和休止期毛发的三个特征。

3. 为什么在提取 DNA 前要确定毛发的生长阶段？

4. 从毛发样品中提取核 DNA 的标准是什么？

5. 从毛发样品中提取线粒体 DNA 的标准是什么？

## 推荐和拓展阅读

Aitken CGG, Robertson J. The Value of Microscopic Features in the Examination of Human Head Hairs—Statistical-Analysis of Questionnaire Returns. *Journal of Forensic Sciences*. 1986; 31 (2): 546-562.

Barnett PD, Ogle RR. Probabilities and Human Hair Comparisons. *Journal of Forensic Sciences*. 1982; 27 (2): 272-278.

Bisbing RE. Forensic Identification and Association of Human Hair. In: Saferstein R, ed. *Forensic Science Handbook*. 2nd ed. Upper Saddle River, New Jersey: Pearson Education, 2002; 390-428.

Bruner H, Coman B. *The Identification of Mammalian Hair*. Melbourne: Inkata Press, 1974.

Deadman HA. Human Hair Comparisons Based on Microscopic Characteristics. *Proceedings of the International Symposium on Forensic Hair Comparisons*. 1985: 45-49.

Deedrick DW, Koch SL. Microscopy of Hairpart I: A Practical Guide and Manual for Human Hair. *Forensic Science Communications*. 2004; 6 (1). Accessed from http://www.fbi.gov/hq/lab/fsc/backissu/ jan2004/research/2004 01 research01b.htm.

Deedrick DW, Koch SL. Microscopy of Hairpart II: A Practical Guide and Manual for Animal Hairs. *Forensic Science Communications*. 2004; 6 (3). Accessed from http://www.fbi.gov/hq/lab/fsc/backissu/ july2004/research/2004 03 research02.htm.

Deedrick DW, Koch SL. Microscopy of Hair: A Practical Guide and Manual for Human Hair. *Forensic Science Communications* [Online]. 2004.

Degaetano DH, Kempton JB, Rowe WF. Fungal Tunneling of Hair from a Buried Body. *Journal of Forensic Sciences*. 1992; 37 (4): 1048-1054.

Dizinno J, Wilson M, Budowie B. Typing of DNA Derived from Hairs. In: Robertson J, ed. *Forensic Examination of Hair*. London: Taylor & Francis, 1999; 155-174.

Examination EVoHH. *Forensic Examination of Hair*. London: Taylor and Francis, 1999.

Forensic Science Research and Training Center (FBI Academy). *Proceedings of the International Symposium on Forensic Hair Comparisons*. Washington, DC: Laboratory Division, Federal Bureau of Investigation. For sale by the Supt. of Docs. , US GPO, 1987.

Garn SM. Examination of Hair under Polarizing Microscope. *Annals of the New York Academy of Sciences*. 1951; 53: 649-652.

Gaudette BD. Forensic Hair Comparison. *Crime Laboratory Digest*. 1985; 12: 44-59.

Hicks JW. *Microscopy of Hair: A Practical Guide and Manual*. Washington DC: Federal Bureau of Investigation, US Government Printing Office, 1977.

Higuchi R, Vonberoldingen CH, Sensabaugh GF, Erlich HA. DNA Typing from Single Hairs. *Nature*. 1988; 332 (6164): 543-546.

Houck MM, Bodowle B. Correlation of Microscopic and Mitochondrial DNA Hair Comparisons. *Journal of Forensic Sciences*. 2002; 47: 964-967.

Kolowski JC, Petraco N, Wallace MM, De Forest PR, Prinz M. A Comparison Study of Hair Examination Methodologies. *Journal of Forensic Sciences*. 2004; 49 (6): 1253-1255.

Lee HC, DeForest PR. *Forensic Hair Examination*. Newark, NJ: Matthew Bender, 1984.

Linch CA, Smith SL, Prahlow JA. Evaluation of the Human Hair Root for DNA Typing Subsequent to Microscopic Comparison. *Journal of Forensic Sciences*. 1998; 43: 305-314.

McCrone WC. Characterization of Human Hair by Light Microscopy. *Microscope*. 1998; 15-30.

Moeller MR, Fey P, Sachs H. Hair Analysis as Evidence in Forensic Cases. *Forensic Science International*. 1993; 63: 43-53.

Moore JE. A Key for the Identification of Animal Hairs. *Journal of the Forensic Science Society*. 1988; 28 (5-6): 335-339.

Moore TD, Spence LE, Dubnolle CE. *Identification of the Dorsal Guard Hairs of Some Mammals of Wyoming*. Cheyenne, WY: Wyoming Game and Fish Department, 1974.

Niyogi SK. Abnormally of Hair Shaft Due to Disease: Its Forensic Importance. *Journal of Forensic Medicine*. 1968; 15: 148-150.

Ogle RR. *Atlas of Human Hair Microscopic Characteristics*. Boca Raton, FL: CRC Press, 1998.

Ogle RR, Fox MJ. *Atlas of Human Hair*. Boca Raton: CRC, 1999.

Ogle RR, Mitosinka GT. A Rapid Technique for Preparing Hair Cuticle Scale Casts. *Journal of Forensic Sciences*. 1973; 18: 82.

Petraco N. Modified Technique for the Cross-Sectioning of Hair and Fibers. *Journal of Police Science Administration*. 1981; 9: 448.

Petraco N. Microscopical Method to Aid in the Identification of Animal Hair. *Microscope*. 1987; 83-91.

Petraco N, Fraas C, X CF, R DP. Morphological and Evidential Significance of Human Hair Roots. *Journal of Forensic Sciences*. 1988; 33: 68-76.

Quadros J, Monteiro ELD. Collecting and Preparing Mammal Hairs for Identification with Optical Microscopy. *Revista Brasileira De Zoologia*. 2006; 23 (1): 274-278.

Robertson J. *Forensic Examination of Hair*. London, England: Taylor & Francis, 1999.

Roe GM, Cook R, North C. An Evaluation of Mountants for Use in Forensic Hair Examinations. *Journal of Forensic Sciences Society*. 1991; 31: 59-65.

Shaffer SA. Protocol for the Examination of Hair Evidence. *Microscope.* 1982; 151-161.

Smith SL, Linch CA. A Review of Major Factors Contributing to Errors in Human Hair Association by Microscopy. *American Journal of Forensic Medicine and Pathology.* 1999; 20 (3): 269-273.

Spence LE. *Study of Identifying Characteristics of Mammal Hair.* Wildlife Disease Research Laboratory: Wyoming Game and Fish Commission; 1963.

Strauss MAT. Forensic Characterization of Human Hair. *Microscope.* 1983; 15-29.

Zhou Y-W, Wang Z-W. Identification of Animal Hair by Examination under Polarizing Microscope. *Sichuan Journal of Zoology.* 2006; 25 (3): 614.

# 第十六章

# 玻璃检验

## 实验 16：玻璃检验

**推荐实验前阅读作业**

Koons RD，Buscaglia J，Bottrell M，Miller ET. Forensic Glass Comparisons in Forensic Science Handbook. In：Saferstein R，ed. *Forensic Science Handbook*. 2nd ed. Upper Saddle River：Pearson Education，2002；162-213.

McCrone WC. Microscopical Characterization of Glass Fragments. *Journal of the Association of Official Analytical Chemists*. 1972；55：834-839.

McCrone WC. Microscopical Characterization of Glass Fragments. *Journal of the Association of Official Analytical Chemists*. 1974；57：668-670.

## 实验目的

完成本实验后，学生将对以下内容有基本了解：

1. 使用油浸法检验玻璃碎片
a）贝克线油浸法
b）斜照法
2. 玻璃碎片的密度比较

## 实验概述

玻璃是使用显微镜检验的常见物证之一。玻璃的主要成分是形成剂（通常是氧化硅或氧化硼）、助熔剂（通常是碳酸钠或碳酸钾）和稳定剂（通常是钙或镁）。有时，玻璃中也会添加金属氧化物，以增强耐久性、硬度、折射率（铅）、抗化学腐蚀能力（氧化铝）和耐温性（硼）。玻璃的颜色由添加元素决定，如铜（蓝色）、铬（绿色）、锰（紫色）、$Fe^{3+}$（黄褐色）和 $Fe^{2+}$（蓝绿色）。由此可知，玻璃的组成成分存在很大的差异。

**表 16-1　5 种常见玻璃的折射率**

| 玻璃类型 | $n_D^{25}$ |
| --- | --- |
| 熔融硅砂石英 | 1.459 |
| 硼硅酸盐 | 1.479 |
| 碱石灰 | 1.512 |
| 硅酸铝 | 1.530 |
| 高铅玻璃 | 1.693 |

　　折射率是可用于玻璃碎片的比对和区分的一种光学特征。使用复式或相差显微镜，通过测量玻璃的折射率，我们便很容易区分玻璃的种类。表 16-1 列出了 5 种常见玻璃及其在 25°C 时的平均折射率。在第 2 章的实验 2D 中，我们也讨论了使用贝克线油浸法确定玻璃的折射率。使用该方法时，需将玻璃碎片浸入油中，当增加载物台到物镜的距离时（通常称为提高焦距）就会观察到贝克线。提高焦距时，贝克线会朝折射率较高的介质偏移。折射率随波长和温度的变化而变化，这种现象被称为色散。我们通常在钠的 D 线（589 nm，黄橙色）处记录玻璃折射率的测量结果。进行色散分析时，也在氢的 C 线（656 nm，红色）和 F 线（486 nm，蓝色）处测量折射率。折射率的色散可以通过绘制折射率与波长的关系图或通过公式 2D-3 来确定。折射率也随温度而变化，所以做好温度控制很重要。如果不可能控制温度，则必须进行温度校正。这可以通过考虑浸油的折射率温度系数来实现。每摄氏度的变化，$-dn/dT$，被称为温度系数。市售的 Cargille™ 油在每个瓶子上都标有 $-dn/dT$。我们通常汇报物质在 25°C 时的折射率，而油浸法通常在室温 23°C 下进行。要进行测量温度矫正，需要采用以下公式：

$$n^{25} = n^{23} - (25 - 23)\frac{dn}{dT} \qquad \text{（公式 16-1）}$$

　　其中 $n^{25}$ 是 25°C 时的折射率，$n^{23}$ 是在 23°C 时得到的折射率，$dn/dT$ 是浸油瓶上标注的液体折射率温度系数的正值。

温度和折射率成反比，所以可以用下述规则来检查你的答案：当温度升高时折射率降低。折射率的色散也存在类似的关系。当在较短波长上出现折射率增加时，就会出现正常的色散。

斜照法是一种较古老的折射率测定方法，它在法庭科学检验中仍具有价值。完全打开的台下光阑，使用不透明的卡片（如名片）遮住光阑的一侧，这便是斜照法。当聚光器和遮光罩的位置正确时，大约一半的视野将变暗，而另一半则很亮。我们也可以通过部分插入附件板来模仿这种效果。折射率比浸油高的玻璃颗粒将在较暗的暗面被遮挡。表16-2中汇总了出现在玻璃颗粒上的彩色边缘提供的信息。

表 16-2　斜照法中彩色边缘的信息

| 边缘 | 获得的信息 |
| --- | --- |
| 蓝色、绿色、紫色 | 忽视这些颜色，它们很难解释 |
| 黄色 | 玻璃颗粒的折射率比浸油的折射率高 |
| 棕色 | 玻璃颗粒的折射率比浸油的折射率低 |
| 橙红色 | 玻璃颗粒的折射率与浸油的折射率相同 |
| 发亮边缘 | 玻璃颗粒的折射率比浸油的折射率低 |
| 发暗边缘 | 玻璃颗粒的折射率比浸油的折射率高 |

密度是玻璃的物理特性，有时它被用于玻璃碎片的比对和鉴别。密度被定义为单位体积的质量：

$$D = \frac{质量}{体积} \qquad （公式 16-2）$$

例如，铅的密度为 $11.3$ g/cm³，而食盐（氯化钠）的密度为 $2.2$ g/cm³。因此，一定体积的铅的重量是相同体积的盐的 $5.1$ 倍。不同类型的玻璃，其密度也存在差异，每立方厘米的质量在 $2.2$ g~$2.6$ g 范围内。当遇到大量碎片时，我们可以使用密度作为筛选标准。玻璃碎片的密度随玻璃的化学成分和加热历史而变化。在纵火案中检测玻璃密度时，必须考虑加热历史。密度的绝对测量体现的是玻璃碎片密度的数值，而密度的比较测量则用于确定两块玻璃碎片的密度是否相同。密度的绝对测量可以通过以下几种方法来完成：①沉浮法；②使用密度梯度管；③使用密度计。沉浮法需要将玻璃碎片置于液体中，调整液体密度以获得"玻璃悬浮点"。然后，我们便可以基于玻璃颗粒的密度与液体的密度相同给出结论。开展绝对密度测量时，应使用经校准的铅锤准确测定悬浮样品的液体密度。使用密度梯度管时要将不同规格的液体分层，以便确定不同的密度水平，并给出玻璃悬浮位置的密度。这两种方法都可用于绝对或比较密度测定。对于比对检验，两个碎片很容易通过它们在液体中的相对位置而区分。

密度与温度有关。通常情况下，随着温度的升高，物质的密度会降低。然而，这一概括也有例外。例如，在熔点 0°C~4°C，水的密度会随温度升高而增加。低温条件下，硅也会出现类似现象。密度比较可以在相同的室温下进行，不需要温度控制。但是，如果要测量玻璃碎片的绝对密度，则必须控制温度并记录温度。

对玻璃的物理和光学特性的了解使法庭科学家能够进行完整的玻璃检验。玻璃制造过程有严格的质量控制准则，玻璃样品之间的折射率差异和密度差异越来越小，因此未知样品和已知样品折射率比对结果的证据价值逐渐降低。然而，许多玻璃制造商现在使用各种化学成分来拓展其玻璃产品的特殊性能。这些不同的成分使每块玻璃的元素组成变得多样化。随着仪器技术的提高，元素成分分析现已成为玻璃检验中最有鉴别力的方法。

**实验设备和用品**

复合光学显微镜，带有不同倍率的物镜（如 4 倍、10 倍、20 倍、40 倍）
附件板
Cargille™油
  密度液体
  溴仿
  甲醇
  Poly-Gee™溶液（聚钨酸钠饱和溶液）
  蒸馏水
微型工具包
盖玻片
载玻片

已知折射率的玻璃碎片

已知密度的玻璃碎片

12 个未知玻璃碎片

一次性烧杯

## 实验安全

使用指导老师制定的标准实验室安全程序。谨慎选择显微镜的光照强度，避免眼睛受伤。溴仿具有极强的毒性，是可疑的致癌物。应在通风橱内使用这种化学品，并在此过程中佩戴防护眼镜和手套。

### 第一部分：油浸法测定折射率

#### 步骤

*贝克线油浸法*

1. 选择一个已知折射率的玻璃颗粒，并将其浸泡在以下材料中。

a）折射率较高的 Cargille™油。

b）折射率较低的 Cargille™油。

例如：玻璃折射率为 1.52，将其放入折射率为 1.500 和 1.540 的油中。

2. 将显微镜设置和调整为科勒照明，使用 10 倍物镜，选取一个代表性颗粒并在其边缘聚焦。使用橙色滤光片获得单色光。你将获得钠的 D 线值。

3. 完全关闭台下聚光器。使用低折射率油中的玻璃颗粒，观察贝克线，然后"向上"和"向下"聚焦，以确定玻璃碎片或浸油谁具有较高的折射率。请记住，当你向上聚焦（提高显微镜镜头，远离样品）时，贝克线将向具有较高折射率的物质偏移。当玻璃和浸油的折射率相同时，碎片将变得几乎不可见，此时将很难发现碎片或使其边缘对焦。画出你所观察到的现象。你的结论是什么？

4. 用高折射率油中的玻璃颗粒重复上述步骤。你观察到了什么？你的结论是什么？

5. 用另一种已知玻璃颗粒重复上述操作。你观察到了什么？你的结论是什么？

6. 在未知的玻璃中（1~12）选择一个样品。

7. 在老师提供的未知样品折射率范围中选择一种油。用湿式制片法制备样品。

8. 使用 10 倍物镜对玻璃颗粒进行聚焦。小心不要让任何油污沾到物镜上。如果物镜上确实有油污，你的指导老师将告诉你如何用二甲苯和镜头纸清洁它。

9. 使用粗准焦螺旋，提高焦距（增加载物台和物镜之间的距离）。观察贝克线的移动。贝克线将会向折射率较高的介质偏移。

10. 更换折射率更高或更低的油，重复上一步骤。

11. 继续尝试新油，直到你获得最小浮雕。如果你无法用任何一种浸油获得良好匹配，则可以将两种油混合使用，在玻璃颗粒中各加一滴，然后盖上盖玻片。

12. 使用附录 F 中的圆形模板，画出你在确定折射率后观察到的现象。

13. 使用温度计测量室温。如有必要，使用公式 16-2 来计算玻璃在 25°C 时的折射率，以修正折射率测量值。折射率温度系数可在与样品折射率相匹配的 Cargille™ 油瓶上找到。

14. 在圆形模板上记录匹配油和未知样品的折射率。

*斜照法*

1. 选择已知折射率的玻璃颗粒。将颗粒浸泡在折射率较高的油中。将附件板插入插槽，视野的一半将变暗。观察玻璃颗粒在明亮区以及在黑色阴影区的出现方式。它们是出现在明亮区还是黑色阴影区？用浸泡在折射率较低的油中的玻璃颗粒重复此步骤。画出你在这两种情况下观察到的现象。

2. 获得一个未知玻璃样品。使用步骤 1 中的规则，通过使用不同的油确定折射率，直到获得最小浮雕。请记住，你正在寻找一个橙色或红色的边缘作为匹配点。棕色和黄色的边缘颜色使你能够根据表 16-2 选择油的种类。当你找到匹配点时，请画出你所观察到的现象。

3. 通过贝克线油浸法检查数值。

4. 使用温度计测量室温。通过使用公式 16-2 来计算玻璃在 25°C 时的折射率，以修正折射率测量值。折射率温度系数可以在与玻璃碎片折射率相匹配的 Cargille™ 油瓶上找到。

## 第二部分：用沉浮法测定密度

此方法可确定玻璃颗粒是否会在液体中浮起、下沉或悬浮。在确定是否会浮起之前，要确保玻璃碎片已经打破了液体的表面张力。未打破液体表面张力的碎片可能会漂浮在液体表面，但实际上它的密度与液体是相同的且应该悬浮。悬浮的颗粒可能在顶部，也可能在底部，只要它不下沉到底部或浮在表面，就可以确定是悬浮的。这些实验是在室温下进行的，所以重要的是不要在非必要情况下加热试管。轻微的加热会导致玻璃碎片下沉，而轻微的冷却会导致它浮出水面。拿住试管顶部可以防止不必要的加热。虽然在大多数教育环境中并不实用，但在法庭科学实验室中，使用温度控制设备来确保绝对密度的精确测量是必要的。

### 用沉浮法测定玻璃碎片的比较密度

**补充说明**

该程序必须在通风橱内进行，因为溴仿具有剧毒，是可疑的致癌物。进行此操作时，应戴上防护眼镜和手套。

指导老师可以选择用聚钨酸钠和水代替溴仿。

### 步骤

1. 选取已知密度的玻璃样品。获取一块干净且干燥的玻璃作为密度标准。在显微镜下仔细检查，并记下任何可鉴别特征。给这块玻璃画一张草图。对每块密度标准玻璃重复上述步骤。

2. 选取未知玻璃碎片。在显微镜下仔细检查，记下任何可鉴别特征，并画出该玻璃碎片的草图。重要的是要能够鉴别每一块玻璃，因为它们有时会被放在同一个试管中。利用草图和体视显微镜就可以对玻璃样品进行辨别。未知玻璃和密度标准玻璃的大小应大致相同。

3. 将第一种密度标准玻璃放入含有少量溴仿（或二碘甲烷）的试管中。如果玻璃的密度小于溶液的密度，它将浮在液体表面。若出现这种情况，缓慢地加入一滴密度较小的甲醇。（提示：要充分混合以确保溶液均匀。）将溶液混合，观察玻璃碎片的位置。继续加入溴仿或甲醇，直到颗粒悬浮。在两次添加液体之间，必须将溶液彻底混合。

4. 加入一块大小相近、干净、干燥的未知玻璃碎片，该碎片已经过显微镜检查，并已绘制出鉴别草图。如果两块玻璃碎片的密度相同，它们将同时悬浮在液体中。如果不是，则其中一块将相对于另一块浮起或下沉。记录你观察到的现象。

5. 选取未知玻璃颗粒，用丙酮清洁它。使未知玻璃颗粒干燥，用其余密度标准玻璃重复步骤 3 和 4。

6. 与未知样品相匹配的密度标准玻璃应该与未知样品具有完全相同的反应。有可能出现与任何密度标准玻璃都不匹配的未知样品。

7. 如果发现未知样品与其中一个密度标准玻璃相匹配，则报告其密度。如果未知样品与任何密度标准玻璃都不匹配，则报告密度范围（即高于标准 3、介于标准 2 和 3 之间或低于标准 1）。阐述你的理由。报告中应包含你的鉴别草图。

## 用沉浮法测定玻璃碎片的绝对密度

**补充说明**

此流程将使用 Poly-Gee™ 溶液（聚钨酸钠饱和溶液）和水。

指导老师可选择用溴仿和甲醇进行这一程序。溴仿毒性极强，是可疑的致癌物，应在通风橱内使用，并戴上防护眼镜和手套。

### 步骤

1. 选取一块已知密度的干净且干燥的玻璃。在体视显微镜下仔细检查，并记下任何鉴别特征。

2. 将玻璃样品放入含有少量 Poly-Gee™ 溶液的试管中。玻璃很可能会浮在液体表面。缓缓加入水（密度更小），边搅拌边滴入，直到颗粒悬浮在液体的中间。（提示：为保证溶液均匀，要充分搅拌。）如果加水过多，使玻璃碎片下沉，可慢慢加入更多密度更大的 Poly-Gee™ 溶液。

3. 确定玻璃碎片的密度。玻璃碎片是悬浮的，所以它与液体的密度相同。为了确定液体的密度，精确吸取一定体积的液体，放入使用分析天平称量过的小塑料烧杯中。随后，在同一天平上称量烧杯和液体的质量。减去烧杯的质量，用公式 16-1 确定液体的密度。将已知玻璃样品的密度报告为适当的有效数字。记录本次测量时的室温。

4. 使用与已知玻璃相同的程序检验未知玻璃样品并重新检查室温。

5. 请将每块玻璃的密度报告为适当的有效数字。你将得到已知样品的密度。根据下面的公式计算出你所得到的密度百分比误差：

$$\text{误差 \%} = \left| \frac{\text{已知值} - \text{测量值}}{\text{已知值}} \right| \times 100\% \qquad （公式16-3）$$

作为你的实验报告的一部分，使用已知玻璃样品的百分比误差讨论该方法的准确性。讨论该程序潜在的误差来源。

## 报告要求

应包括在实验室程序中获得的所有绘图、计算或其他信息。注释和/或绘图应包括样品鉴别、放大倍数和完整的描述。

## 报告问题

1. 生产玻璃的主要原料是什么？

2. 这些成分含量的变化将对玻璃的折射率产生何种影响？至少举一个例子。

3. 这些成分含量的变化将对玻璃的密度产生何种影响？至少举一个例子。

4. 为什么含铅玻璃会比较闪亮？为什么含铅玻璃的折射率高？

5. 以下几类玻璃样品的密度范围是多少：硼硅玻璃、铅玻璃、碱石灰玻璃。

6. 报告应包括已知玻璃样品密度的计算过程。你认为它可能是什么类型的玻璃？

7. 报告应包括未知玻璃样品密度的计算过程。你认为未知玻璃是什么类型的玻璃？

8. 如果已知和未知玻璃样品的密度相似，你将如何进一步检验样品，以确定它们是否有共同来源？

9. 为什么在绝对密度的测量过程中温度控制很重要？在这个实验中，你可以如何控制温度？

## 实验 16A：玻璃破损的确认

**推荐实验前阅读作业**

Koons RD, Buscaglia J, Bottrell M, Miller ET. Forensic Glass Comparisons in Forensic Science Handbook. In: Saferstein R, ed. *Forensic Science Handbook.* 2nd ed. Upper Saddle River: Pearson Education, 2002; 188–189.

McJunkins SP, Thornton JI. Glass fracture analysis: A review. *Forensic Science.* 1973; 2 (1): 1–27.

### 实验目的

完成本实验后，学生将对以下内容有基本了解：
1. 浮法玻璃的制造方法
2. 浮法玻璃的鉴别
3. 玻璃的破损和撞击点的确定
4. 撞击点顺序的确定
5. 撞击点受力方向的确定

### 实验概述

大多数法庭科学玻璃检验涉及平板玻璃。平板玻璃通常用于窗户和任何含有片状玻璃的玻璃制品（如镜子、挡风玻璃、门）。目前，多数平板玻璃都是用浮法生产的。该工艺首先将原料送入混合器，然后送入熔炉。玻璃在大约 1600℃ 时完全熔化。熔化的玻璃到达熔炉的末端后，被送入加热的液体浴中，液体通常是熔化的锡。微量的熔锡与熔融的玻璃混合。在短波紫外光（254 nm）下，可以看到浮光。在无荧光背景载体表面，浮法玻璃将在短波紫外光的照射下发射白色荧光。液体非常热，所以会出现不规则的熔化，这也确保了表面的浮光。随后，熔融的玻璃进入拉片区，将玻璃拉伸到所需的宽度。玻璃的厚度是由玻璃流动的速度以及拉片机的拉伸速度共同决定的。通过拉片区后，熔融玻璃进入退火阶段。退火是指在玻璃生产过程中，通过控制加热和/或冷却来降低玻璃内部的残余应变。在该阶段，玻璃将冷却至 200℃。

冷却后，玻璃最终进入切割、堆积和装载区域。

有些玻璃还需要其他加工工艺，以满足特殊需求，钢化玻璃和夹层玻璃便是两个典型示例。

钢化是将玻璃快速加热至软化点（700°C），然后用压缩空气快速冷却的过程。钢化玻璃破碎时，会碎成小卵石一样的碎片，没有锋利的边缘。钢化玻璃的弯曲和冲击强度是同等厚度退火玻璃的3~5倍。它被用于玻璃门、汽车侧窗和后窗以及其他涉及安全问题的领域。将两层或两层以上的玻璃用塑料膜固定在一起，称为夹层玻璃。我们通常使用聚乙烯醇缩丁醛（PVB）作为塑料膜。聚乙烯醇缩丁醛被夹在玻璃之间，然后通过辊子排出所有气穴。最初的黏结是由辊筒形成的，但在加压油浴中加热到70°C左右时，可以确保黏结。夹层玻璃被称为安全玻璃，因为它在破碎时仍能保持一体。夹层通常用于有可能发生人体撞击或玻璃破碎后可能掉落的地方。有些汽车挡风玻璃顶部的着色物质实际上是聚乙烯醇缩丁醛。

玻璃受到撞击时，将向与撞击相对的一侧弯曲。当拉伸过大时，玻璃会破碎，产生径向裂纹。径向裂纹从撞击点开始，像自行车的辐条一样向外传播（图16A-1）。当它们断裂时，在裂缝的断裂边缘形成脊。这些脊被称为沃尔纳线或肋痕（图16A-2）。沃尔纳线与撞击点对侧的玻璃表面垂直，与撞击侧的玻璃表面平行。当径向裂纹向受力反方向弯曲时，将出现额外的裂纹。这些裂纹被称为同心裂纹。同心裂纹是在径向裂纹之后形成的裂纹，在撞击点周围呈环形分布，可以比作自行车的车轮（图16A-3）。径向裂纹总是先于同心裂纹产生，所以我们可以确定撞击点的顺序。图16A-4显示了可以确定顺序的三个撞击点。

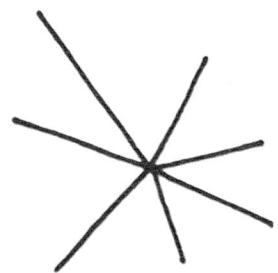

**图16A-1　径向裂纹是在撞击发生后最先出现的裂痕**

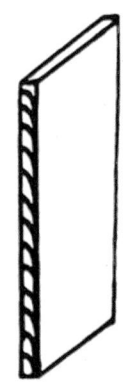

**图 16A-2　沃尔纳线**

**图 16A-3　具有径向裂纹和同心裂纹的撞击点**

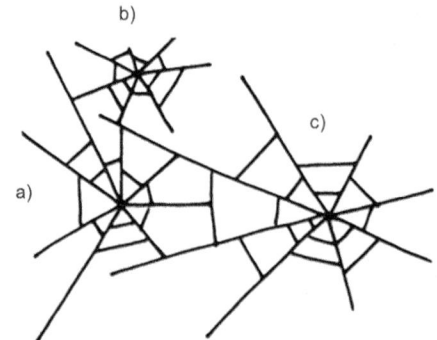

**图 16A-4　撞击顺序的确定。此处所示的撞击顺序从
第一个到最后一个分别为 c）、a）和 b）**

有时，确定造成玻璃破裂的外力是从哪一侧施加的也很重要。我们可以通过两种方法确定。检查断口上的肋痕可以确定打破玻璃的力的方向。要实现这一点，你必须首先确定撞击点。必须将部分破碎的玻璃重新组合起来，以确定撞击点。这可以让你区分径向裂纹和同心裂纹。一旦确定了撞击点，就可以应用4R规则。4R规则是：径向（Radial）裂纹的脊（Ridge）与背面（Rear）（与撞击点相对的一侧）成直（Right）角，如图16A-5所示。

我们也可以通过检查撞击点来确定受力方向。当玻璃破碎时，部分玻璃继续向前运动。在高速撞击时，会出现锥形或迎合效应。

在出口侧会形成一个比受力侧更宽的孔（图16A-6）。

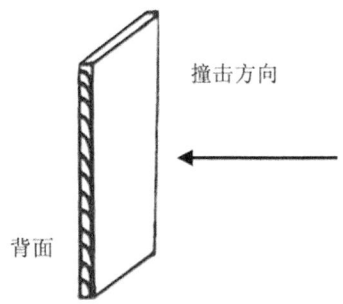

**图16A-5　径向裂纹的沃尔纳线显示从右侧施力**

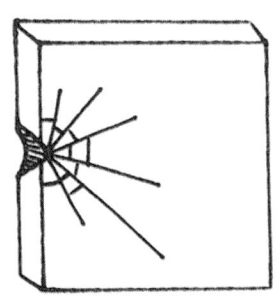

**图16A-6　锥形效应的玻璃切片**

这种检验的例外情况如下：钢化玻璃碎裂，小玻璃被紧紧地握住，无法弯曲，以及因高温或爆炸而破碎的窗户没有撞击点。

**实验设备和用品**

紫外光灯箱
破碎的浮法玻璃样品
破碎的模压玻璃样品
未知的玻璃样品

**实验安全**

使用指导老师制定的标准实验室安全程序。破碎的玻璃样品有锋利的边缘，处理时要小心。紫外光灯箱会损伤眼睛和皮肤。只能通过观察器查看样品。不要把盒子翻过来直接看灯泡。紫外光灯打开时，请勿将手放在灯下。

**第一部分：浮法玻璃的荧光**

步骤

浮法玻璃的荧光测试需要短波紫外光激发玻璃中的锡。如有可能，应在黑暗环境中进行观察。

1. 将一块已知的浮法玻璃放在紫外光灯箱内。用短波紫外光照射玻璃。观察玻璃样品的第一面。将玻璃翻转过来，观察另一面。一面或两面是否有荧光？

2. 现在在长波紫外光下观察玻璃的两面。有什么不同吗？在短波紫外光和长波紫外光下交替观察。交替使用两种光，有时会观察到不同颜色的荧光。将你所观察到的现象记录在报告中。

3. 用已知的模压玻璃样品重复步骤1和2。将你所观察到的现象记录在报告中。

**第二部分：玻璃碎片的重组**

步骤

*力的方向*

1. 选取一个装有碎玻璃片的塑料袋。

2. 仔细检查并重组浮法玻璃碎片，拼凑出完整的窗玻璃（提示：用荧光测试法确定玻璃的锡面）。画出重组的窗玻璃。

3. 确定撞击点。在你的图纸上标明这一点。

4. 鉴别径向裂纹和同心裂纹。在你的图纸上标出径向裂纹和同心裂纹。使用 4R 规则，确定力是从哪边施加的。画出径向裂纹和你用来得出结论的沃尔纳线。

5. 根据锥形效应，确定力是从哪边施加的。这个结论与你从步骤 4 得出的结论一致吗？

### *破裂顺序*

1. 选取一个装有碎玻璃片的塑料袋。

2. 仔细检查并重组浮法玻璃碎片，拼凑出完整的窗玻璃（提示：用荧光测试法确定玻璃的锡面）。画出重组的窗玻璃。

3. 确定撞击点。在你的图纸上将其标注为 "A" 和 "B"。

4. 确定撞击发生的顺序。找出你所依据的径向裂纹或同心裂纹。在你的图纸上标明这些裂纹。

## 报告要求

应包括在实验室程序中获得的所有绘图、计算或其他信息。注释和/或绘图应包括样品鉴别、放大倍数和完整的描述。

## 报告问题

1. 描述玻璃制造过程中使浮法玻璃易于鉴别的部分。

2. 用短波紫外光照射浮法玻璃，哪一面会发荧光？发荧光的是玻璃的什么成分？

3. 什么是径向裂纹？它是如何形成的？

4. 什么是同心裂纹？

5. 什么是沃尔纳线？为什么它们很重要？

6. 在图 16A-7 上：

a）标出一条径向裂纹

b）标出一条同心裂纹

c）将撞击点按以下顺序排列

1：_____　2：_____　3：_____　4：_____

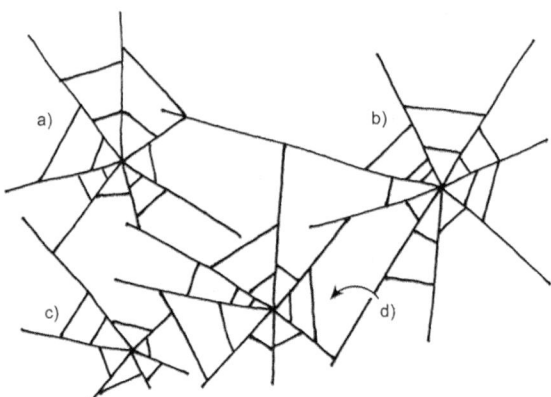

**图 16A-7　确定四个撞击点的撞击顺序**

## 推荐和拓展阅读

Almirall J. Elemental Analysis of Glass Fragments. In: Caddy B, ed. *Trace Evidence Analysis and Interpretation.* London, England: Taylor and Francis, 2001, 65-83.

Almirall JR, Cole MD, Gettinby G, Furton KG. Discrimination of Glass Sources Using Elemental Composition and Refractive Index: Development of Predictive Models. *Science and Justice.* 1998; 38 (2): 93-100.

Bennett RL, Kim ND, Curran JM, Coulson SA, Newton AWN. Spatial Variation of Refractive Index in a Pane of Float Glass. *Science and Justice.* 2003; 43 (2): 71-76.

Bottrell MC, Webb JB. Review of Forensic Interpretation of Glass Evidence. *Journal of Forensic Sciences.* 2002; 47 (4): 926-927.

Brown GA. Factors Affecting the Refractive Index Distribution of Window Glass. *Journal of Forensic Sciences.* 1985; 30 (3): 806-813.

Caddy B. *Forensic Examination of Glass and Paint: Analysis and Interpretation.* London: Ellis Horwood Ltd, 2001.

Cassista AR, Sandercock PML. Precision of Glass Refractive Index Measurements: Temperature Variation and Double Variation Methods and the Value of Dispersion. *Canadian Society of Forensic Science Journal.* 1994; 27 (3): 203-208.

Curran JM. The Statistical Interpretation of Forensic Glass Evidence. *International Statistical Review.* 2003; 71 (3): 497-520.

Curran JM, Buckleton JS, Triggs CM. Commentary on Koons RD, Buscaglia J. The Forensic Significance of Glass Composition and Refractive Index Measurements. *Journal of Forensic Sciences* 1999; 44 (3): 496-503. *Journal of Forensic Sciences*. 1999; 44 (6): 1324-1325.

Dabbs MDG, F. PE. The Variation in Refractive Index and Density across Two Sheets of Window Glass. *Journal of Forensic Sciences Society*. 1970; 10: 139-148.

Heideman DH. Glass Comparisons Using a Computerized Refractive Index Data Base. *Journal of Forensic Sciences*. 1975; 20 (1): 103-108.

Koons RD, Buscaglia J, Bottrell M, Miller, E. Forensic Glass Comparisons. In: Saferstein R, ed. *Forensic Science Handbook*. 2nd ed. Upper Saddle River, New Jersey: Pearson Education, 2002; 161-213.

Koons RD, Buscaglia JA. The Forensic Significance of Glass Composition and Refractive Index Measurements. *Journal of Forensic Sciences*. 1999; 44 (3): 496-503.

Lambert JA, Satterthwaite MJ, Harrison PH. A Survey of Glass Fragments Recovered from Clothing of Persons Suspected of Involvement in Crime. *Science and Justice*. 1995; 35 (4): 273-281.

Locke J. Improvements in the Use of Silicone Oils for the Determination of Glass Refractive Indices. *Journal of the Forensic Science Society*. 1982; 22: 257-262.

Locke J, Scranage JK. Breaking of Flat Glass. Part 3: Surface Particles from Windows. *Forensic Science International*. 1992; 57: 73-80.

Locke J, Unikowski JA. Breaking of Flat Glass. Part 1: Size and Distribution of Particles from Plain Glass Windows. *Forensic Science International*. 1991; 51: 251-262.

Locke J, Unikowski JA. Breaking of Flat Glass. Part 2: Effect of Pane Parameters on Particle Distribution. *Forensic Science International*. 1992; 56: 95-106.

Luce RJ, Buckel JL, McInnis I. A Study on the Backward Fragmentation of Window Glass and Transfer of Glass Fragments to Individual's Clothing. *Canadian Society of Forensic Science Journal*. 1991; 2: 79-89.

McCrone WC. Microscopical Characterization of Glass Fragments. *Journal of the Association of Official Analytical Chemists*. 1972; 55: 834-839.

McCrone WC. Microscopical Characterization of Glass Fragments. *Journal of the Association of Official Analytical Chemists*. 1974; 57: 668-670.

McJunkins SP, Thornton JI. Glass Fracture Analysis: A Review. *Forensic Science*. 1973; 2 (1): 1-27.

Michalske TA, Bunker BC. The Fracturing of Glass. *Scientific American*. 1987; 12: 122-129.

Newton AWN, Curran JM, Triggs CM, Buckleton JS. The Consequences of Potentially

Differing Distributions of the Refractive Indices of Glass Fragments from Control and Recovered Sources. *Forensic Science International*. 2004; 140 (2-3): 185-193.

Newton AWN, Kitto L, Buckleton JS. A Study of the Performance and Utility of Annealing in Forensic Glass Analysis. *Forensic Science International*. 2005; 155 (2-3): 119-125.

Pounds CA, Smalldon KW. The Distribution of Glass Fragments in Front of a Broken Window and the Transfer of Fragments to Individuals Standing Nearby. *Journal of Forensic Science Society*. 1978; 20: 274-282.

Rhodes EF, Thornton JI. The Interpretation of Impact Fractures in Glassy Polymers. *Journal of Forensic Sciences*. 1975; 29: 274-282.

Springer E, Zeichner A. The Breaking of Tempered Glass Vehicle Windows Using Broken Spark Plug Insulators. *Journal of Forensic Sciences*. 1986; 31: 691-694.

Suzuki Y, Sugita R, Suzuki S, Marumo Y. Forensic Discrimination of Bottle Glass by Refractive Index Measurement and Analysis of Trace Elements with Icp-Ms. *Analytical Sciences*. 2000; 16 (11): 1195-1198.

Thornton JI, Cashman PJ. Glass Fracture Mechanism: A Rethinking. *Journal of Forensic Sciences*. 1986; 24: 101-108.

Zadora G. Glass Analysis for Forensic Purposes—a Comparison of Classification Methods. *Journal of Chemometrics*. 2007; 21: 174-186.

# 第十七章

# 纤维检验

## 实验 17：纺织纤维检验

**推荐实验前阅读作业**

Carroll GR. *Forensic Examination of Fibres*. London, England: Ellis Horwood, Ltd., 1992; 99-105.

Eyring MB, Gaudette BD. An Introduction to the Forensic Aspects of Textile Fiber Examination. In: Saferstein R, ed. *Forensic Science Handbook*. Upper Saddle River, NJ: Pearson Education, 2005; 245-261.

### 实验目的

完成本实验后，学生将对以下内容有基本了解：

1. 纺织纤维的一般特征
2. 使用体视显微镜直接观察纺织纤维的特征
3. 使用偏振光显微镜直接观察纺织纤维的特征
4. 制备和观察纤维的横截面
5. 纤维的折射率
6. 延长符号
7. 染色和着色的纤维

### 实验概述

由天然纤维和人造纤维制造的物品围绕着我们。因此，人们会发现自己不断地接触到织物和组成它们的纤维。天然纤维的特征往往比较有限，通常检验其颜色和常规纤维类型。人造纤维所拥有的特征有时会使深入比对成为可能。由于这一事实，纤维的显微镜检验结果可在法庭上作为间接证据。这种证据通常与其他法庭科学证据联合使用。纤维检验是为了确定人、地点、物体之间可能的关联。

纤维可以分为两种主要类型：天然纤维和人造纤维。通过宏观特征和微观特征，我们便可以很容易地区分二者。天然纤维是来自植物、动物或矿物的纤维，由于其结构，我们可以在显微镜下对其进行鉴别。人造纤维是由天然或化学原料制成的。以天然成分为基础的人造纤维被称为天然聚合物，它们可能由再生纤维素或再生蛋白质组成。基于化学成分的人造纤维被称为合成纤维，由于其独特的微观特征，它们也很容易被鉴别。

如前所述，天然纤维来源于植物、动物或矿物。植物纤维可以来源于植物的任何部分：茎、韧皮部、叶、果实和种子。由于细胞壁的存在及细胞壁和管腔的特点，我们很容易鉴别出植物纤维。在显微镜检验过程中，我们还需要注意以下宏观特征的存在或缺乏：凹坑、螺旋状增厚、卷曲、壁厚、横纹、晶体、束和长度。动物纤维一般来源于动物的"毛发"。正因如此，它们也很容易通过其微观特征被鉴别。鳞片边缘的外观、鳞片边缘的距离和鳞片形态，以及其他形态学特征，都可以用来鉴别动物纤维。矿物纤维属于无机纤维，是石棉或矿棉。由于存在消光特征，这些纤维也很容易被鉴别。

由于人造纤维是通过机械手段产生的，某些微观特征保持一致。在对人造纤维进行显微镜检验时，我们需要关注以下特征的存在或缺乏：颜色、光泽、厚度、包裹体、横截面、纤维内部特征的变化、双折射、多色性和延长符号。

纤维检验涉及各种显微镜、技术和其他仪器的使用。检验通常是为了鉴别纤维，然后在必要时，将纤维检材与已知来源的纤维进行比较。可使用体视显微镜检查纤维的颜色，并确定其是天然纤维还是人造纤维。长度、卷曲和直径等特征也可以在这一过程中观察到。

我们可以使用偏振光显微镜进行深入检验，以确定其光学性能，如折射率、双折射和延长符号。纤维的折射率是光在通过纤维时被减缓的程度。纤维有两种折射率：平行于长轴的（n-平行）和垂直于长轴的（n-垂直）。折射率是通过使纤维的长轴平行和垂直于偏振平面来确定的。贝克线油浸法也可用于测定折射率。贝克线是出现在颗粒边界的明亮晕轮。当焦距上下调整时，这个晕轮会移动。随着显微镜工作距离的增加，贝克线会向折射率较高的介质偏移。

纤维的双折射有助于鉴别纤维。我们也可以使用经校准的目镜测微尺测量纤维的厚度。使用这两个特征和米歇尔-勒维双折射图或表格数据（如在附录 A 和 B 中找到的数据），我们便可以确定纤维的种类。对于天然纤维，折射率并非区分力很强的特征，然而，它仍不失为一个鉴别特征。常见的植物纤维和动物纤维的折射率见附录 A。矿物纤维可能有三种折射率，视品种而定。附录 A 中也包含了矿物纤维的数据。对于人造纤维，折射率更为重要，因为它可用于区分不同种纤维及其制造商。常见人造纤维的折射率见附录 B。

另一个鉴别特征是延长符号。如果 n-平行大于 n-垂直，那么延长符号被认为是正的。反之，则说延长符号为负。延长符号可以通过两种方法确定：①当使用浸油时，延长符号可以通过 n-平行减去 n-垂直来确定；②通过在光路中插入补偿器来确定。当插入补偿器时，延迟将被增加或减少。可以用米歇尔-勒维双折射图作为参考来确定延迟是增加（增加到高阶）还是减少（依次减少）。

除了纤维的整体颜色，我们还应该评估其微观颜色。纤维的颜色可能在其长度方向均匀一致，也可能有差异。同一个样品中的不同纤维的颜色也可能存在颜色变化。当纤维是染色、表面染色或是着色时，显微镜检验将显示出其不同之处。染色和表面染色是在纤维生产后进行的化学染色。着色纤维是在制造过程中着色的，因此只有人造纤维才会被着色。我们应考虑到颜料颗粒的大小、形状和分布。某些纤维可能还含有消光剂。消光剂是用于降低人造纤维光泽的颜料颗粒。二氧化钛常用作消光剂。

其他的微观特征（包括横截面和溶解度）也可以在纤维检验过程中得到检测。纤维的横截面形状是一种有助于确定纤维类型和用途的特征（图 17-1）。

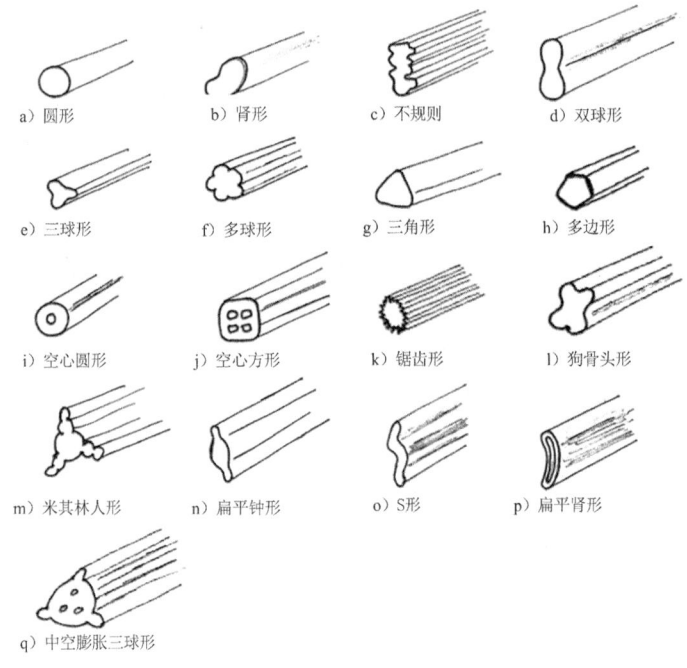

a) 圆形　　b) 肾形　　c) 不规则　　d) 双球形

e) 三球形　　f) 多球形　　g) 三角形　　h) 多边形

i) 空心圆形　　j) 空心方形　　k) 锯齿形　　l) 狗骨头形

m) 米其林人形　　n) 扁平钟形　　o) S形　　p) 扁平肾形

q) 中空膨胀三球形

**图 17-1　纤维常见的横截面和纵剖面**

　　天然纤维具有非常独特的细胞形态。人造纤维则因制造工艺而产生不同的形状。多样化的横截面形状彼此差异比较大：圆形、双球形、三球形、多球形、三角形、狗骨头形和不规则等。纤维的溶解度实验有助于鉴别天然纤维和人造纤维。溶解度实验包括根据鉴别方案，发现纤维与各种溶剂之间可能的反应。虽然这种方法具有破坏性，但我们可以从溶解度实验中获取宝贵信息。

　　分析仪器也可用于进一步鉴别特定纤维特征。热显微镜（实验24）、傅立叶显微红外光谱法（实验22）、荧光显微镜（实验4A）、紫外-可见-近红外显微分光光度法（实验23）和薄层色谱法均可检验纤维。

　　我们可以很容易地通过宏观特征和微观特征区分天然纤维和人造纤维。大多数天然纤维（植物和动物）含有多样化的细胞特征，使其在微观上很容易辨别。矿棉和石棉纤维具有消光性，这构成了它们的微观特征。人造纤维有许多记录在案的微观特征，这也使得鉴别成为可能。

**实验设备和用品**

体视显微镜

偏振光显微镜，配有各种放大倍数的物镜（如 4 倍、10 倍、20 倍、40 倍）和带测微尺的聚焦目镜

微型工具包

显微镜载玻片和盖玻片

封固剂（折射率在 1.50~1.70 范围内的无色封固剂）

植物纤维（亚麻、苎麻、黄麻、大麻、剑麻、椰子壳纤维、木棉、棉、牛角瓜纤维、蕉麻、菽麻）

动物纤维（羊毛、马海毛、羊驼毛、安哥拉兔毛、羊绒、骆驼毛、美洲驼毛、蚕丝）

矿物纤维（石棉和矿棉）

以天然成分为基础的人造纤维（醋酸纤维、三醋酸纤维、人造丝、莱赛尔纤维）

合成纤维（尼龙、聚酯、腈纶、改性腈纶、烯烃）

**实验安全**

使用指导老师制定的标准实验室安全程序。谨慎选择显微镜的光照强度，避免眼睛受伤。了解与封固剂相关的危险，并遵照指导老师设定的适当预防措施使用它们。将玻璃丢弃在恰当的容器中。

特别预防措施：石棉是一种致癌物，使用其开展工作时需要通风。含石棉材料的处置应遵循美国国家环境保护局的指导方针。

**第一部分：纤维检验**

步骤

使用位于本实验末尾的纤维特征工作表，该工作表可在 http://www.wileyeurope. com/college/wheeler 上获取。

1. 使用体视显微镜检验纤维。记录它的颜色、长度和纵向形状。

2. 为偏振光显微镜设置科勒照明。确定横截面形状。这可以通过制作一

个横截面切片（制作横截面切片的程序在第 15 章实验 15B 中概述）完成，将其与图 17-2 中的横截面进行比较，或查看下一步所述的经湿式制片法制备的纤维样品。

3. 使用湿式制片法制备纤维样品，在非偏振光下观察纤维。确定直径和纵向形状。画出你所观察到的现象。记录所有形态特征或微观特征。将纤维旋转 90°，记录旋转时你所观察到的任何变化。然后将纤维转回到原位置。

4. 在正交偏振光下检验纤维。画出你所观察到的现象。

5. 将纤维旋转 90°，记录旋转时你所观察到的变化。记录观察到的任何附加特征。

6. 使用更高放大倍数的物镜，重复步骤 1~5。

7. 重复步骤 1~6，检验所有分配给你的纤维样品。

8. 将你所检验的每个纤维的特征制作成图表。必须记录的特征有横截面形状、纵向形状、直径、双折射和消光点。同时，也要记录下其他特征，如颜色、条纹和细胞结构等。

## 报告要求

应包括在实验室程序中获得的所有绘图、计算或其他信息。注释和/或绘图应包括样品鉴别、放大倍数和完整的描述。

## 报告问题

1. 纤维的两大类别是什么？

2. 天然纤维的三种类型是什么？请为每种类型举个例子。纤维是由什么组成的？

3. 人造纤维与天然纤维有何不同？

4. 人造纤维有哪些类型？请为每种类型举个例子，并提供其化学成分。

5. 所有天然纤维共同拥有的特征是什么？

6. 石棉是各向同性的还是各向异性的？

7. 哪两个微观特征可用于区分腈纶纤维和聚酯纤维？

## 纤维特征工作表

宏观特征：
　　颜色＿＿＿＿＿＿＿＿＿＿＿＿＿＿＿＿＿＿＿＿＿＿＿＿＿＿
　　长度＿＿＿＿＿＿＿＿＿＿＿＿＿＿＿＿＿＿＿＿＿＿＿＿＿＿
　　纵向形状＿＿＿＿＿＿＿＿＿＿＿＿＿＿＿＿＿＿＿＿＿＿＿＿

微观特征：
　　颜色＿＿＿＿＿＿＿＿＿＿＿＿＿＿＿＿＿＿＿＿＿＿＿＿＿＿
　　直径＿＿＿＿＿＿＿＿＿＿＿＿＿＿＿＿＿＿＿＿＿＿＿＿＿＿
　　纵向形状＿＿＿＿＿＿＿＿＿＿＿＿＿＿＿＿＿＿＿＿＿＿＿＿
　　横截面形状＿＿＿＿＿＿＿＿＿＿＿＿＿＿＿＿＿＿＿＿＿＿＿
　　其他＿＿＿＿＿＿＿＿＿＿＿＿＿＿＿＿＿＿＿＿＿＿＿＿＿＿

微观光学属性：
　　折射率：　　　　　　　　n-平行＿＿＿＿＿＿＿
　　　　　　　　　　　　　　n-垂直＿＿＿＿＿＿＿
　　双折射＿＿＿＿＿＿＿＿＿＿＿＿＿＿＿＿＿＿＿＿＿＿＿＿＿
　　消光点＿＿＿＿＿＿＿＿＿＿＿＿＿＿＿＿＿＿＿＿＿＿＿＿＿
　　延长符号＿＿＿＿＿＿＿＿＿＿＿＿＿＿＿＿＿＿＿＿＿＿＿＿
　　多向色性＿＿＿＿＿＿＿＿＿＿＿＿＿＿＿＿＿＿＿＿＿＿＿＿
　　紫外荧光＿＿＿＿＿＿＿＿＿＿＿＿＿＿＿＿＿＿＿＿＿＿＿＿
　　熔点＿＿＿＿＿＿＿＿＿＿＿＿＿＿＿＿＿＿＿＿＿＿＿＿＿＿
　　溶解度＿＿＿＿＿＿＿＿＿＿＿＿＿＿＿＿＿＿＿＿＿＿＿＿＿
　　　　　＿＿＿＿＿＿＿＿＿＿＿＿＿＿＿＿＿＿＿＿＿＿＿＿＿
　　　　　＿＿＿＿＿＿＿＿＿＿＿＿＿＿＿＿＿＿＿＿＿＿＿＿＿
　　荧光＿＿＿＿＿＿＿＿＿＿＿＿＿＿＿＿＿＿＿＿＿＿＿＿＿＿
　　其他＿＿＿＿＿＿＿＿＿＿＿＿＿＿＿＿＿＿＿＿＿＿＿＿＿＿

仪器参数：
　　傅立叶显微红外光谱仪＿＿＿＿＿＿＿＿＿＿＿＿＿＿＿＿＿＿
　　紫外-可见-近红外显微分光光度计＿＿＿＿＿＿＿＿＿＿＿＿＿

## 实验 17A：天然纤维检验

**推荐实验前阅读作业**

Textile Institute. *Identification of Textile Materials.* 7th ed. Manchester, England：The Textile Institute, 1975.

Eyring MB, Gaudette BD. An Introduction to the Forensic Aspects of Textile Fiber Examination. In：Saferstein R, ed. *Forensic Science Handbook.* Upper Saddle River, NJ：Pearson Education, 2005；263-265.

Palenik SJ. Microscopical Examination of Fibres. In：Robertson J, Grieve M, eds. *Forensic Examination of Fibres.* London：Taylor and Francis, 1999；160-176.

### 实验目的

完成本实验后，学生将对以下内容有基本了解：

1. 天然纤维的一般特征：植物、动物、矿物

2. 使用体视显微镜观察和鉴别天然纤维的特征

3. 使用偏振光显微镜观察和鉴别天然纤维的特征

4. 确定天然纤维的横截面形状

5. 天然纤维折射率的测量

6. 使用荧光显微镜观察天然纤维的特征

7. 使用补充实验鉴别天然纤维

a）捻度实验

b）比灵汉实验

c）赫尔佐格实验

d）燃烧实验

e）溶解度实验

### 实验概述

洛卡德交换原理指出，两个物体只要接触，就会发生物质交换。这个原理同样适用于纤维物证。只要两个物体之间、两个人之间或人和物体之间发

生接触，纤维就很容易脱落并转移。因此，纤维检验经常用于将人与物品或场景相关联。这使得纤维成为法庭科学调查的重要信息来源。

天然纤维来自植物、动物或矿物，具有多样化的宏观特征和微观特征，有时我们可对某一特定来源的样品进行鉴别和深入关联。基于这一事实，我们在案件工作中经常检验纤维物证。下文将讨论常见的植物、动物和矿物纤维的微观特征。

### 植物纤维

对天然植物纤维的检验包括观察纤维细胞的微观特征。观察纤维的纵向和横截面属性，将使法庭科学家能够确定其微观特征。应注意细胞的形状、细胞壁的相对厚度、细胞的长度和大小、管腔的厚度、纤维束的形状以及晶体的存在等特征。

种子毛发纤维

● 棉纤维：棉纤维是从草本灌木、陆地棉、海岛棉、亚洲棉和草本棉中提取的。棉纤维中95%的基础成分为纤维素。它们具有锥形两端，并沿着毛干扭曲或卷曲，偶尔反转，类似于扁平的、扭曲的丝带。棉纤维一般有一个中心管，而在毛尖处一般没有管腔和卷曲。在正交偏振光下，我们可以很容易地区分棉纤维与其他天然纤维，因为其他天然纤维在载物台旋转时不会有消光现象，而会在所有方向上都保持明亮〔见图 17A-1a）〕。

● 木棉纤维：木棉纤维是从木棉科植物爪哇木棉或马拉巴木棉的种子荚中提取的。它们具有锥形两端，一般是光滑、呈圆柱形、空心、薄壁的纤维，有时是扁平的。纤维一端渐渐变细，另一端有球状基部，有环网状斑纹。

● 牛角瓜纤维：牛角瓜纤维来自白花牛角瓜的种子毛，它们类似于木棉纤维，但没有网状增厚的特征。

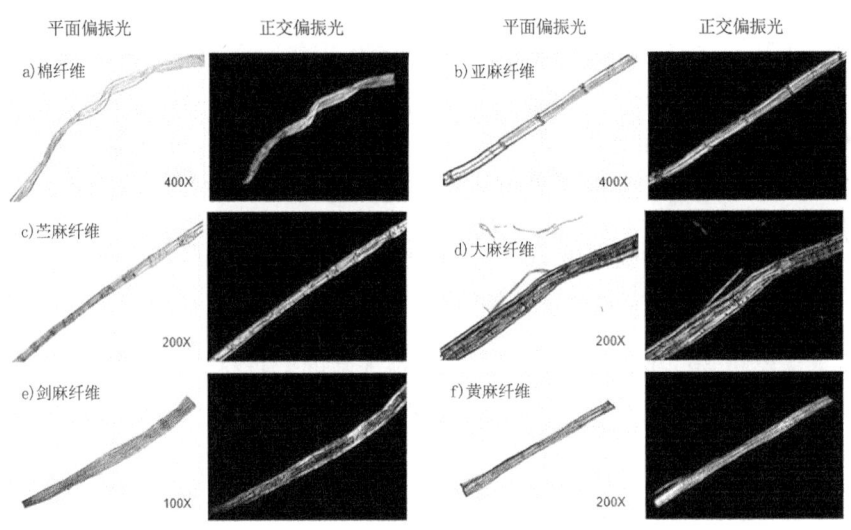

**图 17A-1　平面偏振光和正交偏振光下常见的天然纤维**

### 韧皮纤维

• 亚麻纤维：亚麻纤维来自亚麻科，它是直的，其横截面为圆形-多边形，通常有明显的纵向条纹。亚麻纤维有一个薄的、不明显的管腔。亚麻纤维是很容易区分的，因为在正交偏振光下观察时，它有轻微增厚的节，这些节可以呈 X、Y、V 或 I 型［见图 17A-1b）］。

• 大麻纤维：大麻纤维来自一年生植物大麻。大麻纤维是无色的圆柱体，表面不规则，会有关节和裂缝，类似于亚麻纤维。有时，未经处理的麻束表面可能会出现晶体。横截面呈多边形，边缘呈圆形。管腔一般较宽，且呈扁平状。可用捻度实验进一步区分亚麻纤维和大麻纤维［见图 17A-1d）］。

• 菽麻纤维：菽麻纤维是从豆科植物菽麻的茎中获得的，在显微镜下类似于大麻纤维，但不存在大麻纤维中可以发现的晶体。

• 黄麻纤维：黄麻纤维来自于一年生黄麻属科草本植物。黄麻纤维两端逐渐缩小，一般是光滑的圆柱形，偶尔有斑纹。细胞壁较厚，管腔不规则，有缢缩现象［见图 17A-1f）］。

• 苎麻纤维：苎麻纤维从苎麻的茎中获得。苎麻纤维是圆柱形的，有节状脊和纵向条纹。细胞壁很厚，管腔清晰［见图 17A-1c）］。

叶纤维（硬纤维）

● 剑麻纤维：剑麻纤维从植物龙舌兰剑麻中获得。剑麻纤维呈圆柱形，向中间扩大，末端钝和厚。细胞壁很厚，有一个圆形的多边形腔，大而不突出，也可能存在棒状晶体［见图17A-1e)］。

● 蕉麻纤维：蕉麻纤维来自植物蕉麻。蕉麻纤维可通过硅石条（小硅石细胞）这一特征予以鉴别。这些硅石条存在于邻近纤维的纵轴上。

其他

● 椰壳纤维：椰壳纤维是从可可树植物的果实或果壳中获得的。椰壳纤维较短，有明显的波浪形轮廓。

**动物纤维**

动物纤维值得注意的形态特征包括毛根、髓质和角质层。鳞片的大小和形状也可能是有用的特征。鳞片铸模对区分某些动物纤维很有用。

● 羊毛纤维：羊毛纤维是从几种羊身上获得的。羊毛纤维呈无色的圆柱形，具有可见的、突出的、重叠的鳞片结构。羊毛纤维的边缘呈锯齿状和波浪状［见图17A-2b)］。

● 马海毛纤维：马海毛纤维来自安哥拉山羊。在马海毛纤维上发现的鳞片结构呈模糊的、不规则的波浪式马赛克形态［见图17A-2d)］。

● 羊绒纤维：羊绒纤维是从开士米羊身上获得的。羊绒纤维一般比马海毛纤维更长、更均匀。鳞片结构呈现波浪形、不规则的形态。

● 骆驼毛纤维：骆驼毛来自骆驼的外层粗毛和内层细皮毛。骆驼毛纤维有模糊的鳞片，从纤维的边缘稍微突出，它们的横截面一般为圆形或略微椭圆形。

● 美洲驼毛纤维：美洲驼毛纤维通常来自大羊驼。骆马毛和小羊驼毛也用于制作此类纤维。美洲驼毛纤维通常是光滑的，直径较细。

● 蚕丝纤维：蚕丝来自于家蚕的蚕茧。蚕丝一般是连续的丝带，横截面为小楔形或多边形。蚕丝每隔一段就会出现倾斜凹陷［见图17A-2a)］。

● 兔毛纤维：兔毛纤维是由兔子的两部分毛发组成的：针毛和细皮毛。鳞片形态沿着兔毛纤维纵向变化。髓质形态很有特点［见图17A-2c)］。

● 马毛纤维：马毛纤维来自于马的鬃毛和尾巴，可以通过粗度和冠状鳞片形态来区分。

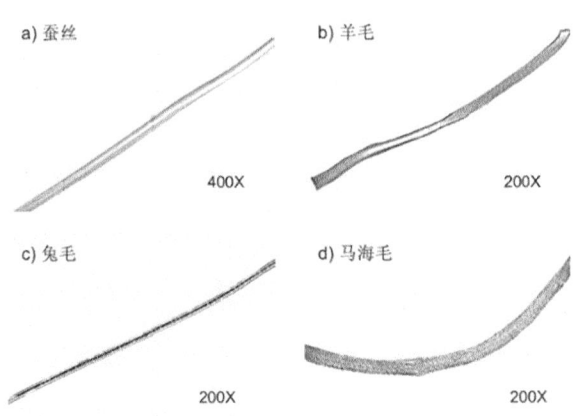

a) 蚕丝 400X

b) 羊毛 200X

c) 兔毛 200X

d) 马海毛 200X

**图 17A-2 平面偏振光下常见的动物纤维**

## 矿物纤维

石棉是最为常见的矿物纤维或无机纤维。各向同性的特征使这些纤维易于鉴别。

• 石棉：这是一个通用术语，指的是几种常见的结晶性无机硅酸盐的天然纤维。这些纤维可通过其各向同性或低双折射予以区分。石棉有许多种类，其中几种如图 17A-3 所示。温石棉是最常见的石棉。

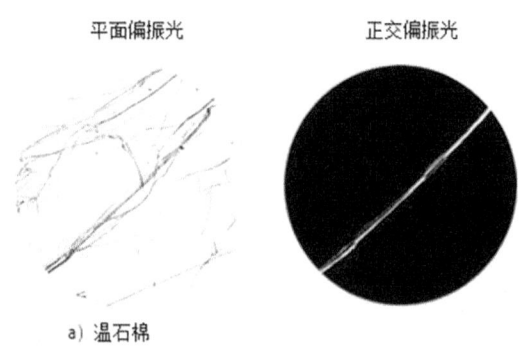

平面偏振光　　　　正交偏振光

a) 温石棉

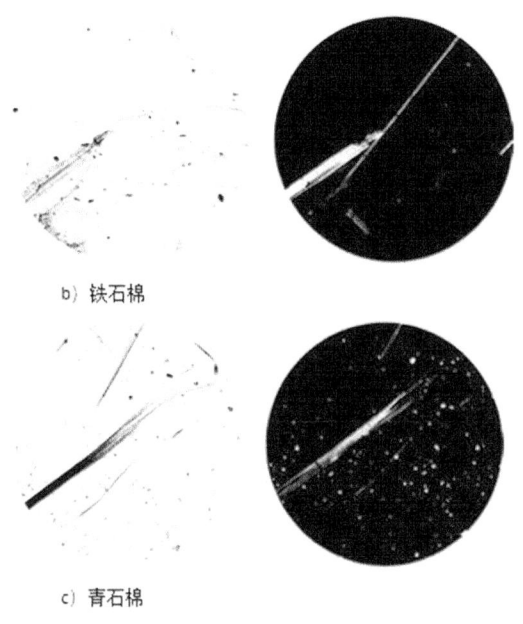

b）铁石棉

c）青石棉

**图 17A-3　平面偏振光和正交偏振光下常见的石棉**

对天然纤维宏观特征和微观特征的了解，使得法庭科学家能够开展天然纤维检验。纤维检验需要使用各种显微镜、技术和仪器。先使用体视显微镜检验纤维的宏观特征。随后，可以使用复式光学显微镜或比对显微镜进行深入检验，以确定纤维的微观特征。

对所有纤维均适用的两个鉴别特征是折射率和双折射。对于天然纤维，这些并非最具区分力的特征，但它们仍是重要特征。折射率通常由贝克线油浸法（实验 3B）或色散染色法（实验 2D）确定。纤维的双折射也可能有助于鉴别纤维（实验 3B）。一旦确定了纤维的双折射，我们就可以测量纤维的厚度（实验 2B）。掌握厚度和双折射后，我们就可以用米歇尔-勒维干涉图（附录 C）和表格数据（在附录 A 和 B 中）鉴别纤维。

纤维的另一个鉴别特征是延长符号（实验 3C）。如果平行于纤维的光的折射率大于垂直于纤维的光的折射率，则称延长符号为正。反之，延长符号为负。

对于天然纤维，许多其他微观特征是更好的鉴别点。细胞的形状、细胞壁的相对厚度、细胞的长度和大小、管腔的厚度、纤维束的形状，以及植物细胞的晶体存在和动物细胞多样化形态特征，都是非常好的鉴别特征。光学漂白剂、染料、污染物（如油、脂肪等）、黏合剂、颜料、牙膏和假牙清洁剂、食品、化妆品、油漆和土壤的荧光，这些特征均可能被观察到。为了寻找这些特征，我们需要使用横截面和半永久性或永久性制片。

在天然纤维检验过程中，我们还可以进行的实验有捻度实验、比灵汉实验、赫尔佐格实验、燃烧实验或溶解度实验。捻度实验用于区分 S 型捻和 Z 型捻的纤维，并依靠在热板上快速加热湿纤维，观察它们的解捻情况。在此实验中，S 型捻纤维（亚麻纤维、苎麻纤维）会顺时针转动，而 Z 型捻纤维（大麻纤维、黄麻纤维、蕉麻纤维、剑麻纤维）会逆时针转动。棉纤维和椰壳纤维的反应是不规则的。

比灵汉实验是一种使用次氯酸钠对纤维进行染色的化学实验。它常用于区分剑麻纤维和蕉麻纤维。蕉麻纤维将被染成橙色，而所有其他叶纤维则被染成淡黄色。此实验应仅在未染色的纤维上进行，否则结果可能会产生干扰。

另一种可用于确定捻度的实验是赫尔佐格实验。该实验可确定在正交偏振光下，纤维在东西向上的延迟是增加还是减少。S 型捻纤维（棉纤维、亚麻纤维和苎麻纤维）显示出轻微的加法效应，而 Z 型捻纤维（黄麻纤维、大麻纤维、剑麻纤维和蕉麻纤维）显示出轻微的减法效应。

燃烧实验可以用于鉴别天然纤维。这种实验根据纤维在接近火焰时、进入火焰时和离开火焰时的表现对纤维进行分类。在此过程中所产生的灰烬和气味也是重要的特征。

当鉴别天然纤维时，纤维在不同溶剂中的溶解行为也可以提供附加特征信息。我们通常使用各种不同极性和酸度的溶剂检验纤维的溶解行为。这里会用到"相似相溶"原理。含有极性基团（如氧）的纤维更容易溶解在极性溶剂中。大多数纤维的溶解行为可以在文献中找到。然而，我们需要使用已知纤维样品进行实验，并将结果与未知纤维样品进行比较[1]。

天然纤维有多种用途。表 17A-1 列出了一些较为常见的用途。

---

[1] Identification of Fibers in Textile Materials；DuPont Technical Information Bulletin X‑176，December 1961.

表 17A-1　天然纤维的常见用途

| 纤维类型 | 常见用途 |
| --- | --- |
| 棉纤维 | 多种等级和类型的纺织产品、绳索 |
| 木棉纤维 | 填充枕头、床垫，救生衣、救生带、浮标和其他水上安全用品 |
| 牛角瓜纤维 | 和木棉纤维类似 |
| 亚麻纤维 | 主要用于纺织产品、绳索和造纸 |
| 大麻纤维 | 麻线和细绳，织物，帆布，麻袋和造纸 |
| 菽麻纤维 | 卷烟纸 |
| 黄麻纤维 | 粗织品（袋子、地毯的背衬），麻线和绳索，电子绝缘材料，引信 |
| 苎麻纤维 | 布，服装和室内装潢，麻线和绳索，造纸，渔网，消防软管，帆布，工业包装，滤布 |
| 剑麻纤维 | 农用麻线、绳索、袋用粗布、吊床、鞋底 |
| 蕉麻纤维 | 绳索，麻线和电缆，编织草帽，编织加固材料，衬垫，造纸业 |
| 椰壳纤维 | 船用绳索，衣服，刷子的鬃毛，门垫，垫子，床垫纤维和纱线，渔网 |
| 动物纤维 | 多种等级和类型的纺织产品，衣服和其他一般用途 |
| 矿物纤维 | 多种等级和类型的绝缘产品 |

## 实验设备和用品

体视显微镜

偏振光显微镜，配有各种放大倍数的物镜（如 4 倍、10 倍、20 倍、40 倍）、带测微尺的聚焦目镜和全波补偿板

荧光显微镜，配有各种放大倍数的物镜（如 4 倍、10 倍、20 倍、40 倍）、各种激发滤板和压制滤板

微型工具包

显微镜载玻片和盖玻片

封固剂

Cargille™油

植物纤维（亚麻纤维、苎麻纤维、黄麻纤维、大麻纤维、剑麻纤维、椰壳纤维、木棉纤维、棉纤维、牛角瓜纤维、蕉麻纤维、菽麻纤维）

动物纤维（羊毛纤维、马海毛纤维、小羊驼毛纤维、安哥拉兔毛纤维、羊绒纤维、骆驼毛纤维、美洲驼毛纤维、蚕丝）

矿物纤维（石棉）

未漂白的棉布，用洗涤剂洗过的未漂洗的棉布，用洗涤剂洗后再漂洗的棉布

聚乙烯或塑料板

热板

移液管

微型切片机

线

指甲油

试管

95%乙醇

5%硝酸

0.25 N 次氯酸钠

本生灯

溶剂包（40%氢氧化钠、浓硫酸、75%硫酸、浓盐酸、浓甲酸、二甲基甲酰胺、冰醋酸、乙腈、氯仿、六氟异丙醇、浓硝酸、环己酮）

## 实验安全

使用指导老师制定的标准实验室安全程序。谨慎选择显微镜的光照强度，避免眼睛受伤。了解与封固剂和溶剂相关的危险，并遵照指导老师设定的适当预防措施使用它们。溶剂包中有危险品，应小心处理。使用手套和护眼用品极为重要。此外，还需适当的通风。必要时，请参阅参考材料安全数据表。将玻璃丢弃在恰当的容器中。

## 第一部分：天然纤维检验

### 步骤

实验 17 的第 233 页包含一张纤维特征工作表，该表也可在 http://www.wileyeurope.com/college/wheeler 获取。

1. 选取纤维样品。

2. 使用体视显微镜检验第一根纤维。记录纤维的颜色、长度和纵向形状。

3. 为复式光学显微镜或偏振光显微镜设置科勒照明。

4. 确定横截面形状。这可以通过制作一个横截面切片（制备横截面切片的程序在第 15 章实验 15B 中概述）或对纤维进行湿式制片来完成。

5. 使用湿式制片法制备纤维样品，在平面偏振光下检验纤维。确定直径和纵向形状。画出你所观察到的现象。记录所有其他形态特征或微观特征，将纤维旋转 90°，记录因旋转纤维而产生的变化。然后将纤维转回到原位。

6. 在正交偏振光下检验纤维。画出你所观察到的现象。

7. 将纤维旋转 90°，记录因旋转纤维而产生的变化。记录纤维的消光特征和双折射特性。

8. 使用更高的放大倍数，重复步骤 1~6。

9. 重复步骤 1~8，检验分配给你的所有纤维。

## 第二部分：测定折射率

步骤

1. 选取纤维样品。

2. 使用偏振光显微镜，检查照明，确保纤维使用科勒照明观察。

3. 在显微镜载玻片上放置未知的纤维，并添加盖玻片。将一滴 Cargille™ 油滴在盖玻片的边缘，使它在盖玻片下扩散。

4. 将载玻片放置在载物台上，使用高放大倍数和平面偏振光聚焦。

5. 旋转纤维，使纤维的纵向平行于偏振光的平面。对于大多数显微镜而言，应为东西向。

6. 关闭聚光器以增加对比度，防止形成假贝克线。假贝克线可以作为第二条亮线被观察到，它的偏移方向与贝克线的方向是相反的。当纤维的折射率与浸油的折射率相差较小且真正的贝克线很模糊时，就可能出现假贝克线。

7. 使用准焦螺旋，调整焦距，同时观察纤维的边缘。当纤维略微失焦时，贝克线将出现在纤维边缘的内部或外部。当焦距增大时，贝克线会向折射率较高的方向偏移。记录具有较高折射率的介质。

8. 旋转纤维，使其垂直于偏振光的平面。对于大多数的显微镜而言，应为南北向。

9. 再次聚焦边缘，确定哪种介质的折射率更高。记录折射率较高的介质。

10. 重复使用不同的 Cargille™ 油，直到能够确定你的纤维的折射率。根据之前的结果，决定下一步使用哪种液体。

11. 确认室温下的 n-平行和 n-垂直。

12. 利用匹配的 Cargille™ 油瓶上的温度系数，确认 25°C 时的折射率。

13. 计算 25°C 时的纤维双折射。

14. 重复步骤 1~13，检验分配给你的所有纤维样品。

15. 制作一个图表，展示你的结论。

### 第三部分：观察荧光

步骤

1. 选取一块未漂洗的棉布。

2. 打开荧光显微镜专用照明装置的电源。当灯管预热时，将灯前光阑滑入关闭位置。

3. 使用没有荧光的载玻片、盖玻片和封固剂制备样品。

4. 打开底光照明装置的电源。调整显微镜以获得科勒照明。

5. 使用最低的放大倍数，将准备好的样品放在载物台上并对焦。降低底光和室内照明的强度。当底光被用来帮助观察样品时，步骤 3 和 4 才是必要的。

6. 打开专用照明装置上的灯前光阑。可能需要对样品重新聚焦。

7. 使用各种可用的激发和压制滤板观察样品。

8. 准备一个用洗涤剂洗过再漂洗的棉布样品和一个用洗涤剂洗过的未漂洗的棉布样品。

9. 使用各种可用的激发滤板和压制滤板观察这两个样品。

10. 将每个处理过的样品与未漂洗的样品进行比较。制作一张图表，展示你的结论。

### 第四部分：捻度实验

步骤

1. 选取纤维样品。

2. 将第一根纤维浸泡在水中。

3. 用镊子夹住纤维放至热板上方，将未被夹住的一端朝向你。

4. 观察纤维加热时的扭曲方向。

5. 对分配的所有纤维样品重复步骤 1~4。

6. 制作一个图表，展示你的结论。

### 第五部分：比灵汉实验

步骤

1. 选取纤维样品。

2. 用 95% 的乙醇清洗第一根纤维，以去除所有油污，并使其干燥。

3. 将样品在 5% 的硝酸中煮 5~10 分钟。

4. 除去多余的酸，将纤维样品浸入 0.25 N 的次氯酸钠冷溶液中 10 分钟。

5. 取出纤维样品并晾干。记录纤维的颜色。

6. 对分配给你的所有纤维样品重复步骤 1~5。

7. 制作一个图表，展示你的结论。

### 第六部分：赫尔佐格实验

步骤

1. 选取纤维样品。

2. 用 Cargille™ 油制备第一个纤维样品。

3. 在偏振光显微镜上设置科勒照明。

4. 旋转载物台，在正交偏振光下使纤维置于东西向。

5. 插入一阶红色补偿器。

6. 观察延迟颜色变化。

7. 对分配的所有纤维样品重复步骤 1~6。

8. 制作一个图表，展示你的结论。

### 第七部分：燃烧实验

步骤

1. 选取纤维样品。

2. 从第一根纤维开始，用镊子夹住纤维。记录纤维慢慢接近火焰时的反应。

3. 记录纤维进入火焰时的反应。

4. 记录火焰的颜色。

5. 记录纤维离开火焰后的反应。

6. 记录灰的种类。

7. 记录产生的气味。

8. 对分配给你的所有纤维样品重复步骤 1~7。

9. 制作一个图表，展示你的结论。

## 第八部分：溶解度实验

步骤

**补充安全说明**

溶剂包中有有机溶剂、浓酸、碱和氧化剂。所有溶剂必须在适当的通风条件下使用。应采取预防措施，避免吸入溶剂和使其接触皮肤及眼睛。处理这些溶剂时必须戴上手套和护眼设备。

1. 选取纤维样品。

2. 将一根纤维放置在显微镜载玻片上，盖上盖玻片。

3. 将显微镜载玻片放在载物台上。

4. 使用毛细管，在溶剂包中吸取少量溶剂，令其在盖玻片下扩散。

5. 观察纤维的所有变化。用笔记和/或图纸记录你所观察到的现象。

6. 选取第二种溶剂，使用同一来源的另一根纤维重复实验。重复上述步骤，直到完成所有溶剂实验。

7. 对分配给你的所有纤维样品重复步骤 1~6。

8. 制作一个图表，展示你的结论。

## 第九部分：未知天然纤维

步骤

1. 选取一个未知纤维样品。

2. 使用上述任一或所有的流程，检验未知纤维样品以确定其类别。

3. 请描述你对未知纤维样品的检验程序。

4. 报告中应包含未知纤维样品的编号和你确定的纤维种类。阐述你的理由。

## 报告要求

应包括在实验室程序中获得的所有绘图、计算或其他信息。注释和/或绘图应包括纤维样品鉴别、放大倍数和完整的描述。

## 报告问题

1. 天然纤维主要有哪些类别？从每个类别中挑选一种纤维，并描述用于鉴别它的微观特征。

2. 种子、茎和叶植物纤维的区别是什么？从每个类别中挑选一种纤维，并描述用于鉴别它的微观特征。

3. 描述以下与天然纤维有关的术语：管腔、纤维束、角质层鳞片、各向同性。请在描述每个术语时附上图画和/或实例。

4. 横截面如何帮助鉴别天然纤维的种类？

5. 折射率如何帮助鉴别天然纤维的种类？

6. 荧光如何辅助纤维检验？

## 实验 17B：人造纤维检验

**推荐实验前阅读作业**

TextileInstitute. *Identification of Textile Materials*. 7th ed. Manchester，England：The Textile Institute，1975；95-133.

Eyring MB，Gaudette BD. An Introduction to the Forensic Aspects of Textile Fiber Examination. In：Saferstein R，ed. *Forensic Science Handbook*. Upper Saddle River，NJ：Pearson Education，2005；245-281.

Palenik SJ. Microscopical Examination of Fibres. In：Robertson J，Grieve M，eds. *Forensic Examination of Fibres*. London：Taylor and Francis，1999；153-176.

### 实验目的

完成本实验后，学生将对以下内容有基本了解：

1. 人造纤维的一般特征
2. 使用体视显微镜鉴别和观察人造纤维的特征
3. 使用偏振光显微镜鉴别和观察人造纤维的特征
4. 确定人造纤维的横截面形状
5. 测量人造纤维的折射率
6. 判断延长符号
7. 使用荧光显微镜观察人造纤维的特征
8. 使用补充实验，如燃烧实验和溶解度实验

### 实验概述

洛卡德交换原理指出，只要两个物体接触，就会发生物质交换。这个理论适用于纤维物证。只要两个物体、两个人或一个人和另一个物体接触，纤维就很容易脱落和转移。因此，纤维检验经常被用来将人与物品或场景相关联。这使得纤维成为法庭科学调查的重要信息来源。

法庭科学家利用各种特征来鉴别纤维。人造纤维是由（天然）纤维素或化学原料制成的，具有各种宏观特征和微观特征，这使得纤维物证鉴别及其

与特定来源纤维样品的关联成为可能。鉴于这一事实，在案件中经常遇见人造纤维检验的情况。下文将讨论常见的人造纤维。

**纤维素基聚合物**[1]

● 醋酸纤维：醋酸纤维是一种人造纤维，其中形成纤维的物质是醋酸纤维素［见图 17B- 1b）］。

● 三醋酸纤维：三醋酸纤维的生产与醋酸纤维类似，唯一不同的是，初级反应产物水解后，不少于 92%的羟基被酯化。

● 人造丝：人造丝是由再生纤维素组成的人造纤维，或者由羟基取代比例低于 15%的再生纤维素组成［见图 17B-1a）］。

● 莱赛尔纤维：莱赛尔纤维的生产与人造丝相似，不同的是，纤维素是从有机溶液中沉淀出来的，其中没有发生羟基取代，也没有形成化学中间体。

● 再生蛋白质

人造蛋白质纤维：人造蛋白质纤维是一种人造纤维，其中形成纤维的物质可以是任何可再生的天然蛋白质。

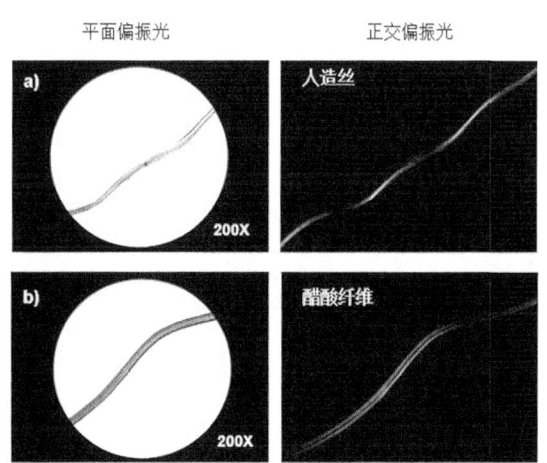

**图 17B-1　平面偏振光和正交偏振光下常见的纤维素基聚合物纤维**

---

〔1〕 Federal Trade Commission, Textile Products Identification Act, 1954.

**化学基（合成）聚合物**[1]

· 聚酰胺纤维

尼龙：尼龙是一种人造纤维，其纤维形成物质是一种长链合成聚酰胺，其中不超过85%的酰胺键直接与两个芳香环相连〔见图17B-2b）〕。

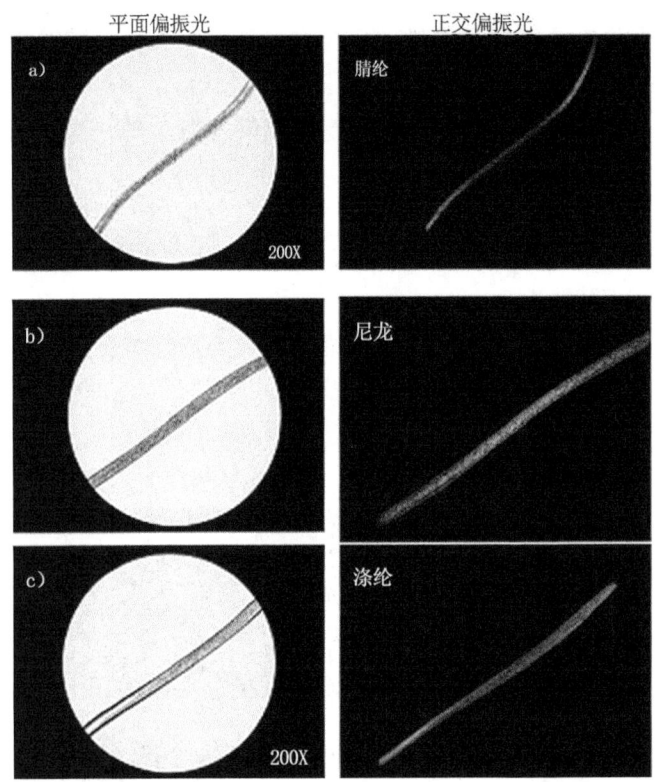

图 17B-2　在平面偏振光和正交偏振光下常见的化学基聚合物纤维

尼龙-66：尼龙-66 是使用己二酸和己二胺合成的单体中含有 6 个碳的聚合物。合成尼龙-66 时，通常使用煤焦油中间体或其他衍生物做原料。

尼龙-6：尼龙-6 是使用己内酰胺生产的。己内酰胺是石油化工衍生的氨基己酸的内部环酰胺。己内酰胺通过开环聚合，然后重复添加，直到达到所需

---

〔1〕 Federal Trade Commission, Textile Products Identification Act, 1954.

分子量。

奎阿纳：奎阿纳是一种尼龙纤维，是一种含有脂环的缩合聚合物。

• 芳纶：芳纶是一种人造纤维，其纤维形成物质为一种长链合成聚酰胺，其中至少85%的酰胺键直接与两个芳香环相连。

• 涤纶：涤纶是一种人造纤维，其纤维形成物质是一种长链合成聚合物，由85%以上（按重量计算）芳香基取代的羧酸酯组成，包括但不限于对苯二甲酸酯单元以及对羟基苯甲酸酯单元［见图17B-2c）］。

• 腈纶：这种纤维由丙烯腈单元含量在85%以上（按重量计算）的长链聚合物［见图17B-2a）］组成。

• 改性腈纶：改性腈纶也以丙烯腈为基础，但其单元含量（按重量计算）相对较低（丙烯腈单元含量小于85%但大于35%）。

• 维尼龙：维尼龙是一种人造纤维，它由氯乙烯单元含量（按重量计算）在85%以上的长链聚合物组成。

• 萨兰：萨兰是一种人造纤维，它由亚乙烯基氯化物单元含量（按重量计算）超过80%的长链聚合物组成。

• 聚乙烯醇纤维：聚乙烯醇纤维是一种人造纤维，它由乙烯醇单元含量（按重量计算）超过50%的长链聚合物组成，其中乙烯醇单元和任何一种或多种缩醛单元的总量至少占纤维总量的85%（按重量计算）。

• 氨纶：氨纶是一种人造纤维，它由分段聚氨酯含量超过85%的长链聚合物组成。

• 烯烃：烯烃是一种人造纤维，它由乙烯、丙烯或其他烯烃单元总含量（按重量计算）超过85%的长链聚合物组成，但符合橡胶或乙烯基条件的无定形聚烯烃除外。

• 氟碳纤维：氟碳纤维由脂肪族氟碳单体含量超过95%的长链聚合物组成。

• 奈特里尔纤维：奈特里尔纤维是一种人造纤维，其纤维形成物质是亚乙烯基二腈的长链聚合物，其中亚乙烯基含量不低于聚合物链其他任一单元。

• 酚醛纤维：酚醛纤维是一种人造纤维，它由交联壬二酸含量（按重量计算）超过85%的聚合物组成。

• 聚丙烯酸酯类纤维：聚丙烯酸酯类纤维是一种人造纤维，它可以由一元醇丙烯酸酯（一种酯或多种酯）含量（按重量计算）超过50%的任何长链聚合物组成。

●金属纤维：金属纤维是由金属、塑料涂层金属、金属涂层塑料或完全由金属覆盖的芯组成的人造纤维。

●萨尔法尔纤维：萨尔法尔纤维是一种人造纤维，其组成物为一种长链合成的多聚甲醛，其中至少85%的硫键直接与两个芳香环相连。

●PBI纤维（聚苯并咪唑纤维）：PBI纤维是一种人造纤维，其组成物为一种长链芳香聚合物，其中咪唑基重复单元为聚合物的重要组成部分。

●弹性纤维：弹性纤维是一种人造纤维，它由脂肪族聚醚含量（按重量计算）超过50%、聚酯含量（按重量计算）超过35%的长链聚合物组成。

●三聚氰胺：三聚氰胺纤维是一种人造纤维，它由交联三聚氰胺聚合物含量（按重量计算）超过50%的聚合物组成。

●玻璃纤维：玻璃纤维是一种人造纤维，其纤维形成物质是玻璃。

不同的人造纤维有多种用途。请参阅更多的科学文献，了解有关各种人造纤维微观特征和用途的详细信息。

虽然进行天然纤维鉴别时考虑尺寸和形状，但人造纤维的制造过程使多数人造纤维的尺寸和形状具有无限的可能性。这种制造过程也会产生保持不变和统一的特征。因此，在人造纤维的显微镜检验过程中，我们需关注以下特征的存在与缺乏，并将其用于鉴别：颜色、光泽、厚度、包裹物、横截面、纤维内部的特征变化、折射率、双折射、多向色性和延长符号。此外，我们还可以观察到光学增白剂、染料、污染物（如油、脂肪、黏合剂、颜料、牙膏、假牙清洁剂、食品、化妆品、油漆）和土壤的荧光。

折射率和双折射是所有纤维均具备的两个鉴别特征。附录B包含了许多常见人造纤维的折射率和双折射。这些特征可用于区分不同人造纤维及其制造商。纤维的折射率是光通过时被减慢的程度。纤维有两种折射率：n-平行和n-垂直。我们可以通过将纤维平行和垂直于偏振平面来确定折射率。贝克线油浸法也用于测定折射率。贝克线是出现在颗粒边缘的一个明亮晕轮。当焦距调整时，这个晕轮会移动。随着显微镜工作距离的增加，贝克线向折射率较高的介质偏移。当焦距减小时，晕轮会向折射率较低的介质偏移。纤维的双折射也有助于鉴别纤维。一旦获得了纤维的双折射，我们就可以测量纤维的厚度。利用这两个特性和米歇尔-勒维双折射图，我们可以确定纤维的种类。

另一个鉴别特征是延长符号。如果平行于纤维的光的折射率超过了垂直于纤维的光的折射率，那么其延长符号为正。反之，其延长符号为负。延长符号可以通过两种方法确定：①当使用浸油时，延长符号可以通过数学减法来计算，即 n-平行减 n-垂直；②通过在光路中插入补偿器确定。当插入补偿器时，延迟将被增加或减去。这可以通过参考米歇尔-勒维双折射图来确定。

燃烧实验也可用于描述人造纤维的特征。这种实验根据纤维在接近火焰时、进入火焰时和离开火焰时的变化对纤维进行分类。所产生的灰烬和气味也是重要特点。溶解度实验也可在鉴别人造纤维时提供附加信息。它使用极性不同、酸度不同的溶剂检测纤维的溶解行为。这里将使用"相似相溶"的原理。含有极性基团（如氧）的纤维在极性溶剂中更容易溶解。大多数纤维的溶解行为可以在文献中找到[1]。然而，我们应使用已知纤维样品进行实验，并将其结果与未知纤维样品进行比较。

了解人造纤维的宏观特征和微观特征，将使法庭科学家能够进行人造纤维检验。纤维检验需要使用各种显微镜、技术和仪器。先使用体视显微镜检验纤维的宏观特征。随后，可以使用复式光学显微镜或比对显微镜进行进一步的检验，以确定纤维的光学特征，如折射率、双折射和延长符号。我们还可以测定纤维的荧光，观察光学增白剂、染料、污染物（如油、脂肪、黏合剂、颜料、牙膏、假牙清洁剂、食品、化妆品、油漆）和土壤的荧光。要实现这一点，我们需要使用纤维横截面和半永久性或永久性制片。有时，在人造纤维检验过程中，我们还可以进行燃烧实验或溶解度实验。我们可以使用各种技术和仪器开展深入的检验，以确定附加特征。傅立叶变换显微红外光谱法（实验 22）、紫外-可见-近红外显微分光光度法（实验 23）、扫描电子显微镜（实验 25）和裂解气相色谱法都常用于纤维检验。

**实验设备和用品**

体视显微镜

偏振光显微镜，配有各种放大倍数的物镜（如 4 倍、10 倍、20 倍、40 倍）、带测微尺的聚焦目镜及 530 nm 石膏板

---

〔1〕 Identification of Fibers in Textile Materials: DuPont Technical Information Bulletin, December 1961.

荧光显微镜，配有各种放大倍数的物镜（如 4 倍、10 倍、20 倍、40 倍）、各种激发和滤板压制滤板

微型工具包

显微镜载玻片和盖玻片

封固剂

Cargille™油

人造纤维（醋酸纤维、腈纶、芳纶、人造蛋白质纤维、玻璃纤维、氟碳纤维、莱赛尔纤维、改性腈纶、酚醛纤维、尼龙、奈特里尔纤维、烯烃、涤纶、人造丝、萨兰、氨纶、萨尔法尔纤维、三醋酸纤维、聚乙烯醇纤维、维尼龙）

沾染了各种荧光污染物（如油、脂肪、牙膏、乳化剂、油漆）的人造纤维

聚乙烯或塑料板

热板

移液管

微型切片机

线

指甲油

本生灯

溶剂包（40%氢氧化钠、浓硫酸、75%硫酸、浓盐酸、浓甲酸、二甲基甲酰胺、冰醋酸、乙腈、氯仿、六氟异丙醇、浓硝酸、环己酮）

## 实验安全

使用指导老师制定的标准实验室安全程序。谨慎选择显微镜的光照强度，避免眼睛受伤。了解与封固剂和溶剂相关的危险，并遵照指导老师设定的适当预防措施使用它们。溶剂包中含有危险品，应小心处理。要使用手套和护眼设备。此外，还需要适当通风。必要时，请参阅参考材料安全数据表。将玻璃丢弃在恰当的容器中。

### 第一部分：人造纤维检验

步骤

实验 17 包含了一张纤维特征工作表，该工作表也可在 http://www.wiley-europe.com/college/wheeler 获取。

1. 选取纤维样品。

2. 使用体视显微镜检验第一根纤维。记录纤维的颜色、长度和纵向形状（见图 17-2）。在复式光学显微镜或偏振光显微镜中设置科勒照明。

3. 确定横截面形状。制作一个横截面切片（制备横截面切片的程序在第 15 章实验 15B 中概述），将其与图 17-2 中的横截面进行比较，或查看下一步所述的经湿式制片法制备的纤维样品。

4. 使用湿式制片法制备纤维样品，在非偏振光下检验纤维。确定直径和纵向形状。画出你所观察到的现象。记录其他形态特征或微观特征。将纤维旋转 90°，记录纤维因旋转而产生的变化。然后将纤维转回原位。

5. 在正交偏振光下检查纤维。画出你所观察到的现象。

6. 将纤维旋转 90°，记录纤维因旋转而产生的变化。记录纤维的消光和双折射特征。

7. 使用更高的放大倍数，重复步骤 1~6。

8. 重复步骤 1~8，检验分配给你的所有纤维样品。

### 第二部分：测定折射率

步骤

1. 选取纤维样品。

2. 使用偏振光显微镜，检查照明，确保纤维使用科勒照明观察。

3. 在显微镜载玻片上放置未知的纤维，并添加盖玻片。将一滴 Cargille™ 油滴在盖玻片的边缘，使它在盖玻片下扩散。

4. 将载玻片放置在载物台上，使用高放大倍数和平面偏振光聚焦。

5. 旋转纤维，使纤维的纵向平行于偏振光的平面。对于大多数显微镜而言，应为东西向。

6. 关闭聚光器以增加对比度，防止形成假贝克线。假贝克线可以作为第二条亮线被观察到，它的偏移方向与贝克线的方向是相反的。当样品的折射率与浸油的折射率相差较小且真正的贝克线很模糊时，就可能出现假贝克线。

7. 使用准焦螺旋，调整焦距，同时观察纤维的边缘。当纤维略微失焦时，贝克线将出现在纤维边缘的内部或外部。当焦距增大时，贝克线会向折射率较高的方向偏移。记录具有较高折射率的介质。

8. 旋转纤维，使其垂直于偏振光的平面。对于大多数的显微镜而言，应为南北向。

9. 再次聚焦边缘，确定哪种介质的折射率更高。记录折射率较高的介质。

10. 重复使用不同的 Cargille™ 油，直到能够确定你的纤维的折射率。根据之前的结果，决定下一步使用哪种液体。

11. 确认室温下的 n-平行和 n-垂直。

12. 利用匹配的 Cargille™ 油瓶上的温度系数，确认 25°C 时的折射率。

13. 计算 25°C 时的纤维双折射。

14. 重复步骤 1~13，检验分配给你的所有纤维样品。

15. 制作一个图表，展示你的结论。

## 第三部分：确定延长符号

步骤

**提示**

慢速成分（高折射率）平行于长轴振动的纤维，其延长符号为正。延迟增加会产生正延长符号。延迟减少会产生负延长符号。

1. 使用偏振光显微镜，检查照明，以确保将使用科勒照明观察样品。

2. 选取迪尼尔纤维（改性腈纶）的载玻片样品。

3. 在正交偏振光下观察迪尼尔纤维。将此纤维旋转到左上、右下的位置，并画出来。

4. 插入一阶红色补偿器，并画出颜色。

5. 将载物台旋转 90°，重新画出颜色。

6. 请参考米歇尔-勒维干涉图，确定是否发生了干涉色的增加或者减少。

7. 制备一个醋酸纤维的载玻片样品。

8. 在正交偏振光下观察纤维。将此纤维旋转到左上、右下的位置，并画下来。

9. 插入一阶红色补偿器板，并画出颜色。

10. 将载物台旋转 90°，重新绘制颜色。

11. 请参考米歇尔-勒维干涉图，确定是否发生了干涉色的增加或者减少。

12. 报告你的结论，报告中应包含你的手写笔记，以及你得出结论的理由。

13. 对分配给你的纤维样品重复此测试。

14. 制作一个图表，展示你的结论。

### 第四部分：观察荧光

**步骤**

1. 选取一块染色布料。

2. 打开荧光显微镜专用照明装置的电源。当灯管预热时，将灯前光阑滑入关闭位置。

3. 选取布料的未染色部分，使用没有荧光的载玻片、盖玻片和封固剂制备样品。

4. 打开底光照明装置的电源。调整显微镜以获得科勒照明。

5. 使用最低放大倍数，将准备好的样品放在载物台上并对焦。降低底光和室内照明的强度。当底光被用来帮助观察样品时，步骤 3 和 4 才是必要的。

6. 打开专用照明装置上的灯前光阑。可能需要对样品重新聚焦。

7. 使用各种可用的激发滤板和压制滤板观察样品。

8. 为染色的布料制片。

9. 使用各种可用的激发滤板和压制滤板观察样品。

10. 比较未染色样品和染色样品的结果。

11. 对分配给你的所有纤维样品重复步骤 1~10。

12. 制作一个图表，展示你的结论。

### 第五部分：燃烧实验

**步骤**

1. 选取纤维样品。

2. 从第一个纤维样品开始，用镊子夹住纤维。记录纤维慢慢接近火焰时的反应。

3. 记录纤维进入火焰时的反应。

4. 记录火焰的颜色。

5. 记录纤维离开火焰后的反应。

6. 记录灰的种类。

7. 记录产生的气味。

8. 对分配给你的所有纤维样品重复步骤 1~7。

9. 制作一个图表，展示你的结论。

## 第六部分：溶解度实验

*步骤*

**补充安全说明**

　　溶剂包中有有机溶剂、浓酸、碱和氧化剂。所有溶剂必须在适当的通风条件下使用。应采取预防措施，避免吸入溶剂及使其接触皮肤和眼睛。处理这些溶剂时必须戴上手套和护眼设备。

1. 选取纤维样品。

2. 将一根纤维放置在显微镜载玻片上，盖上盖玻片。

3. 将显微镜载玻片放在载物台上。

4. 使用毛细管，在溶剂包中吸取少量溶剂，令其在盖玻片下扩散。

5. 观察纤维的所有变化。用笔记和/或图纸记录你所观察到的现象。

6. 选取第二种溶剂，使用同一来源的另一根纤维重复实验。重复上述步骤，直到完成所有溶剂实验。

7. 对分配给你的所有纤维样品重复步骤 1~6。

8. 制作一个图表，展示你的结论。

## 第七部分：未知人造纤维

*步骤*

1. 选取未知纤维样品。

2. 使用上述任一或全部流程，检验未知纤维样品以确定其类别。

3. 请描述你对未知纤维样品的检验程序。

4. 报告中应包含未知纤维样品的编号和你所确定的纤维种类。阐述你的理由。

## 报告要求

应包括在实验室程序中获得的所有绘图、计算或其他信息。注释和/或绘图应包括样品鉴别、放大倍数和完整的描述。

## 报告问题

1. 人造纤维主要有哪些种类？从每一种类中挑选一种纤维，并描述用于鉴别它的微观特征。

2. 什么是折射率？如何确定？

3. 什么是延长符号？如何确定？

4. 请描述以下与人造纤维有关的术语：n–平行、n–垂直、双折射。请举例说明每个术语的含义。

5. 横截面如何帮助鉴别人造纤维种类？

6. 折射率如何帮助鉴别人造纤维种类？

7. 延长符号如何帮助鉴别人造纤维种类？

8. 荧光如何辅助纤维检验？

9. 使用折射率和双折射进行纤维鉴定的优缺点是什么？

10. 请解释燃烧实验和溶解度实验的原理。这些实验对确定未知纤维特征是否有帮助？

## 实验 17C：纤维比对

**推荐实验前阅读作业**

Eyring MB, Gaudette BD. An Introduction to the Forensic Aspects of Textile Fiber Examination. In: Saferstein R, ed. *Forensic Science Handbook*. Upper Saddle River, NJ: Pearson Education, 2005; 280-284.

### 实验目的

完成本实验后，学生将对以下内容有基本了解：

纤维比对的技术

### 实验概述

进行纤维比对是为了确定人、地点、物体之间潜在的关联。这种关联是通过比较宏观特征和微观特征实现的。学习并掌握纤维的特征及其波动范围，使得法庭科学家能够鉴别并比对纤维。仔细检验已知样品和未知纤维样品可以为侦查工作提供样品相似或样品不同的信息。

通常而言，我们首先检验未知样品，先观察其宏观特征和微观特征，以便确定纤维类别，随后再将其与已知样品进行比对。与毛发比对类似，当进行纤维比对检验时，一个恰当的已知样品是非常重要的。纤维的宏观特征和微观特征差异很大，因此应从每个可能的来源收集已知样品用于比对。如果要比对的未知物是蓝色棉纤维和红色聚酯纤维，则应从所有可能的蓝色棉纤维和红色聚酯纤维来源收集已知样品。另外，我们还需要有一组已知样品，其能够包含特定来源内所找到的一系列特征。例如，如果已知来源是一条蓝色牛仔裤，则应从构成牛仔裤的所有织物部分采集样品：右腿前部、右腿后部、左腿前部、左腿后部、口袋。这样就能够提供该潜在纤维来源的全部特征。通常，衣服是由同一块布裁剪而成，但情况并非总是如此。不同部位之间的细微染料差异可能无法用肉眼识别，但在显微镜下，如果没有收集到合适的已知样品，则可能会检测到细微的差异，从而阻碍了关联。鉴于上述事实，由分析人员自己收集已知样品是更为稳妥的做法。采用这种方式时，如果需要检验多个部位，分析人员有可能会提取另一个样品，与此同时，如果样品显示出相似性，我们将不必重复接收和检验样品。

　　法庭科学家了解纤维的宏观特征和微观特征之后，就可以进行纤维比对了。先使用体视显微镜检验纤维的宏观特征。随后，可以使用比对复式光学显微镜、比对偏振光显微镜及比对荧光显微镜进行深入检验，以确定纤维的微观特征。

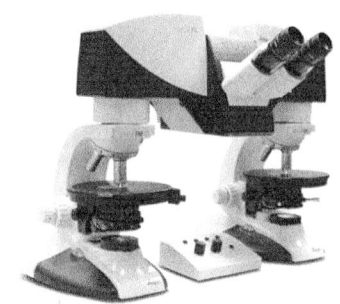

**图 17C-1　用于纤维比对的比对偏振光显微镜（此处显示的光桥连接到徕卡DMEP™偏振光显微镜上）**

　　要实现这一点，我们需要制备纤维的横截面样品，并使用半永久性或永久性制片法。我们需要先检验已知样品，然后再检验未知样品以确定其种类。

　　如果两个样品有可能一致，那么就可以进行比对。比对通常在比对复式光学显微镜、比对偏振光显微镜（见图 17C-1）和/或比对荧光显微镜上进行。比对显微镜由两个相似的并由光桥连接的显微镜组成。光桥包含棱镜和反射镜，用于将光引导到一组共同的目镜上。一组旋钮用于调整视野，因此，物体可以从任何一个显微镜独立查看或通过两个显微镜组合查看。合并后的视野可以显示每个显微镜的一部分。这将允许检验人员在显微镜测微尺上并排查看两个物品。比对复式光学显微镜通常使用一个平移载物台，而不是旋转载物台，这使得两根纤维可以被精确对齐。

　　比对复式光学显微镜可用于比对纤维的多种特征；然而，比对偏振光显微镜也应该被用于检验纤维的某些光学特性。折射率、双折射、延长符号和多向色性（第三章的实验 3A、3B、3C），这些特征都可以使用比对偏振光显微镜进行检验。在确定纤维染料、增白剂和增亮剂的相似性时，我们还有必要使用比对荧光显微镜。如果在已知样品中发现了未知样品所表现的所有特征，那么就可以在二者之间建立关联。然而，当锁定某一潜在纤维来源时，应该指出，与已知样品的相似性并不排除存在另一种相似来源的可能性。

## 实验设备和用品

体视显微镜

比对复式光学显微镜，配有各种放大倍数的物镜（如 4 倍、10 倍、20 倍、40 倍）和配有测微尺的聚焦目镜

比对偏振光显微镜，配有各种放大倍数的物镜（如 4 倍、10 倍、20 倍、40 倍）和配有测微尺的聚焦目镜

比对荧光显微镜，配有各种放大倍数的物镜（如 4 倍、10 倍、20 倍、40 倍），各种激发和压制滤板

比对光学显微镜，配有各种放大倍数的物镜（如 4 倍、10 倍、20 倍、40 倍）和带有测微尺的聚焦目镜

微型工具包

显微镜载玻片和盖玻片

封固剂

Cargille™油

聚乙烯或塑料板

热板

移液管

微型切片机

线

指甲油

试管

95%乙醇

5%硝酸

0.25 N 次氯酸钠

本生灯

溶剂包（40%氢氧化钠、浓硫酸、75%硫酸、浓盐酸、浓甲酸、二甲基甲酰胺、冰醋酸、乙腈、氯仿、六氟异丙醇、浓硝酸、环己酮）

已知纤维样品

未知纤维样品

### 实验安全

**附加安全说明**

溶剂包中有有机溶剂、浓酸、碱和氧化剂。有机溶剂必须在适当的通风条件下使用。应采取预防措施，避免吸入溶剂及使其接触皮肤和眼睛。在处理这些溶剂时，必须戴上手套和眼罩。

使用指导老师制定的标准实验室安全程序。谨慎选择显微镜的光照强度，避免眼睛受伤。了解与封固剂和溶剂相关的危险，并遵照指导老师设定的适当预防措施使用它们。溶剂包中含有危险品，应小心处理。应使用手套和护眼设备。此外，还需要适当的通风。必要时，请参阅参考材料安全数据表。将玻璃丢弃在恰当的容器中。

### 第一部分：纤维比对

**步骤**

本实验所需纤维特征工作表可在实验 17 末尾获取。

1. 选取已知样品和未知样品。

2. 用体视显微镜检验已知样品。

3. 如果可以确定纤维是天然纤维，则按实验 17A 中概述的方法进行检验。如果纤维被确定为人造纤维，则按实验 17B 中概述的方法进行检验。

4. 对未知样品重复步骤 3。

5. 比较你所记录的未知样品和已知样品的宏观特征与微观特征。

6. 如果可能，使用各种比对显微镜同时检验两个样品。如果你认为样品是相似的，在已知样品中寻找与未知样品具有相似特征的区域。画出你所观察到的现象。

7. 确保你的文件包括恰当的标签（名称、样品编号、实验室）。

8. 报告应包含未知样品的编号，并说明你的纤维比对的结果。阐述你的理由。

## 报告要求

应包括在实验室程序中获得的所有绘图、计算或其他信息。注释和/或绘图应包括样品鉴别、放大倍数和完整的描述。

## 报告问题

1. 为什么可以进行纤维比对？

2. 纤维比对是如何进行的？

3. 纤维可以只与某一来源相关联吗？阐述你的理由。

4. 来自谋杀现场的未知纤维是否可能与已知纤维相似，但其来源与犯罪无关？阐述你的理由。

5. 来自谋杀现场的未知纤维是否可能与已知纤维不同，但其来源与犯罪有关？阐述你的理由。

## 推荐和拓展阅读

ASTM. *Standard Test Materials for Identification of Fibers in Textiles*. Philadelphia, PA：ASTM，1996；276-289.

Carroll GR，Demers J. Technical Note：A New Method for Determining the Refractive Indices and Birefringence of Textile Fibers. *Canadian Society of Forensic Science Journal*. 1993；26：15-117.

Causin V，Marega C，Schiavone S，Marigo A. A Quantitative Differentiation Method foracrylic Fibers by Infrared Spectroscopy. *Forensic Science International*. 2005；151（2-3）：125-131.

Cho LL，Reffner JA，Gatewood BM，Wetzel DL. A New Method for Fiber Comparison Using Polarized Infrared Microspectroscopy. *Journal of Forensic Sciences*. 1999；44（2）：275-282.

Cwiklik C. An Evaluation of the Significance of Transfers of Debris：Criteria for Association and Exclusion. *Journal of Forensic Sciences*. 1999；44（6）：1136-1150.

Eyring MB，Gaudette BD. Anintroduction to the Forensic Aspects of Textile Fiber Examination. In：Saferstein R，ed. *Forensic Science Handbook*. Upper Saddle River，NJ：Pearson Education，2002；245-281.

Fong W. Analytical Methods for Developing Fibers as Forensic-Science Proof—A Review with

Comments. *Journal of Forensic Sciences.* 1989; 34 （2）: 295-311.

Fong W, Inami SH. Simple, Rapid, and Unique Hand Techniques for Cross-Sectioning Fibers and Hair. *Journal of Forensic Sciences.* 1988; 33 （2）: 305-309.

Gaudette B. *The Forensic Aspects of Textile Fiber Examination.* Englewood Cliffs, NJ: Prentice Hall Inc. , 1988.

Grieve M. The Evidential Value of Black Cotton Fibers. *Science and Justice.* 2001; 41: 245-260.

Grieve MC. The Role of Fibers in Forensic Science Examinations. *Journal of Forensic Sciences.* 1983; 28 （4）: 877-887.

Grieve MC, Deck S. A New Mounting Medium for the Forensic Microscopy of Textile Fibers. *Science and Justice.* 1995; 35 （2）: 109-112.

Grieve MC, Wiggins KG. Fibers under Fire: Suggestions for Improving Their Use to Provide Forensic Evidence. *Journal of Forensic Sciences.* 2001; 46 （4）: 835-843.

Hall D. *Practical Fiber Identification.* Auburn, AL: Auburn University, 1982.

Hartshoene AW, Wild FM. The Discrimination of Cellulose Di-and Tri-Acetate Fibers by Solvent Tests and Melting Point Determination. *Journal of Forensic Sciences Society.* 1991; 31 （4）: 457-461.

Identification of Fibers in Textile Materials: DuPont Technical Information Bulletin, December 1961.

Laing DK, Locke J, Richard RA, Wilkerson JM. The Examination of Paint Films and Fibers as Thin-Sections. *Microscope.* 1987; 35: 233-248.

Mauersberger H. *Matthews' Textile Fibers.* 6th ed. New York: John Wiley & Sons, Inc. , 1975.

McCrone W. Refractive Indices and Birefringence of Fibers. *The Microscope.* 1991; 39: 57-58.

Moncrief RW. *Man Made Fibers.* 6th ed. London: Newnes-Butterworth, 1975.

Palenik S, C F. Fiber Cross-Sections: part I. *The Microscope.* 1990; 38: 187-195.

Palenik S, C F. Fiber Cross-Sections: part II. *The Microscope.* 1990; 38: 313-320.

Paulsson N, Stocklassa B. A Real-Time Color Image Processing System for Forensic Fiber Investigations. *Forensic Science International.* 1999; 103 （1）: 37-59.

Pelton WR. Distinguishing the Cause of Textile Fiber Damage Using the Scanning Electron-Microscope （Sem） . *Journal of Forensic Sciences.* 1995; 40 （5）: 874-382.

Petraco N. Modified Technique for the Cross-Sectioning of Hair and Fibers. *Journal of Police Science Administration.* 1981; 9: 448.

Shahin MM. Optical Microscopy Study on Poly （P-Phenylene Terephthalamide） Fibers. *Jour-*

*nal of Applied Polymer Science*. 2003; 90（2）: 360-369.

Sokkar TZN, Ramadan WA. Optical Anisotropy in Dyed Polyester Fibers. *Journal of Applied Physics*. 1991; 70（7）: 3815-3820.

Stoeffler SF. A Flowchart System for the Identification of Common Synthetic Fibers by Polarized Light Microscopy. *Journal of Forensic Sciences*. 1996; 41（2）: 297-299.

Tungol MW, Bartick EG, Montaser A. Forensic Analysis ofacrylic Copolymer Fibers by Infrared Microscopy. *Applied Spectroscopy*. 1993; 47（10）: 1655-1658.

Wildman AB. Identification of Animal Fibers. *Journal of the Forensic Science Society*. 1961; 1: 79-154.

# 第十八章

# 土壤检验

## 实验 18：土壤检验

**推荐实验前阅读作业**

Murray RC, Solebello LP. Forensic Examination of Soil. In：Saferstein R, ed. *Forensic Science Handbook*. Upper Saddle River, NJ：Pearson Education, 2005；615-625.

Petraco N. *Color Atlas and Manual of Microscopy for Criminalists, Chemists and Conservators*. Boca Raton, FL：CRC Press, 2004；135-149.

McCrone WC, McCrone LB, Delly JG. *Polarized Light Microscopy*. Ann Arbor, MI：Ann Arbor Science, 1978, 125-168.

## 目标

完成本实验后，学生将对以下内容有基本了解：

1. 土壤的一般特征
2. 土壤的颜色
3. 土壤的粒径分布
4. 土层密度

## 实验概述

土壤是一种常见的物证，它可能出现在许多类型的犯罪现场。土壤可能会被车辆带走，从而在车辆和现场之间建立联系。同样，粘在衣服或鞋上的土壤也可能将嫌疑人与某一犯罪现场联系起来。土壤样品之间存在相互关联的可能性，所以土壤检验已成为侦查中一项有价值的检验。法庭科学实验室中有两种类型的土壤检验。大多数土壤检验涉及从已知地点收集的土壤样品和未知土壤样品之间的比对。然而，有些土壤检验可能是为了确定添加剂或污染物，并将其与土壤样品本身进行比对。这种证据一般与其他法庭科学证据联合使用。

土壤是一种混合物，其中包含腐烂的植物性物质，经过侵蚀、氧化、水化以及碳酸等酸性物质对岩石的作用而风化、腐烂的岩石。在腐烂的过程中，水、风、重力、植物和动物都会使岩石移动，从而促使在此过程中遇见的矿物质发生混合。通过这种不断的混合，土壤以不同的方式在不同的位置形成；因此，它产生的特征能够让检验人员在土壤鉴别和比对中找到独特的属性。

常见的土壤矿物成分有黏土、硅石、方解石、众多的硅铝酸盐，以及少量的云母、角闪石和氧化铁。我们还可能在土壤样品中发现各种石英、长石、石榴石、电气石、金红石、绿帘石、黄铁矿、浮石、黑曜石、辉石、石膏、滑石、褐铁矿、蛇纹石、磁铁矿、白云石和赤铁矿等。除矿物成分外，有机成分和其他成分（如煤、煤渣、硅藻、花粉、种子、泥炭）也能为土壤特征的形成添砖加瓦。

土壤是一种复杂的混合物，所以其检验过程是细致的，需要使用多种技术。能否收集到适当的土壤样品，取决于来源是否可靠。土壤样品在较小的地理范围内可以发生很大的变化，它们既可以在垂直方向上变化，也可以在水平方向上变化。因此，我们应从被认为是实际来源的地区和深度采集土壤样品。我们必须在源头附近进一步采集样品，以便确定土壤的变化。每份土壤样品都应单独包装，并放在容器中，以便干燥。通常情况下，一把土是较为合适的样品量。

一旦确定土壤样品的收集量是充分的，我们就可以开始分析。土壤颜色是土壤样品最为明显的特征之一。然而，土壤颜色受土壤中水分的影响较大。未知土壤样品和从现场收集的土壤样品的含水量可能会有所不同，所以，在进行颜色比较之前，样品必须经过干燥处理。我们通过与一套标准颜色（通常是孟塞尔系统）进行比对，确定土壤的颜色。在这个颜色系统中，颜色是基于数字并使用色相、明度和色度表示的。色相是土壤的基本颜色。该颜色系统使用 5 个初级色相（蓝、绿、紫、红、黄）和 5 个中间色相，共计 10 种色相。中间色相包括黄绿（GY）、黄红（YR）、蓝绿（BG）、红紫（RP）和紫蓝（PB）。这 10 种色相中的每一种都被划分为等距的颜色。这些颜色在色相名称前都有数值。例如，10Y 代表黄色色相的极限。相邻的黄红（YR）色相的 4 个等距阶梯分别被确定为 2.5YR、5YR、7.5YR 和 10YR。土壤的标准图有单独的色相卡，从 10R 到 5Y。明度用来衡量这种颜色的明暗程度。中性灰是用消色差标尺来表示明暗程度的，数值从纯黑（0/）到纯白（10/）。明度是日光条件下到达眼睛的光量。灰色被认为介于黑色和白色之间的一半，其明度标记为 5/。

色度是指颜色的饱和度或颜色的强度。对于土壤而言，色度的范围从中性色的/0 到饱和度最强的/8。图 18-1 显示了孟塞尔颜色书中土壤颜色是如何排列的。色卡上的色度从左到右水平增加，直至颜色饱和度达到纯色色相（这是离黑色最远的地方）。明度从下至上垂直增加。明度衡量的是光线到达眼睛的光量，所以离黑色（完全没有光线）越远，明度就越大。明度也随着每张色卡对应不同的色相而增加。例如，一个深红棕色的土壤将有 5YR 3/4 的孟塞尔颜色标记，其中 YR 是匹配颜色卡片所对应的色相，3 是匹配行所对应的明度，4 是匹配列所对应的色度。孟塞尔系统可以让分析人员使用通用语言描述颜色，并使颜色描述标准化。孟塞尔系统并非法庭科学领域使用的唯一颜色系统，但它是土壤检验中最常见的颜色系统。

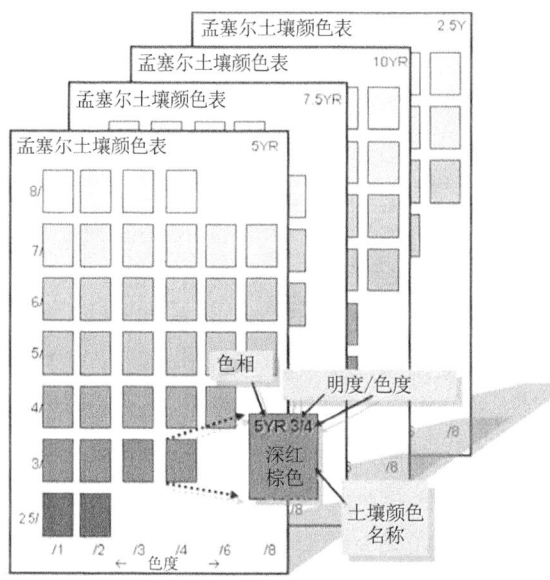

**图 18-1　孟塞尔颜色书中土壤颜色的排列**（Weil RR. *Laboratory Manual for Introductory Soils*. 7th ed. Dubuque, IA. Kendall/Hunt Publishing Company, 2005. 经许可后转载）

随后，我们将对土壤样品进行体视显微镜检验。任何污染物，如油漆碎片、砖头、玻璃或水泥，都应记录下来。某些污染物可以深入分析和比对。然后将干燥的土壤样品筛分成若干部分，并再次进行颜色比对。土壤样品将通过一组铁丝筛，筛口的尺寸从上到下依次递减。筛孔尺寸应在 40~280 目之间。筛分后，测定各种粒径的相对量。土壤中的粒径分布可以用于区分和比对样品，并确定其质地等级。沙子（直径在 0.05 mm 和 2.0 mm 之间）、淤泥（直径在 0.002 mm 和 0.05 mm 之间）和黏土（直径小于 0.002 mm）是 3 个主要的质地等级。由于颗粒尺寸的多样性和可测性，我们可以用其区分不同的样品。某些颗粒比最小的筛子还要小，所以只能用所谓的沉降法予以确定。这些方法的基本原理为大颗粒比小颗粒落入水中的速度更快。我们使用同一深度的测量容器，以不同的时间间隔取等体积的土壤悬浮液，然后让其蒸发。在筛分法和沉降法中，应对每个馏分中的干燥颗粒进行称重，并将每个颗粒的重量作为取样间隔函数绘制成图，以便比对。

通常，我们使用 40 目和 60 目馏分做密度比较并确定矿物含量。密度比较往往使用密度梯度管进行。每个密度梯度管由许多层组成，最上层是未稀释的重密度液体，然后是重密度液体和水的各种稀释液，以提供一系列密度，最后一层是未被混合的水。例如 Poly-Gee™溶液，它是聚钨酸钠饱和液与水按照不同比例（10:0、9:1、8:2、7:3、6:4、5:5、4:6、3:7、2:8、1:9 和 0:10）配制的系列液。各层液体的密度可采用下式确定：

$$D_T = \frac{D_{PG,T}V_{PG} + D_{DW,T}V_{DW}}{V_{PG} + V_{PG}} \qquad \text{（公式 18-1）}$$

其中，$D_{PG,T}$ 是温度为 T 时 Poly-Gee™溶液的密度，$V_{PG}$ 是 Poly-Gee™溶液的体积，$D_{DW,T}$ 是温度为 T 时水的密度，$V_{DW}$ 是水的体积。密度与温度有关，所以记录特定温度下的密度尤为重要（注：当使用密度梯度管进行比较时，不必如此精细地控制温度。然而，如果有必要报告密度的数值，则应使用循环水浴或其他方法保持温度恒定）。

颜色、粒径、质地等级特征用于比较不同土壤。然而，它们在法庭科学领域中的区分能力有限。如果有必要进一步区分土壤样品，分析人员将通过实验 18A，分别检验筛分部分的光学特性，从而确定土壤中的矿物含量。

## 实验设备和用品

体视显微镜

复式光学显微镜，配有各种放大倍数的物镜（如4倍、10倍、20倍、40倍）、带有测微尺的聚焦目镜和530 nm石膏板

微型工具包

显微镜载玻片和盖玻片

已知土壤样品（或矿物组合）

未知土壤样品（或矿物组合）

孟塞尔土壤颜色表

筛子组（20目、40目、60目、80目、100目和捕集器）

密度管

Poly-Gee[GM]溶液

1 mL~250 mL或400 mL烧杯

塑料称重船

20%过氧化氢溶液

热板

搅拌棒

研钵和研杵

天平，精密度为+/-0.1g

一次性玻璃或塑料移液管和胶头

Para-film[GM]封口膜

## 实验安全

使用指导老师制定的标准实验室安全程序。谨慎选择显微镜的光照强度，避免眼睛受伤。了解与封固剂和溶剂相关的危险，并按照指导老师选定的适当预防措施使用它们。在处理过氧化氢溶液时，佩戴安全眼镜和手套是非常重要的。溶剂与眼睛接触会造成严重的长期损害。过氧化氢溶液具有腐蚀性，可引起皮肤灼伤。溶液在储存过程中的缓慢分解可能导致密封容器中的压力积聚。过氧化氢可与多种材料形成潜在的爆炸性化合物。必要时请参阅参考

材料安全数据表。

## 第一部分：颜色和整体构成

步骤[1]

学生将在第一部分中两人一组工作，一个学生检验已知土壤样品，另一个学生检验未知土壤样品。

1. 称量一个干净的蒸发皿，至少精确到 0.1 g。

2. 称量蒸发皿与土壤样品。在本流程中，所有称量都使用同一天平。

3. 将土壤样品放在蒸发皿中，在约 65°C 的烘箱中干燥一夜。

4. 重新称量蒸发皿与土壤样品的重量。减去蒸发皿的重量，确定土壤样品的重量。用以下公式计算原土壤样品中水分的重量百分比：

$$水分百分比 = \frac{干燥土壤样品的重量（g）}{湿润土壤样品的重量（g）} \qquad （公式 18-2）$$

5. 打散大的团块，并使用孟塞尔土壤颜色表确定颜色。如若可能，请使用日光，因为照明的类型会影响结果。

6. 用体视显微镜检验每个土壤样品，以确定土壤样品中可能存在的外来污染物。

7. 将土壤样品筛分到指定部分。

8. 称量不能通过最大筛子的部分。这部分通常被称为土壤样品的砾石部分。使用以下公式计算砾石部分的重量百分：

$$重量百分比 = \frac{馏分重量（g）}{无水分土壤样品重量（g）} \times 100\% \qquad （公式 18-3）$$

这个公式也可以用于计算其他馏分的重量百分比。

9. 使用孟塞尔土壤颜色表对这部分的颜色进行归类。

10. 在确定准确的重量之前，剩余部分的有机物需要被氧化。称量一个 200 mL 或 400 mL 的烧杯。将未沉淀的馏分转移到烧杯中并重新称量。计算该未筛分馏分的重量。

---

[1] 改编自 Quarino L. Soil Identification-Particle Size Distribution. Trace Evidence and Microscopy. Allentown, PA: Cedar Crest College, 2006.

**重要安全提醒**

处理双氧水溶液时，一定要戴上安全眼镜和手套。双氧水溶液在倒入水槽前应先用大量的水稀释。

11. 加入 100 mL 浓度为 20% 的过氧化氢。分次加入，在增量之间充分搅拌。在通风橱里放置一夜，用观察杯盖住烧杯。确保在烧杯上写上你的姓名和对烧杯内容的描述。

12. 将烧杯置于烘箱中 2 小时，以破坏剩余的有机物并分解剩余的过氧化物。定期观察烧杯，确保液体不起泡。如果出现泡沫，请使用清洗瓶，用蒸馏水清洗烧杯的侧面。

13. 加入足够的蒸馏水，使体积达到 150 mL，并充分搅拌。冷却并静置一夜，剩余的大有机颗粒都会浮出水面。

14. 在不影响固体物质的情况下，用一次性玻璃或塑料移液管小心地倾倒尽可能多的透明液体。将剩余的液体在热板上煮沸，尽可能去除水分。将需要干燥的剩余液体放在烘箱中。在干燥器中冷却 30 分钟，然后称重，减去烧杯的重量，得到不含有机物的矿物土壤的重量。用步骤 10 中确定的未筛分馏分的重量，按下式计算有机物的百分比：

$$有机物百分比 = \frac{煮沸后的重量（g）}{煮沸前的重量（g）} \times 100\% \qquad （公式 18-4）$$

15. 将完全干燥的材料转移到研钵中，用研杵将样品中的结块打散。矿物之间不应相互粘连。

16. 将样品倒入剩余的一组筛子中，在收集盘中保留筛下的细颗粒。尽可能确保所有的土壤从研杵转移。摇动筛子，确保颗粒被困在适当的筛子上。

17. 将每个筛子上的颗粒转移到一个塑料称重船上。减去每个塑料称重船的重量，记录每个馏分的重量。

18. 用孟塞尔土壤颜色表确定每个馏分的颜色。

19. 用土壤样品的原干燥重量和公式 18-3 计算各馏分的重量百分比。

20. 对于已知和未知的土壤样品，按网眼大小编制各馏分（包括砾石馏分）重量百分比与馏分名称的直方图。将每个馏分的累计重量相加，并与土壤样品的原始重量进行比较。在报告中说明这些重量的差异。将每个馏分的颜色和关于馏分的其他观察结果列表。报告样品的水分百分比和有机物百分比。

21. 与你的同伴整合数据，利用收集到的所有数据比较已知土壤样品和未知土壤样品。这两个土壤样品是否具有共同来源？为什么是或为什么不是？

22. 在第二部分保留40目或60目馏分进行矿物含量密度测试。

### 第二部分：矿物含量的密度分布情况

步骤

**补充说明**

> 此程序使用Poly-Gee™溶液（聚钨酸钠饱和溶液）和水。
>
> 指导老师可以选择用溴仿和溴苯来替换本程序中的液体，以获得更大的密度范围。溴仿和溴苯都是剧毒和疑似致癌物，应在通风橱内使用，并戴上防护眼镜。

1. 选取两个干燥的试管。将试管放置在支架上，这样你就可以均匀地添加液体，以创建两个可比的密度梯度管。

2. 使用水（密度为1.00）和Poly-Gee™溶液（密度为2.89）准备5种混合物（100%的水和100%的Poly-Gee溶液将是第6种和第7种），以获得密度分布，用于区分密度在1.68~2.89范围内的不同的矿物。选择5个密度值，准备约10 mL各种密度混合物，计算所需的水量和Poly-Gee™溶液量。你可以在小烧杯中准备。在开始之前，请确保烧杯是干净且干燥的。

3. 在制备混合物时，先在烧杯中加入水，然后再加入Poly-Gee™溶液，这将使其更容易溶解。最后搅拌均匀。

4. 从密度最大的混合物（100%的Poly-Gee™溶液）开始，慢慢向每个试管中加入约5 mL。请记住，你将比较两个试管中的样品，所以液体水平面应是相同的。

5. 在每个试管中缓慢地加入约5 mL的下一个最大密度混合物。小心地加入液体，使液体尽量不发生混合。

6. 继续将每个液体混合物（按步骤3~5的顺序）慢慢地添加进试管，直到全部加入。在每个试管中加入5 mL 100%的水。

7. 用一小段Para-film™封口膜封住每个密度梯度管。

8. 使用前至少让密度梯度管平衡24小时。

9. 获得已知样品和未知样品。如果从实验第一部分继续，请使用40目或60目部分的筛分样品。

10. 在体视显微镜下检验已知样品的一小部分。确保不污染该样品，因为你将把它放回已知样品的小瓶中。

11. 在体视显微镜下检验你的未知样品。确保不污染该样品，因为你将把它放回未知样品的小瓶中。

12. 在每个密度梯度管中缓慢加入 0.1g 样品进行比较（已知样品放入一管，未知样品放入另一管）。

13. 让样品分离并平衡约 48 小时。

14. 比较样品的分离水平。

15. 如若可能，给两个试管拍照片。统计每个样品中发现的不同类型的矿物颗粒的数量。如果可能，计算每种矿物中的颗粒数量，并将数据列表。注意不同类型矿物之间的颜色差异。写下关于这两个样品的简要说明。它们是否具有共同来源？为什么是或为什么不是？阐述你的理由。评述该方法的准确性和精确度，并给出流程的误差来源。

16. 记录室温。如果不控制温度，检验结果是否准确？

## 报告要求

应包括在实验室程序中获得的所有绘图、计算或其他信息。注释和/或绘图应包括样品鉴别、放大倍数和完整的描述。

## 报告问题

1. 如何采集土壤样品？

2. 通过土壤比对，我们可以在侦查中获得哪些信息？

3. 如何确定土壤样品的颜色？说出影响土壤样品颜色的三个因素。

4. 为什么要利用日光进行孟塞尔颜色测定？

5. 预测具有如下孟塞尔颜色标记的物体的颜色：①5Y 6/1；②7.5G 2/6。

6. 说明矿物含量的密度分布是如何确定的。

7. 如果要比较两个样品可能存在的差异，你认为哪个特征最有区分度：①矿物含量的密度分布；②有机物百分比；③颗粒分布；④颜色。充分阐述你的理由。

8. 土壤的三个质地等级是什么？如何确定质地等级？

9. 什么决定了土壤中有机物的含量？有机物的多少会影响土壤的颜色吗？

10. 过氧化氢的作用是什么？

11. 一位微量物证检验人员通过确定筛分馏分的颜色和重量百分比来比较两个土壤样品，结果发现它们的所有特征都很相似。如果只做了这些，该检验人员是否可以说这两个土壤样品来源相同？为什么是或为什么不是？

12. 微量物证检验人员通过确定土壤中发现的矿物含量密度分布来比较两个土壤样品，结果发现它们的所有特征都很相似。如果只做了这些，该检验人员是否可以说这两个土壤样品来源相同？为什么是或为什么不是？

13. 能否在某一天对已知样品进行矿物含量密度测试，并在第二天与未知样品的矿物含量密度分布进行比较？是否可以由不同的实验室对已知土壤样品和未知土壤样品进行测试并比较结果？为什么是或为什么不是？

## 实验 18A：土壤中矿物的鉴定

**推荐实验前阅读作业**

Murray RC, Solebello LP. Forensic Examination of Soil. In：Saferstein R, ed. *Forensic Science Handbook*. Upper Saddle River, NJ：Pearson Education, 2005；615-625.

Petraco N, Kubic T. *Color Atlas and Manual of Microscopy for Criminalists*, *Chemists*, *and Conservators*. Boca Raton, FL：CRC Press, 2004；135-149.

McCrone WC, McCrone LB, Delly JG. *Polarized Light Microscopy*. Ann Arbor, MI：Ann Arbor Science, 1978.

## 实验目的

完成本实验后，学生将对以下内容有基本了解：
1. 矿物的锥光观察
2. 确定单轴矿物的方向，以判断其折射率
3. 利用锥光照明确定矿物是正还是负
4. 利用干涉图区分单轴和双轴矿物
5. 使用复式光学显微镜或比对显微镜观察土壤特征

## 实验概述

有人说，土壤只是通往大海的路上的一块石头。[1] 土壤是岩石腐烂的产物，因此我们可以通过鉴别土壤中的许多微观矿物颗粒实现土壤样品的区分。矿物是一种天然的无机物，具有确定的化学成分。矿物是由原子组成的，这些原子以规律的模式排列，产生结晶形状。矿物的有序性使它们具有各向异性，但属于立方晶系的矿物除外。前几章提到的光学特征（如双折射、折射率和浮雕）都可以应用于矿物鉴别。除了上述特征之外，还可以通过使用颜色、光学符号、光学角度和干涉图来帮助鉴别矿物。晶体形态和解理也有助于鉴别矿物。

---

[1] Weil RR. *Laboratory Manual for Introductory Soils*. 6th ed. Dubuque, IA：Kendall/Hunt Publishing Company；1998；1.

由于晶体具有有序排列的结构，如果一束白光进入晶体，它将根据晶体结构的不同而出现几种情况。晶体对白光的反应可以通过光率体显现。光率体是能够显示出光线在所有方向通过物质时的折射率和振动方向的几何形状。图中每个矢量的长度与物质中平行于该矢量方向振动的光的折射率成正比。这些矢量端点所形成的表面便是几何图形。

与其他晶体和颗粒相同，矿物既可以是各向同性的，只有一个折射率（表 18A-1），也可以是各向异性的，有多个折射率。在各向同性材料中，化学键在各个方向上都是相同的，所以光在各个方向上通过的速度都是相同的，无论光在哪个方向上振动，折射率都保持不变。此时，光率体是球形的（见图 18A-1）。所有等轴（立方）晶体也是如此。然而，各向异性矿物的反应则不同。各向异性矿物是指其余六种晶系中的矿物：六方晶体、菱方晶体、四方晶体、正交晶体、单斜晶体和三斜晶体。在这些具有各向异性的材料中，化学键在平行方向和垂直方向上是不同的，所以光在平行方向通过的速度与在垂直方向上通过的速度不同。根据光的振动方向不同，折射率也不同。此时，光率体是椭圆形的（见图 18A-1）。

表 18A-1　常见的各向同性晶体的折射率

| 矿物 | 折射率 |
| --- | --- |
| 蛋白石 | 1.43 |
| 萤石 | 1.433 |
| 氯化钾 | 1.490 |
| 浮石 | 1.450 |
| 石盐 | 1.544 |
| 卤砂 | 1.640 |
| 闪锌矿 | 2.37 |
| 磁铁矿 | 2.42 |
| 钻石 | 2.42 |
| 赤铜矿 | 2.85 |

Barthelmy D. Minerals by Physical and Optical Properties Tables. 2005.［2005 年更新，2007 年 1 月 20 日引用，可以从以下网站获取：http://www.webmineral.com/。］

我们可以将具有各向异性的矿物进一步分为单轴（具有一个独特的光轴和两个折射率）和双轴（具有两个光轴和三个折射率）。

单轴矿物属于六方晶体、斜方晶体和四方晶体，具有许多相同的方向（多个 a 轴）和一个不同的方向（c 轴）（见图 18A-1）。因为只有一个轴（通常称为光轴）相对于其他方向是唯一的，所以称为单轴。单轴矿物在正交偏振光下会产生两种光线，即 e 光（折射率为 $n_\varepsilon$ 或 $\varepsilon$）和 o 光（折射率为 $n_\omega$ 或 $\omega$），这两种光线相互垂直振动。在显微镜下观察时，根据晶体的方向，$n_\varepsilon$ 和 $n_\omega$ 是可见的，或可见两者的一些组合，称为 $n_{\varepsilon'}$。如何测定各向异性物质的折射率，请参见实验 3B。

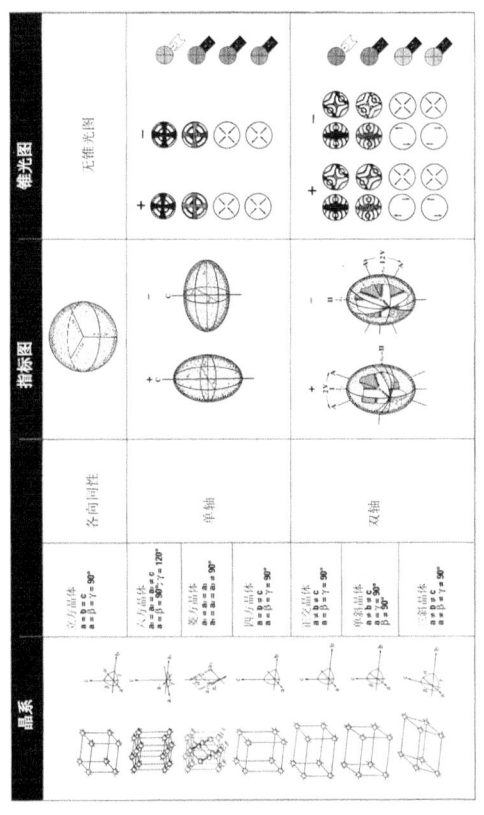

图 18A-1　七种晶系（立方晶体有一个折射率，是各向同性的。六方晶体、菱方晶体和四方晶体有两个折射率和一个独特的光轴，是单轴的。正交晶体、单斜晶体和三斜晶体有三个折射率，是双轴的）

表 18A-2 列出了一些常见单轴矿物及其不同的折射率。为了了解所观察样品的折射率，分析人员必须确定单轴矿物的方向。首次制备矿物样品时，它们的放置方向是随机的。我们可以在制备过程中对每种矿物进行随机搜索，以找到放置方向正确的矿物，还可在主轴台上或在非常黏稠的封固剂中安放矿物后进行滚动。在随机搜索和滚动方法中，我们使用干涉图确定 C 轴方向。

表 18A-2　常见单轴矿物的折射率

| 矿物 | $n_{\omega}$ | $n_{\varepsilon}$ |
|------|------|------|
| 石英 | 1.544 | 1.553 |
| 绿宝石 | 1.581 | 1.564 |
| 磷灰石 | 1.630 | 1.632 |
| 电气石 | 1.650 | 1.621 |
| 方解石 | 1.658 | 1.486 |
| 白云石 | 1.682 | 1.503 |
| 刚玉 | 1.7681 | 1.759 |
| 锆石 | 1.91 | 1.968 |
| 金红石 | 2.616 | 2.903 |
| 硼砂 | 2.654 | 2.697 |
| 赤铁矿 | 3.15 | 2.87 |

Barthelmy D. Minerals by Physical and Optical Properties Tables. 2005. ［2005 年更新，2007 年 1 月 20 日引用，可以从以下网站获取：http://www.webmineral.com/。]

根据矿物相对于光轴的方向，我们可以观察到三种可能的视图：①当矿物的方向使我们"沿着 c 轴向下看"时，只能看到 ω。这个方向使 c 轴与显微镜的光轴平行。②垂直于显微镜光轴的矿物显示出两个折射率，即 ω 和 $\varepsilon_{max}$。③介于平行和垂直之间的方向将显示 ω 和分布在 0~$\varepsilon_{max}$ 范围内的 ε 值。因此，ω 是单轴晶体所有视图的共同点，ε 的范围是 0~$\varepsilon_{max}$。

在这个实验中，我们将使用折射率等于 ω 的封固剂制备矿物样品，并分别在偏振光下和移除检偏器的情况下查看，从而说明前述方向。我们在实际检验中观察到的情况可能会与前面描述的三种情况有所不同：①第一个方向描述的是只有 ω 可见的情况。因此，矿物在载物台上旋转时将出现各向同性，在这个方向上的矿物在正交偏振光下将表现出最小的双折射。如果将矿物样品制备在一个折射率等于 ω 的封固剂（如果折射率已知的话）中，当移除检偏器时，无论载物台旋转至何处，矿物都是不可见的。②在偏振光下观察（检偏器被移除）时，矿物的 c 轴垂直于显微镜的光轴，当只观察到 ω 时，矿物将消失不见。当 e 光振动方向为南北向，且通过起偏器的东西向偏振光被阻挡时，我们将仅能看到 ω。矿物样品是使用与 o 光折射率相匹配的封固剂制备的，e 光被阻挡，所以当矿物在载物台 360° 旋转时，在相隔 180° 的两个位置将出现消失情况。在另外两个位置，当仅有 $\varepsilon_{max}$ 为可见的折射率时，可以观察到最大浮雕。在这些位置上，o 光沿南北向振动，阻挡东西向偏振光，我们将仅能看到 $\varepsilon_{max}$。③在平行与垂直之间的位置，矿物将始终显示 ω 和分布在 $0 \sim \varepsilon_{max}$ 之间的 ε 值。矿物的浮雕将在载物台旋转时在最小值和最大值之间变化。

表 18A-3　常见双轴矿物的折射率

| 矿物 | $n_\alpha$ | $n_\beta$ | $n_\gamma$ |
|---|---|---|---|
| 石膏 | 1.521 | 1.523 | 1.530 |
| 正长石 | 1.518 | 1.524 | 1.526 |
| 钠长石 | 1.528 | 1.529 | 1.536 |
| 黑云母 | 1.565 | 1.605 | 1.605 |
| 滑石 | 1.539 | 1.589 | 1.589 |
| 微斜长石 | 1.520 | 1.523 | 1.530 |
| 蛭石 | 1.525 | 1.545 | 1.545 |
| 白云母 | 1.552 | 1.582 | 1.584 |
| 黄玉 | 1.619 | 1.620 | 1.627 |
| 橄榄石 | 1.635 | 1.665 | 1.670 |
| 重晶石 | 1.636 | 1.637 | 1.648 |
| 角闪石 | 1.646 | 1.656 | 1.661 |

| 矿物 | $n_\alpha$ | $n_\beta$ | $n_\gamma$ |
|------|------|------|------|
| 橄榄石 | 1.662 | 1.680 | 1.699 |
| 孔雀石 | 1.655 | 1.875 | 1.909 |
| 辉石 | 1.680 | 1.684 | 1.706 |
| 绿帘石 | 1.723 | 1.730 | 1.736 |
| 蓝铜矿 | 1.73 | 1.758 | 1.838 |
| 钒钾铀矿 | 1.75 | 1.90 | 1.95 |
| 独居石 | 1.79 | 1.795 | 1.842 |

Barthelmy D. Minerals by Physical and Optical Properties Tables. 2005. [2005 年更新，2007 年 1 月 20 日引用，可以从以下网站获取：http://www.webmineral.com/。]

双轴矿物在正交偏振光下会产生三条光线（X、Y、Z），这三条光线振动的方向不同，而且总是相互垂直的。与此相反，在单斜晶体和三斜晶体中，三条光线的方向（a、b、c）是不垂直的（见图 18A-1）。对应这三个方向的折射率分别为 $n_\alpha$（α）、$n_\beta$（β）和 $n_\gamma$（γ）。表 18A-3 列出了常见的双轴矿物及其折射率。最慢的振动方向是 Z，对应的折射率为 $n_\gamma$、$n_\alpha$ 总是最大折射率，在 X 方向上。居中折射率为 $n_\beta$，对应的是 Y 方向。X 和 Z 方向总是在光轴平面上，因此 Y 为光学法线。

通过观察矿物与偏振光的相互作用，我们可以用显微镜对矿物进行分类。我们可以很快鉴别出属于各向同性立方晶系的各向同性矿物，因为它们在正交偏振光下是暗的。单轴及双轴矿物则需要使用锥光照明进行鉴定。

锥光照明指的是观察物镜的后焦平面，它通过去除目镜或插入伯特兰透镜来获得这个区域的放大图像（见图 18A-2）。

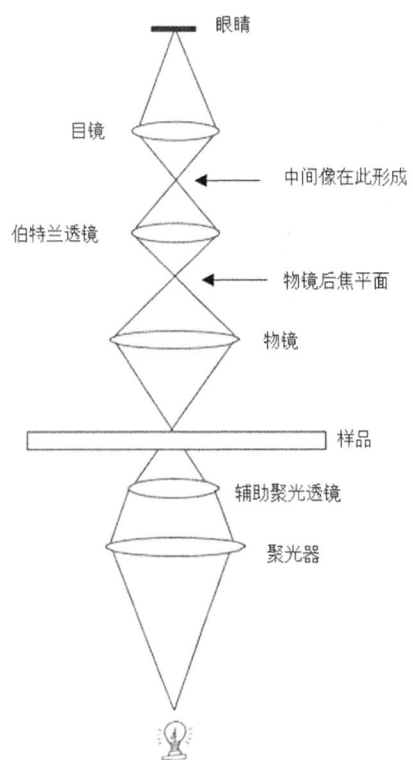

**图 18A-2　锥光照明用于在物镜后焦平面上聚焦并观察干涉图**

各向异性的矿物会在物镜后焦平面产生一个干涉图。干涉图是在正交偏振光下用锥光照明时在晶体中出现的光图。这种光图提供了矿物的方向信息，也可以用于确定矿物是单轴还是双轴。我们还可以用此确定矿物的光学符号：矿物是正还是负。更高阶的课题是双轴矿物的视轴角，即视角的测定，本书不含此内容。视角是指两根视轴之间的锐角（这就是图 18A-1 中双轴光率体所示的 2V 角）。

当许多光线在正交偏振光下通过矿物并汇聚成一个光锥时便形成干涉图。在正射照明下，光线总是均匀地汇聚，然而，实际上它们并非完全汇聚，术语"正射"暗示了几乎平行的照明。为了实现锥光照明，我们有必要在光路中插入一个辅助聚光透镜，从而增加聚光器的数值孔径（NA）。这将导致照明光线高度汇聚，使它们集中在载物台上的矿物内，从而产生锥光照明，即在矿物中出现一个快速发散的光锥。移除目镜或插入伯特兰透镜，分析人员可以解析出现的光锥。

图18A-3显示了当光轴（c轴）垂直时观察到的典型单轴干涉图。该图显示了一个十字，其双臂在中心，或者说是光轴点相交。在360°旋转载物台期间，若矿物的c轴平行于显微镜的光轴，光臂（或称同消色线）将保持南北向和东西向。为了获得垂直的c轴，我们应选择在正交偏振光和正射照明下双折射最小的矿物。矿物的光学符号通过插入一个能增加或减少530 nm的延迟的一阶红色补偿器来确定（见图18A-4）。在干涉图的东北象限，插入一阶红色补偿器后，光学符号为正的矿物整体的延迟将为蓝色（加法），光学符号为负的矿物整体的延迟将为黄色（减法）。这种分类是指：当 $n_\varepsilon > n_\omega$ 时，矿物的光学符号为正；当 $n_\omega > n_\varepsilon$ 时，矿物的光学符号为负。如果存在任何倾斜的视轴，我们将得到一个偏离中心的干涉图。旋转载物台和同消色线，可以让分析人员确定东北象限，并重复测试延迟色。

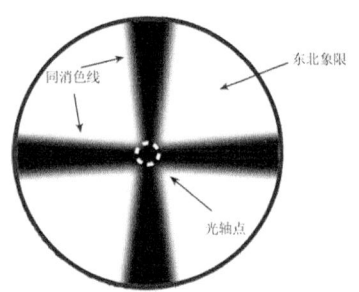

**图18A-3　单轴干涉图**

与单轴矿物一样，我们可以用干涉图来确定双轴矿物的光学符号，并实现单轴矿物和双轴矿物的区分。双轴矿物有三个振动方向，因此有两个光轴，能够形成一个被称为中心锐角等分线图的干涉图［见图18A-5a）、b）］。旋转载物台一周，同消色线将会从黑色的十字形变成一对双曲同消色线。通过将光学平面定向至东北-西南方向，我们可以区分双轴晶体正负光学符号。如图18A-4所示，插入一阶红色补偿器，观察十字线中心的光是加还是减。当平行于光学平面的振动分量都很快时，双轴矿物的光学符号为正。由于Z方向（慢射线或γ）沿着锐角等分线，且 $n_\gamma - n_\beta > n_\beta - n_\alpha$，对于正晶体而言，当插入一阶红色补偿器后，延迟总会在等轴之间被减去，这将在中心产生黄色干涉色。同样，如果 $n_\gamma - n_\beta > n_\beta - n_\alpha$ 且插入一阶红色补偿器后，中心位置呈蓝色，则双轴矿物的光学符号为负。

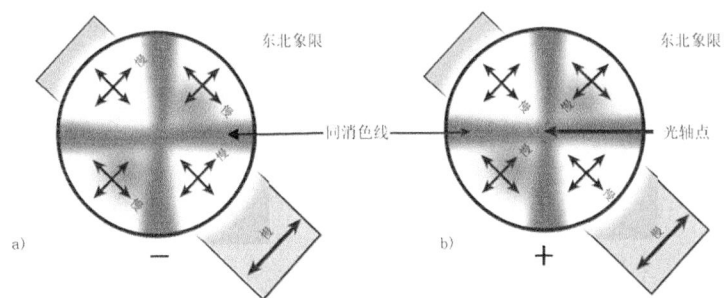

图 18A-4 一个典型的单轴干涉图 ［**a**）负矿物在东北象限会出现黄色，因为发生了减法（矿物和附件板的慢射线是垂直的）；**b**）正矿物在东北象限会出现蓝色，因为发生了加法（矿物和附件板的慢射线是平行的）］

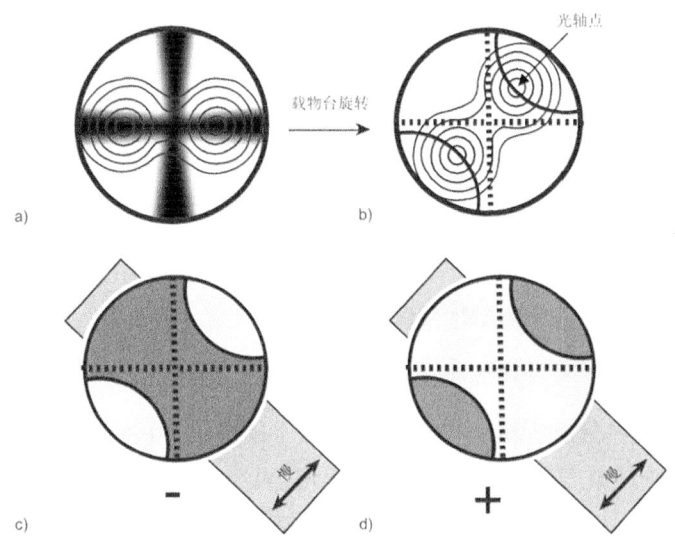

图 18A-5 双轴干涉图 ［随着载物台的旋转，干涉图从 **a**）干涉环上有一个有光轴点的黑色的十字，变为 **b**）在每个光轴点上有两个双曲等分线。在插入一阶红色补偿器后，**b**）中十字线的中心变成 **c**）蓝色（如果是负矿物）和 **d**）黄色（如果是正矿物）］

## 实验设备和用品

体视显微镜

偏振光显微镜，配有各种放大倍数的物镜（例如4倍、10倍、20倍）、带有测微尺的聚焦目镜及一阶红色补偿器

微型工具包

显微镜载玻片和盖玻片

Cargille™油

Flo-texx™

方解石（来自100~200目筛）

硝酸钠（ACS级）

硫酸钠（来自100~200目筛）

石英或磷灰石

白云母板

未知矿物

## 实验安全

使用指导老师制定的标准实验室安全程序。谨慎选择显微镜的光照强度，避免眼睛受伤。了解与溶剂相关的危险，并遵照指导老师指定的适当预防措施使用它们。必要时参阅参考材料安全数据表。

### 第一部分：观察单轴晶体中的两个折射率

步骤

1. 检验制备好的方解石样品。使用位于附录F中的圆形模板，在非交叉和正交偏振光下观察样品，并画出几个有代表性的颗粒。

2. 在非交叉和正交偏振光下旋转载物台时查看颗粒。你看到了什么？（在前面的每张图下附上这些评述。）

3. 在折射率为1.658（这与ω折射率相符）的浸油中加入几粒碎方解石。用最低放大倍数，在非交叉和正交偏振光下观察颗粒。缓慢地将载物台旋转360°，观察一些颗粒的浮雕。当载物台旋转时，颗粒会发生什么？（请记住，

颗粒位于随机的方向。）在移除检偏器的情况下，找出一个在每次完整旋转载物台过程中，在相距 180° 的两个位置上消失或出现两次最小浮雕的颗粒。此时你观察到的是哪个折射率？

### 第二部分：确定单轴晶体的 ω 折射率

1. 使用实验 2D 中讨论的贝克线油浸法，确定硫酸钠的 ω 折射率。

2. 找到一种浸油，使得矿物浸在其中时，在旋转 360° 后，消失两次（两次消失的位置相隔 180°）。

3. 记录本次测量的室温，并根据公式 2C-1 修正温度。

4. 报告 25°C 时硫酸钠的 ω 折射率。

### 第三部分：观察典型的单轴干涉图，判断单轴晶体的光学符号

步骤

1. 将几个硝酸钠颗粒（总体尺寸约为橡皮那么大）放在载玻片上。由于硝酸钠具有较高的熔点（>300°C），将颗粒靠近载玻片的一端，以减少载玻片因受热不均而被破坏的情况。

2. 用盖玻片覆盖颗粒。熔化载玻片和盖玻片之间的硝酸钠颗粒，完成制备（通过在热板上加热显微镜载玻片完成）。当硝酸钠熔化时，用橡皮轻推盖玻片，以获得一个薄而均匀的晶体。从热板上取下显微镜载玻片，让它冷却。请记住，此时载玻片非常热。

3. 将载有再结晶样品的载玻片放在显微镜上。硝酸钠通常会再结晶，因此 c 轴将平行于显微镜的光轴，使干涉图容易被看到。

4. 使用低放大倍数聚焦颗粒。在正交偏振光下旋转载物台，找到颗粒中显示最低延迟的那部分。切换到 40 倍物镜，并检查你的焦点。现在插入伯特兰透镜观察颗粒。质量好的干涉图将有一个黑色的十字（同消色线）与同心圆的干涉颜色。请注意，因切换了物镜，可能需要重新对焦。如果无法获得黑色十字，则旋转载物台，看看同消色线是否在视野中移动。如果发生移动，则你所选择矿物的 c 轴方向是偏离中心的。要继续进行接下来的实验，需选择另一种矿物或如在下一步讨论的那样尝试定位东北象限。

5. 观察每个象限的颜色。画出你所观察到的现象。为了确定晶体的光学符号，插入一阶红色补偿器。观察并画出东北象限的颜色变化。如果你使用

偏心干涉图确定东北象限，则旋转载物台，直到东边的同消色线刚刚通过。东北象限在东同消色线之后，但在北同消色线经过之前。

6. 观察东北象限延迟是增加还是减少，确定硫酸钠是正晶体还是负晶体。将插入一阶红色补偿器后显示出的颜色与米歇尔-勒维干涉图中的颜色做比较。如果颜色在图上向上移动（蓝色），则表示颜色增加，晶体为正。如果它们在图上向下移动（黄色），则表示颜色减去，晶体为负。

### 第四部分：确定晶体方向

步骤

1. 使用 Flo-texx™ 制备几粒石英或磷灰石样品，观察典型的单轴晶体。

2. 找到在载物台旋转时显示最低延迟的晶体，观察其干涉图。将该晶体留在视野的中心，切换到 40 倍物镜，并插入伯特兰透镜。

3. 如有必要，通过使用细准焦螺旋略微调整对焦，将干涉图聚焦到最大的圆圈。你应该看到一个黑色的十字与同心圆的干涉颜色，一个典型的单轴干涉图。请注意，它可能会偏离中心，所以你可能只能看到十字的光臂。旋转载物台，以确定你是否确实看到十字。

4. 重复这个过程，直到至少获得一个居中的干涉图。

（a）画出在锥光照明下的晶体。

（b）画出在正射照明下的晶体。

5. 在圆形模板上解释显示居中干涉图的晶体的 c 轴方向。在上一步绘制的正射图上标出 c 轴的位置和方向。

### 第五部分：观察典型的双轴干涉图，判断双轴晶体的光学符号

步骤

1. 要观察双轴干涉图，将薄薄的一块白云母放在没有盖玻片的载玻片上。这种矿物具有平行于显微镜光轴的锐角等分线。

2. 使用低放大倍数聚焦白云母。切换到 40 倍物镜，如有必要，重新对焦，使用正交偏振光，并插入伯特兰透镜，获得干涉图。对于双轴矿物，黑色十字在载物台旋转时变成一对双曲等分线，并带有干涉色。这种情况应该在载物台完整旋转 360° 时出现 4 次。请注意，因切换了物镜，可能需要重新对焦。如果一开始无法找到干涉图，则移动载玻片，获得矿物首选的方向。

画出你所观察到的现象。

3. 要确定矿物的光学符号，旋转载物台，直到干涉图看起来与图 18-2 类似。插入一阶红色补偿器。将插入一阶补偿器后看到的颜色与米歇尔－勒维干涉图进行对比，确定白云母是一种正双轴晶体还是负双轴晶体。如果颜色变为黄色，则光学符号为正；如果颜色变为蓝色，则光学符合为负。

4. 画出插入一阶红色补偿器后的干涉图。确保载物台是旋转的，以显示每个光轴点上的两个双曲等分线。在绘画中记录光学符号。

### 第六部分：未知晶体类型和光学符号

步骤

正如你在第三部分和第五部分所观察到的，双轴晶体与单轴晶体具有不同的干涉图。选取一个未知样品。用 Flo-texx™ 制备样品。使用锥光照明，通过干涉图确定样品是双轴还是单轴的。另外，报告晶体是正还是负。

### 报告要求

应包括在实验室程序中获得的所有绘图、计算或其他信息。注释和/或绘图应包括样品鉴别、放大倍数和完整的描述。

### 报告问题

1. 用锥光照明获得的 5 个焦点是什么？与正射照明有什么不同？

2. 什么是单轴晶体？解释 e 光、o 光、$n_\varepsilon$ 和 $n_\omega$。

3. 既然矿物有三条轴，为什么叫单轴？

4. 当第一部分中的方解石颗粒在相距 180° 的两个位置消光时，你观察到它们的折射率是多少？请解释你的答案。

5. 距上一个问题所涉两个位置 90° 的位置上观察到的折射率是多少？注意：这些颗粒的对比度最大或浮雕最高。解释你的答案。

6. 你观察到的显示出中间浮雕的其他晶体的折射率是多少？请解释你的答案。

7. 如果该矿物是各向同性的，你会看到什么？请解释你的答案。

8. 什么是双轴矿物？解释锐角等分线矿物。解释正双轴矿物，以及如何使用干涉图确定光学符号。

9. 既然矿物有三条轴，为什么叫双轴？

10. 画出单轴矿物的偏心干涉图，并标出同消色线、光轴点和东北象限。

11. 解释为什么插入一阶红色补偿器后，黑色同消色线会变成红色。

12. 请解释你如何利用干涉图找到一个 c 轴平行于显微镜光轴的矿物颗粒。这个方向上观察到的折射率是多少？请解释你的答案。

## 推荐和拓展阅读

Antoci PR，Petraco N. A Technique for Comparing Soil Colors in the Forensic Laboratory. *Journal of Forensic Sciences*. 1993；38（2）：437.

Bull PA，Parker A，Morgan RM. The Forensic Analysis of Soils and Sediment Taken from the Cast of a Footprint. *Forensic Science International*. 2006；162（1-3）：6-12.

Craig JR，Vaughan DJ. *Ore Microscopy and Ore Petrography*. 2nd ed. New York：John Wiley & Sons, Inc. , 1994.

Curtil L，Gielly J，Murat M. The Polarizing Microscope—a Tool of Interest for Investigation on Concrete-Application to Carbonation. *Cement and Concrete Research*. 1993；23（2）：329-334.

Graves WJ. A Mineralogical Soil Classification Technique for the Forensic Scientist. *Journal of Forensic Sciences*. 1978；24（2）：323-338.

Murray RC，Solebello LP. Forensic Examination of Soil. In：Saferstein R，ed. *Forensic Science Handbook*. Upper Saddle River, NJ：Pearson Education, 2002；615-625.

Petraco N. Microscopic Examination of Mineral Grains in Forensic Soil Analysis 1. *American Laboratory*. 1994；26（6）：35.

Petraco N，Kubic T. A Density Gradient Technique for Use in Forensic Soil Analysis. *Journal of Forensic Sciences*. 2002；45（4）：872-873.

Quarino L. *Soil Identification-Particle Size Distribution. Trace Evidence and Microscopy*. Allentown, PA：Cedar Crest College, 2006.

Rawlins BG，Kemp SJ，Hodgkinson EH，Riding JB，Vane CH，Poulton C，et al. Potential and Pitfalls in Establishing the Provenance of Earth-Related Samples in Forensic Investigations. *Journal of Forensic Sciences*. 2006；51（4）：832-845.

Ruffell A，McKinley J. Forensic Geoscience：Applications of Geology, Geomorphology and Geophysics to Criminal Investigations. *Earth-Science Reviews*. 2005；69（3-4）：235-247.

Stoermer EF，Smol JP. *The Diatoms：Applications for the Environmental and Earth Sciences*. Cambridge, UK；New York, NY, USA：Cambridge University Press, 1999.

Stoiber RE. *Crystal Identification with the Petrographic Microscope*. Hanover, NH, 1962.

Wanogho S, Gettinby G, Caddy B, Robertson J. Determination of Particle-Size Distribution of Soils in Forensic-Science Using Classical and Modern Instrumental Methods. *Journal of Forensic Sciences*. 1989; 34 (4): 823-835.

Weil RR. *Laboratory Manual for Introductory Soils*. 7th ed. Dubuque, IA: Kendall/Hunt Publishing Company, 2005.

# 第十九章

# 实验 19：微化学实验——无机离子

**推荐实验前阅读作业**

Chamot EM, Mason CW. *Handbook of Chemical Microscopy*. New York, NY: John Wiley & Sons, Inc. , 1938.

## 实验目的

完成本实验后，学生将对以下内容有基本了解：

1. 微化学实验
2. 进行微化学实验的技术
3. 检测阳离子、阴离子的几种实验方法
4. 使用复式显微镜观察实验结果

## 实验概述

目前，人们普遍使用分析仪器来确定未知物质成分。相对而言，微化学实验似乎已经过时。然而，微化学实验所使用的技术得到普遍接受并且易于获得。微化学实验由于简单、便宜、灵敏、可靠而且高效，在法庭科学检验中仍然颇受欢迎，其作为一种常规筛查技术被使用，筛查之后再进行其他确证实验。在个别法庭科学领域（如药物分析和微量物证），微化学实验得到了广泛应用（实验20）。无机微化学实验的基本原理遵循了分离、检测样品成分中阳离子和阴离子的定性分析方案。"半微量"程度的定性分析可以检测出 5 mL 溶液中 1 mg~2 mg 的离子，而且人们可以直接观察到检测结果。使用显微镜可以让分析人员鉴别出样品物质的单粒。

几乎所定性分析方案所使用的微化学实验都可以在显微镜载玻片上进行。

微化学实验主要有 6 个程序：试剂混合、溶解度实验、蒸发实验、倾析实验、升华实验和熔融实验。试剂混合可采用图 19-1 中所述的三种方法之一。

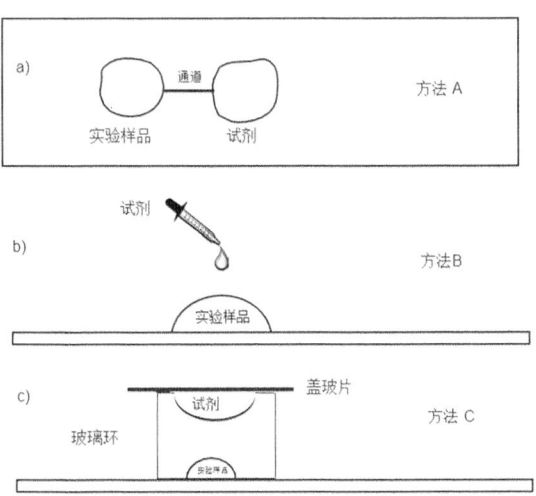

**图 19-1 无机离子微晶实验方法：a）试剂与实验样品都被溶解，用牙签在两滴液体间建立通道时则发生反应；b）试剂溶解后再滴到液体（或固体）实验样品上；c）实验样品溶解，试剂悬浮在玻璃环中实验样品上方**

溶解度实验包括将单个晶体或颗粒置于一滴水或其他溶剂中。对于许多在微观层面上进行的反应，水是最好的溶剂。然而，当溶液呈微酸性或碱性时，某些反应的效果更好。分析人员应注意实验样品在溶剂中是否可溶、微溶或不溶。初步的溶解度实验结果可以让分析人员了解样品成分极性，这正呼应了"相似相容"原理：极性化合物溶于极性溶剂，非极性化合物溶于非极性溶剂。

蒸发实验需要对含有实验样品的溶剂进行加热。用于蒸发的热源包括酒精火焰，如果需要无火加热，则可以使用热灯泡或热板。将显微镜载玻片放置于热源上方，当它变热时，轻轻吹一下溶剂，使物质能够形成一个均匀的薄片。蒸发后，通常会留下特征性晶体，可用于鉴别。

倾析实验涉及将沉淀物从溶剂中分离出来。使用微型刮刀将沉淀物与溶剂分离，然后让其干燥。在过量的溶剂和沉淀物之间用一小块滤纸作为通道，并稍微加热通道区域，这样可以避免回流。

升华实验是指固相不通过液相而直接转变为气相的情况，可发生在微观尺度上。升华后形成的晶体可用于鉴别。如图 19-1c）所示，在玻璃环上方盖玻片上加一滴试剂，使试剂悬浮在固体实验样品上方。加热后发生升华，并在盖玻片的底部形成晶体。

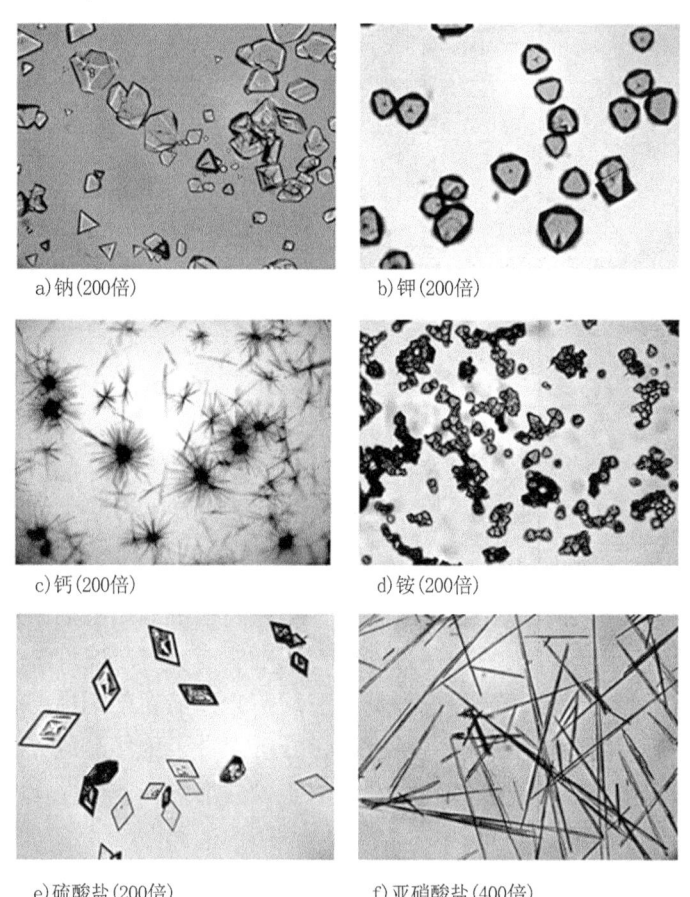

a）钠（200倍）

b）钾（200倍）

c）钙（200倍）

d）铵（200倍）

e）硫酸盐（200倍）

f）亚硝酸盐（400倍）

图 19-2　一些常见的无机离子微化学实验的特征晶体：a）钠与乙酸铀酰锌溶于醋酸；b）钾与氯铂酸；c）钙与硫酸；d）铵与氯铂酸形成的晶体，其性状与 b）中的钾完全相同；e）硫酸盐与硝酸银；f）亚硝酸盐与硝酸银 [未展出：氯化物与硝酸银（白色沉淀）、碳酸盐与稀盐酸（形成气泡）]

在熔融实验中，实验样品与硼砂等助熔剂混合，并在铂金丝上加热。该过程将会形成一个玻璃状熔珠，随后我们可以研究其独特的干涉颜色、晶体形态或其他不寻常的性质。熔融实验对于鉴别不溶性化合物非常有用，尽管有关熔融特性的信息不容易获得。

本章只是一个简短的总结，此类相似的操作还有很多，这也引发了多样化的微化学实验。

我们将重点介绍以下微晶实验，即将已知试剂应用于少量未知物质，以形成可鉴别的晶体。这些反应在显微镜载玻片上进行，使用一滴实验样品溶液（含有待检物质）和一滴试剂（试剂溶解在适当溶剂中）进行反应。在一般情况下，试剂应与未知样品接触。接触通常是使用玻璃棒或牙签将两滴物质拉在一起完成的，如图 19-1a）所示。接触后，两种物质就会发生反应。反应结果在颜色变化、气泡的形成或所产生的特征性晶体等方面各有不同。如果生成结晶，可以用复式显微镜和偏振光显微镜在 100~400 倍放大倍数下观察。样品浓度、杂质和试剂问题可能会导致微化学实验出现障碍。由于这些问题的存在，必须在检验未知样品的同时进行对照实验。需要注意的是，阳性结果必须是通过与对照实验的比较得出的，而不是与已发表文献中基于不同试剂和技术得出的结果做比较。在对未知样品进行实验前，学生应该对所有离子进行阳性对照实验，以熟悉微化学技术、使用程序和晶体的外观。同样重要的是，使用所有不含目标物的试剂进行阴性对照实验，以确保试剂本身不会导致被测晶体的形成。虽然阳性对照实验和阴性对照实验通常为初步实验，但仍需将它们与未知样品同时检测。

这些实验敏感度很高，应采取特别的预防措施，以防止污染。所有与未知物或试剂接触的设备（载玻片、微量移液管、微型刮刀）都应严格清洁。尤其是载玻片，在使用前必须清洗。扁平的木质牙签可以作为理想的一次性微型刮刀。在全部载玻片上贴上标签，并保持工作区规整和洁净，尽量降低混乱和污染的概率。

**实验设备和用品**

复式光学显微镜，配有各种放大倍数的物镜（如 4 倍、10 倍、20 倍）

微型工具包

显微镜载玻片（可使用专用孔穴载玻片）

盖玻片

牙签（或封闭式毛细管）

各项实验所列出的化学品

含有阴阳离子的已知样品

待检未知样品

## 实验安全

使用指导老师制定的标准实验室安全程序。谨慎选择显微镜的光照强度，避免眼睛受伤。了解与溶剂相关的危险，并遵照指导老师设定的适当预防措施使用它们。根据需要参阅参考材料安全数据表。在本实验的所有环节中，佩戴个人防护设备，如护目镜和丁腈手套。一些试剂中含有浓酸溶液，应谨慎处理。

### 微晶实验的标准方法

晶体是在实验样品和试剂达到一定比例时形成的，所以我们可能不会立即得到晶体。在这种情况下，将实验玻片放在一边，几分钟后再检查晶体是否形成。等待的时间可以使溶液蒸发，促进晶体的形成。

*方法 A*

将少量的试剂和待检样品分别滴入水中。在它们溶解后，用牙签在两滴液体之间建立一条薄薄的通道。当两滴液体发生反应时，会形成特征性晶体。见图 19-1a）。

*方法 B*

将待检样品溶于一滴水中。将少量试剂直接加入到实验样品液滴中。当样品之间发生反应时，会形成特征性晶体。有时，较高浓度的实验样品会加快晶体的形成。在这些情况下，我们可将实验样品直接加入试剂中。见图 19-1b）。

*方法 C*

悬挂式液滴受到实验样品液滴与溶剂所形成气体的影响。用切开的 1/4 英寸（约 6 mm）的玻璃管制成一个隔板，用于固定盖玻片，将试剂放在溶解的样品上。一旦晶体形成，倒转盖玻片，并将其放在载玻片上进行观察。见

图 19-1c）。

*阳离子*

● **Na⁺**　用方法 A 可以得到钠与乙酸铀酰锌的最佳反应。首先将含钠的固体溶解在蒸馏水中。接着将乙酸铀酰锌溶解在乙酸中。过量的乙酸根离子是形成晶体的必要条件。特征性晶体将呈孪生多角体。晶体的照片如图 19-2a）所示。

● **K⁺**　将钾盐溶于稀盐酸中。用方法 A 将此溶液与氯铂酸反应，会出现特征性的、成形良好的、无色、高度双折射的八面体及立方体晶体，也可能出现拉长和扭曲的形状。伸长的八面体晶体以正菱形晶体形态出现。由于晶体的双折射，最好用正交偏振光观察它们。实验样品液滴如果是冷的且相对稀释的，将有利于这一反应。晶体的照片如图 19-2b）所示。

● **Ca²⁺**　用方法 A，向溶解的钙样品中加入一滴稀硫酸，将形成无色双折射的针状晶体，呈星光状。然而，这些薄薄的晶体是很难观察到的，由于晶体的双折射，最好用正交偏振光来观察它们。晶体的照片如图 19-2c）所示。另一种程序是在固体钙盐中加入一滴硫酸，这将产生更大的针状晶体。

● **NH₄⁺**　采用悬滴法（方法 C），向实验样品中加入稀氢氧化钠。迅速用挂着一滴氯铂酸的盖玻片盖住这个样品。此实验将产生具有高折射率的八面体晶体［图 19-2a）］，其性状与用氯铂酸得到的钾晶体完全相同［如图 19-2b）所示］。

*阴离子*

● **Cl⁻**　当含氯化合物用方法 A 接触硝酸银时，会形成特征性的细粒八面体，除非在高放大倍数（>500 倍）下观察，否则会出现无定形的白色沉淀。许多阴离子与硝酸银形成白色沉淀，因此需要进一步实验。

● **SO₄²⁻**　在载玻片上滴一滴硫酸，用稀氢氧化钠中和。将几滴硝酸银的晶体滴在旁边。加入一滴蒸馏水，使固体溶解。用方法 A 使二者相连并反应，将形成特征性的无色、高折射率的菱形片和有棱角的棱柱［见图 19-2e）］。

● **NO₂⁻**　用方法 A 将亚硝酸盐暴露在硝酸银溶液中时，会形成大量细针状的长针状棱柱［见图 19-2f）］。

● **CO₃²⁻**　使用方法 A 或 B，将稀盐酸加入到含碳酸盐的化合物中时，由于二氧化碳的形成而产生气泡。

### 第一部分：已知样品的微化学实验

**步骤**

工作表在本实验末尾，也可以从 http://www.wileyeurope.com/college/wheeler 获取。

1. 你将获得含有已知阳离子和阴离子的样品。

2. 进行阳性对照实验。利用上述程序对已知样品进行微化学实验。

3. 将载玻片放在偏振光复合显微镜上，使用平面偏振光，在 100~200 倍放大倍数下观察反应过程。要小心，不要让物镜沾上任何试剂。如果发生这种情况，请教指导老师如何清洁物镜。使用搜索和查找技术定位可能已形成的晶体。重点观察两滴液滴交界处和液体边缘附近。

4. 在表 19-1 中充分描述你对每个已知样品的观察结果。画出所获得的特征性晶体，并记录所观察到的特殊区别性特征。

5. 进行阴性对照实验。在每次实验中，开展阳性对照的同时，用一滴水作为阴性对照样品与试剂反应。观察阴性对照实验，确保试剂本身不会导致待观察的现象。在表 19-2 中报告结果。

6. 一旦你掌握了实现化学反应以及观察结果的方法，就进入第二部分。

### 第二部分：未知样品的微化学实验

1. 你将获得含有未知阳离子和阴离子的样品。重复实施阳性对照实验时的所有步骤，并在表 19-3 中报告结果。

2. 在鉴定未知样品中的离子时，只需对每种离子进行一次阳性晶体实验。

3. 在实验报告中，写一段话来说明你的答案。

## 微化学实验工作表

### 表 19-1 已知样品的阳性对照实验

| 离子 | 使用的试剂 | 结果（＋或−） | 在圆形模板上画出晶体，在这里总结结果 |
|------|-----------|--------------|-------------------------------------|
|      |           |              |                                     |
|      |           |              |                                     |
|      |           |              |                                     |
|      |           |              |                                     |
|      |           |              |                                     |
|      |           |              |                                     |
|      |           |              |                                     |
|      |           |              |                                     |
|      |           |              |                                     |

表 19-2　阴性对照实验

| 离子 | 使用的试剂 | 结果（＋或-） | 在圆形模板上画出晶体，在这里总结结果 |
|---|---|---|---|
| | | | |
| | | | |
| | | | |
| | | | |
| | | | |
| | | | |
| | | | |
| | | | |
| | | | |

**表 19-3　未知样品实验**

| 离子 | 使用的试剂 | 结果（＋或-） | 在圆形模板上画出晶体，在这里总结结果 |
|------|------------|----------------|--------------------------------------|
|      |            |                |                                      |
|      |            |                |                                      |
|      |            |                |                                      |
|      |            |                |                                      |
|      |            |                |                                      |
|      |            |                |                                      |
|      |            |                |                                      |
|      |            |                |                                      |
|      |            |                |                                      |

## 报告要求

应包括在实验室程序中获得的所有绘图、计算或其他信息。注释和/或绘图应包括样品鉴别、放大倍数和完整的描述。

## 报告问题

1. 什么是微化学实验？说明实验目的和价值。

2. 列举三种用于微化学实验的反应。请举例说明每个反应。

3. 如果给你一个被认为是石膏的样品，你会如何使用微化学实验证明或反驳？

4. 如果给你一种酸，你会如何判断它是哪种酸？

5. 什么是阳性对照和阴性对照？为什么需要它们？

6. 你有一个白色的样品颗粒，大约 40 $\mu m \times 50$ $\mu m \times 3$ $\mu m$，你认为是铅油漆。找出铅的微化学实验方法。写出检验过程并正确引用文献。网站不是这里恰当的文献来源。

7. 写出酸与 $CO_3^{-2}$ 反应生成二氧化碳的化学反应。

## 推荐和拓展阅读

Benedetti-Pichler AA. *Identification of Materials Via Physical Properties, Chemical Tests, and Microscopy*. New York：Springer, 1964.

Chamot EM, Mason CW. *Handbook of Chemical Microscopy*. New York：John Wiley and Sons, Inc. , 1938.

Cooke PM. Chemical Microscopy. *Analytical Chemistry*. 1994；66（12）：R558-R94.

Cooke PM. Chemical Microscopy. *Analytical Chemistry*. 1996；68（12）：R333-R78.

Cooke PM. Chemical Microscopy. *Analytical Chemistry*. 2000；72（12）：169R-88R.

el-Hinnawi EE. *Methods in Chemical and Mineral Microscopy*. Amsterdam, New York：Elsevier, 1966.

Fiegel F, Anger V. *Spot Tests in Inorganic Analysis*. 6th ed. Amsterdam：Elsevier, 1972.

McCrone WC, McCrone LB, Delly JG. *Polarized Light Microscopy*. Ann Arbor, MI：Ann Arbor Science, 1978.

Novoseisky Y, Glattstein B, Volvok N, Zeichner A. Microchemical Spot Tests in Toolmark

Examinations. *Journal of Forensic Sciences.* 1995；40（5）．

Palenik S. The Overlooked Clue—the Practical Use of Chemical Microscopy in the Forensic Examination of Microtraces. *Abstracts of Papers of the American Chemical Society.* 1995；210：CHED 274.

Schaeffer HF. *Microscopy for Chemists.* New York：Dover Publications，1966.

# 第二十章

# 实验 20：管制物质的显微镜分析

**推荐实验前阅读作业**

Moffat AC. *Clarke's Isolation and Identification of Drugs.* London，England：The Pharmaceutical Press，1986；128-147.

Fiegl F. *Spot Test in Organic Analysis.* Amsterdam，Netherlands：Elsevier Scientific，1966.

Johns SH，Wist AA，Najam AR. Spot Tests：A Color Chart Reference for Forensic Chemists. *Journal of Forensic Sciences.* 1979；24（3）：631-641.

Bell S. *Forensic Chemistry.* Upper Saddle River，NJ：Pearson Education，2006；270-294.

## 实验目的

完成本实验后，学生将对以下内容有基本了解：

1. 推定实验和确证实验的区别
2. 药物的显色实验
3. 药物的微晶实验

## 实验概述

显微镜可用于法庭毒品检测的推定实验。推定实验用于初步确定样品可能的成分。这类似于警察进行的现场筛查实验。这些实验为分析人员提供了关于潜在毒品成分的初步想法，以便他们据此开展其他实验并最终认定物质成分。这些附加的实验被称为确证实验。确证实验确定特定毒品或其代谢物的存在。毒品检测中使用的两种主要推定实验为显色实验和微晶实验，这两种实验有时也被称为斑点实验。

显色实验是最常见的斑点实验。它们使用能与特定化合物或官能团发生反应的试剂。法庭毒品检测的目标物主要有三个官能团：苯酚、芳香环和胺。许多毒品具有不止一个活性基团，因此显色机制可能相当复杂。最常用的显色实验是大麻的快速香荚兰素显色实验、可卡因的硫氰酸钴显色实验、鸦片和苯丙胺的马改氏试剂显色实验以及 LSD（麦角酸二乙基酸胺）[1]的 p-DMAB（对二甲氨基苯甲醛）实验。表 20-1 给出了一些常见管制物质在本实验中进行显色实验的预期结果。

**表 20-1 常见管制物质显色实验的预期结果**

| 试剂 | 管制物质的类别 | 一些常见管制物质的预期阳性结果[1] |
| --- | --- | --- |
| 快速香荚兰素 | 大麻 | 大麻（有机层呈蓝紫色） |
| 硫氰酸钴 | 可卡因或相关物质 | 盐酸可卡因（蓝色沉淀） |
| | | 可卡因（蓝色） |
| | | 硫酸奎宁（蓝色） |
| | | 盐酸氯氮卓（无变化） |
| 钒酸铵试剂 | 类固醇、生物碱、阿司匹林 | 硫酸苯丙胺（绿色） |
| | | 对乙酰氨基酚（橄榄绿） |
| | | 阿司匹林（绿色） |
| | | 硫酸奎宁（淡绿色） |
| 马改氏试剂 | 鸦片衍生物、安非他明、其他生物碱 | 硫酸苯丙胺（绿色） |
| | | 甲基苯丙胺（淡绿色） |
| | | 阿司匹林（绿色） |
| | | 盐酸对苯二酚（棕色/紫色） |
| | | 盐酸苄非他明（起泡，呈绿色） |
| | | 盐酸吗啡（橄榄色） |
| | | 磷酸可待因（橄榄色） |
| 硒硫酸试剂 | 生物碱、麻醉剂 | 盐酸氧可酮（黄色→橄榄绿） |
| | | 鸦片（绿色） |

---

[1] Bell S. *Forensic Chemistry*. Upper Saddle River, NJ: Pearson Education, 2006; 270.

续表

| 试剂 | 管制物质的类别 | 一些常见管制物质的预期阳性结果[1] |
|---|---|---|
| | | 吗啡碱 （蓝绿色） |
| | | 盐酸吗啡 （绿色） |
| | | 盐酸海洛因 （绿色-蓝色） |

[1] Johns SH, Wist AA, Najam AR. Spot tests: A color chart reference for forensic chemists. *Journal of Forensic Sciences*. 1979; 24 (3): 631-641.

显色实验可以使用点滴板（玻璃的或陶瓷的）或试管开展。实验时，将少量的未知样品放入点滴板的孔穴中。在样品中加入一两滴试剂，在体视显微镜下观察颜色变化。应同时对已知样品进行分析，以确保试剂正常工作。显色实验的一个重要步骤是使用对照样品。即使不存在毒品，由于污染、副反应或氧化等原因也可能会出现颜色变化。因此，对于空白或阴性对照实验，在点滴板相邻孔穴中仅滴入试剂即可。如果阴性对照实验观察到颜色变化，则说明该实验为假阳性。如果已知目标分析物与试剂反应时没发生颜色变化，则说明该实验结果为假阴性。如果嫌疑样品中只含有少量的目标分析物，其浓度低于实验的检测限，则可能得到阴性结果。通常而言，推定实验的检测限为1 mg~50 mg[1]。如果在实验中仅有极少量被分析物的情况下也能得到阳性结果，则称其为灵敏的实验。然而，这并不意味着它可以区分不同的毒品。通常而言，显色实验是针对某些类别毒品的，而无法筛选出某一具体的毒品成分。

显色实验因其易用性和稳健性而被广泛用于实现筛查目的。与之相反，微晶实验则被人们尴尬地称为难以开展的推定实验，其中一个重要原因在于晶体生长是很有难度的，人们常常将其称为一门艺术而非科学。然而，一些微晶实验足够强大，在法庭科学中具有实际用途。与显色实验相比，如果分析人员能够学会区分不同的晶体形式，微晶实验的筛选性就会更强。例如，微晶实验对于区分光学异构体很有用，如区分 d-安非他明与 d,l-安非他明，

---

[1] O'Neal CL, Crouch DJ, Fatah AA. Validation of Twelve Chemical Spot Tests for the Detection of Drugs of Abuse. *Forensic Science International*. 2000; 109: 189-201.

区分 d-可卡因与 l-可卡因[1]。晶体的形成需要过饱和溶液，也就是浓度超过溶解度浓度的溶液。溶解度浓度是指分析物与固体平衡时的浓度。极高的过饱和度将导致沉淀或形成无定形（无序）固体。浓度低于溶解度浓度时将不会产生任何固体。晶体在溶解度图的亚稳区形成。在微晶实验过程中，我们需要知晓整个载玻片上并非所有试剂的浓度都是相同的。搜索和筛选技术用于定位晶体，晶体或者出现在液滴的边缘附近，这里因蒸发作用而浓度较高；或者出现在样品与试剂交界处，因为二者在这里发生混合。我们可以使用正交偏振光寻找晶体（只要形成的晶体不是立方体），它能提升我们查找小晶体的能力。

## 实验设备和用品

体视显微镜，放大倍数为 10~40 倍。

偏振光显微镜，配有各种不同放大倍数的物镜（如 4 倍、10 倍、20 倍、40 倍）

微型工具包

点滴板

载玻片

牙签

试管

试剂和样品在每项实验中列出

## 实验安全

使用指导老师制定的标准实验室安全程序。谨慎选择显微镜的光照强度，避免眼睛受伤。了解与溶剂相关的危险，并遵照指导老师设定的适当预防措施使用它们。根据需要参阅参考材料安全数据表。在本实验的所有环节，学生应佩戴个人防护设备，如护目镜和丁腈手套。需要使用氯仿和有机溶剂的工作都应在通风橱内或在充分通风的情况下完成。一些试剂中含有浓酸溶液，

---

[1] Allen AC, Cooper DA, Kiser WO, Cottrell RC. The Cocaine Diastereoisomers. *Journal of Forensic Sciences*. 1981；26（1）：12-26.

应谨慎处理。

## 第一部分：显色实验

### 大麻的快速香荚兰素显色实验

显色实验可以确定疑似大麻样品中是否存在 1，3-间苯二酚结构。如果颜色从灰色变成绿色，再从蓝色变成紫蓝色，就表明有大麻存在。烤咖啡和广藿香油也会产生阳性结果。使用新鲜的大麻叶子实验效果最好。

所需试剂：

• 快速香荚兰素试剂：混合 0.63 mL 乙醛、0.5 g 香兰素和 25 mL 95% 乙醇。放入滴瓶中，并贴上标签。

• 浓盐酸

• 氯仿

已知样品：咖啡豆和包括大麻在内的植物样品。

未知样品：从指导老师那里获取一份未知样品，并在笔记中记录其编号。

步骤

1. 在体视显微镜下观察植物样品。选取几片有明显树脂腺体的叶子，放入贴有标签的试管中。

2. 在研钵中研磨咖啡豆。将一些咖啡豆研磨物放入另一个贴有标签的试管中。

3. 加入 20 滴快速香荚兰素试剂，再加入 20 滴浓盐酸。用软木塞或 Parafilm™ 封口膜盖住试管并震荡。此时应形成紫色。

4. 接着向试管中加入约 20 滴氯仿。盖住并震荡。有机层（底层）出现蓝紫色，表明大麻实验呈阳性。

5. 用一个空试管作为对照，重复此实验。

6. 使用你的未知样品重复此实验。

7. 在你的笔记中充分描述对每个已知样品和未知样品的观察结果。使用孟塞尔颜色书为每个最终颜色分配孟塞尔颜色标记。实验 18 中解释了孟塞尔颜色系统的使用方法。

### 可卡因及相关药物的硫氰酸钴显色实验法

在本实验中，如果可卡因或相关物质（如普鲁卡因）存在并产生离子配对，则硫氰酸钴溶液会从粉红色变成蓝色。该方法可以对普鲁卡因与可卡因进行进一步区分，因为普鲁卡因的蓝色产物加入氯化亚锡后会溶解。

所需试剂：

• 硫氰酸钴溶液：将 0.5 g 硫氰酸钴混入 25 mL 水中，放入滴瓶中，并贴上标签。

• 氯化亚锡溶液：将 5.0 g 氯化亚锡混入 10 mL 浓盐酸中，使用蒸馏水稀释至 100 mL，放入滴瓶中，并贴上标签。

已知样品：包括固体形式的盐酸可卡因、盐酸普鲁卡因、硫酸奎宁和盐酸氯代二氮氧化物。注：可以使用甲醇配置 5 mg/mL~10 mg/mL 标准溶液，这些溶液可用于显色实验。将几滴毒品标准溶液分别滴入孔穴中。鉴于本实验的敏感性，市售的 1 mg/mL 标准溶液不会产生颜色变化。

未知样品：从指导老师那里获取一个未知样品，并在笔记中记录其编号。所有显色实验将使用同一个未知样品。

步骤

1. 将一个干净的点滴板放在体视显微镜下。使用移液管和胶头，将 25 μL 已知样品溶液滴在点滴板的不同孔穴中。如果是固体样品，只需用几粒。

2. 在每个孔穴中加入 1 滴硫氰酸钴溶液。在一个空孔穴中加入 1 滴硫氰酸钴溶液作为对照。注意是否出现蓝色。

3. 加入 2 滴氯化亚锡溶液。注意蓝色是继续存在还是消失。同时注意可能形成的固体胶状沉淀。

4. 在你的笔记中充分描述对每个已知样品和未知样品的观察结果。使用孟塞尔颜色书为每个最终颜色分配孟塞尔颜色标记。实验 18 中解释了孟塞尔颜色系统的使用方法。

5. 使用同样的程序检验你的未知样品，并报告你的观察结果，包括孟塞尔颜色标记。

### 鸦片衍生物、安非他明和其他生物碱的钒酸铵显色实验

钒与类固醇、生物碱或阿司匹林会形成有色的钒络合物。许多化合物会与该试剂产生颜色反应，所以通过与阳性对照比较解释实验结果是至关重要的。例如，氢氯化物会呈现红色，含有环硫的化合物只要环上不含一个以上的氮原子就会产生颜色，芳香环连有饱和的五（六或七）元环且环上只有一个氮原子的结构也会发生同样的反应。

所需试剂

• 钒酸铵试剂：将 0.25 g 钒酸铵混入 25 mL 浓硫酸中，放入滴瓶中并贴上标签。

已知样品：包括固体形式的硫酸苯丙胺、对乙酰氨基酚、埃克塞德林和硫酸奎宁。注：可以用 1 mg/mL 标准溶液替代，这些溶液可以用于显色实验。将几滴毒品标准品放在每个孔中。当显色试剂直接加入到 1 mg/mL 溶液中时，本实验效果最好。

未知样品：从指导老师那里获取一个未知样品，并在笔记中记录其编号。

步骤

1. 将一个干净的点滴板放在体视显微镜下。使用移液管和胶头，将 25 μL 已知样品溶液滴在点滴板的不同孔穴中。如果是固体样品，只需用几粒。

2. 在每个孔穴中加入 2 滴钒酸铵试剂，观察颜色变化。在一个空孔穴中加入 2 滴钒酸铵试剂作为对照。

3. 在你的笔记中充分描述对每个已知样品和对照的观察。使用孟塞尔颜色书为每个最终颜色分配孟塞尔颜色标记。实验 18 中解释了孟塞尔颜色系统。

4. 使用同样的程序检验你的未知样品，并报告你的观察结果，包括孟塞尔颜色标记。

*鸦片衍生物、安非他明和其他生物碱的马改氏试剂显色实验*

该实验可能会产生可见光区内的所有颜色，因此阳性对照实验是必不可少的。导致该实验发生颜色变化的化合物，按有效程度递减的顺序分别为：环硫、芳香族环氧和仅由碳、氢、氮组成的芳香族化合物。

所需试剂

• 马改氏试剂：将 1 mL 40% 的甲醛混入 20 mL 浓硫酸中，放入滴瓶中，贴上标签。

已知样品：包括硫酸苯丙胺固体、甲基安非他明、阿司匹林、丙硫酚、苯丙胺、氯化吗啡和可待因。注：除甲基苯丙胺需要更高的浓度外，可以用 1 mg/mL 标准溶液替代管制物质。这些溶液可用于显色实验，在每个孔穴中滴入几滴毒品标准溶液即可。当显色试剂直接加入到 1 mg/mL 标准溶液中时，本实验效果最好。

未知样品：从指导老师那里获取一个未知的样品，并在笔记中记录其编号。

**步骤**

1. 将一个干净的点滴板放在体视显微镜下。使用移液管和胶头，将 25 μL 已知样品溶液滴在点滴板的不同孔穴中。如果是固体样品，只需用几粒。

2. 在每个孔穴中加入 2 滴马改氏试剂，观察颜色变化。在一个空孔穴中加入 2 滴马改氏试剂作为对照。

3. 在你的笔记中充分描述对每个已知样品和对照的观察。使用孟塞尔颜色书为每个最终颜色分配孟塞尔颜色标记。实验 18 中解释了孟塞尔颜色系统。

4. 使用同样的程序检验你的未知样品，并报告你的观察结果，包括孟塞尔颜色标记。

**鸦片的硒硫酸显色实验**

硒硫酸试剂与鸦片药物接触后会变成绿色。

所需试剂：

• 硒硫酸试剂：将 0.25 g 亚硒酸混入 25 mL 浓硫酸中，放在滴瓶中，并贴上标签。

已知样品：包括盐酸羟考酮、肉豆蔻和糖的固体样品。注：可以用 1 mg/mL 标准溶液替代管制物质。这些溶液可用于显色实验，在每个孔穴中滴入几滴毒品标准溶液即可。当显色试剂直接加入到 1 mg/mL 标准溶液中时，本实验效果最好。

未知样品：从指导老师那里获取一个未知的样品，并在笔记中记录其编号。

**步骤**

1. 将一个干净的点滴板放在体视显微镜下。使用移液管和胶头，将 25 μL 已知样品溶液滴在点滴板的不同孔穴中。如果是固体样品，只需用几粒。

2. 在每个孔穴中加入 2 滴硒硫酸试剂，观察颜色变化。在一个空孔穴中加入 2 滴硒硫酸试剂作为对照。

3. 在你的笔记中充分描述对每个已知样品和对照的观察。使用孟塞尔颜色书为每个最终颜色分配孟塞尔颜色标记。实验 18 中解释了孟塞尔颜色系统。

4. 使用同样的程序检验你的未知样品，并报告你的观察结果，包括孟塞尔颜色标记。

## 第二部分：微晶实验

所需试剂：

- 氯化金试剂（5% 氯金酸），装在滴瓶中
- 3M 盐酸，装在滴瓶中

已知样品：包括阿司匹林、咖啡因和普鲁卡因的固体样品，以及海洛因和可卡因在甲醇中的标准溶液（1 mg/mL）。

未知样品：从指导老师那里获取一个未知的样品，并在笔记中记录其编号。

固体样品的程序

1. 使用研钵和杵，研磨片剂，以获得细粒样品。

2. 取一个干净的载玻片，选取一种已知样品，并将几粒已知样品撒在载玻片上。滴一小滴 3M 盐酸溶解样品。

3. 在此液滴旁边加入一小滴氯化金试剂。用图 19-1 的方法 A 将这两滴试剂混合。用牙签将试剂拉到样品滴上。如果立即形成沉淀，则说明分析物浓度太高导致超饱和度，需要用较少的样品重复步骤 1。

标准溶液的步骤

1. 在载玻片上放置一个玻璃环，并在其内侧滴一滴标准溶液（见图 19-1 的方法 C）。玻璃环可防止标准溶液在显微镜载玻片上散开并使所有的溶剂蒸发。

2. 取出玻璃环。选取多数毒品固体干燥的区域，滴一滴结晶试剂（见图 19-1 的方法 B）。可将第二滴结晶试剂滴加到同一载玻片的另一区域。

观察晶体的步骤

1. 将载玻片放在偏振光复式显微镜上，使用正交和非正交偏振光，在 200 倍放大倍数下观察混合反应。小心不要让任何试剂接触物镜。如果发生这种情况，请教指导老师如何清洁物镜。使用搜索和查找技术定位可能已经形成的晶体。重点查看两滴的交界处和液体的边缘附近，在这些位置溶剂蒸发可能导致晶体的形成。使用图 20-1 作为获得的晶体形态的指南。值得注意的是，阳性认定需要与已知标准样品比对，而不是与公开发表文献中的照片比较，因为试剂和条件的不同可能会改变晶体形态。

a）普鲁卡因　　　　b）l-可卡因　　　　c）海洛因

d）阿司匹林　　　　e）咖啡因

**图 20-1　用氯化金（200 倍）从 a）普鲁卡因、b）l-可卡因（1 mg/mL 甲醇标准溶液）、c）海洛因（1 mg/mL 甲醇标准溶液）、d）阿司匹林和 e）咖啡因中获得的晶体形态**

2. 如果没有发现晶体，将载玻片放到一边，用另一个毒品样品进行实验。随着时间的推移，晶体可能会形成，在正交和非正交偏振光下重新检查载玻片。

3. 在笔记中充分描述对每个已知样品的观察结果。

4. 使用同样的程序检验未知样品，并报告你的观察结果。

## 报告要求

应包括在实验室程序中获得的所有绘图、计算或其他信息。注释和/或绘图应包括样品鉴别、放大倍数和完整的描述。

## 报告问题

### 第一部分：显色实验

1. 用一段话描述如何进行显色实验，包括实验的价值和目的。

2. 定义假阳性。举出三个假阳性显色实验的例子。

3. 定义假阴性。举出三个假阴性显色实验的例子。

4. 用什么检验方法可以检测出硫胺。

5. 描述在斑点实验中空白实验和阳性对照实验的用途。

6. 混合物对斑点实验结果会产生什么影响？

7. 时间对显色实验试剂有什么影响？

8. 描述灵敏度和选择性的区别，因为它们与推定实验有关。显色实验和微晶实验，哪个方法的选择性更强？

9. 描述孟塞尔颜色系统。

10. 估算具有孟塞尔颜色标记的物体的颜色。

a) 5YR 7/10。

b) 2.5P 6/4。

11. 哪些物质会让快速香荚兰素显色实验出现假阳性？你在实验的样品中是否观察到这种情况？

## 第二部分：微晶测试

1. 用一段话说明什么是微晶实验，如何进行微晶实验。说明实验的价值和目的。

2. 定义以下术语：沉淀、溶解度、过饱和度和结晶。

3. 为什么要在正交偏振光下寻找晶体？

4. 解释为什么在一些微晶实验中会形成沉淀。

5. 什么是光学异构体？

6. 描述灵敏度和选择性的区别，因为它们与推定实验有关。显色实验和微晶实验，哪个方法的选择性更强？

### 推荐和拓展阅读

Cassista AR, Sandercock PML. Comparison and Identification of Automotive Topcoats: Microchemical Spot Tests, Microspectrophotometry, Pyrolysis-Gas Chromatography, and Diamond Anvil Cell FTIR. *Canadian Society of Forensic Science Journal*. 1994; 27: 209-223.

Fiegl F. *Spot Test in Organic Analysis*. Amsterdam, Netherlands: Elsevier Scientific, 1966. Fulton CC. *Modern Microcrystalline Tests for Drugs*. New York: John Wiley & Sons, Inc., 1969.

Hauber DJ. Marijuana Analysis with Recording Botanical Features Present and without the Environmental Pollutants of the Duquenois-Levine Test. *Journal of Forensic Sciences*. 1992; 37 (6):

1656-1661.

Jeffery W. Colour Tests. In: Moffat AC, Osselton MD, Widdop B, editors. *Clarke's Analysis of Drugs and Poisons*. London, UK: Pharmaceutical Press, 2004, 279-300.

Johns SH, Wist AA, Najam AR. Spot Tests: A Color Chart Reference for Forensic Chemists. *Journal of Forensic Sciences*. 1979; 24 (3): 631-641.

Kebabj DE. The Differentiation of D and L Isomers of Propxyphene by Mixed Crystal Test. *Microgram*. 1979; 12 (11) —access restricted to direct application to the US Drug Enforcement Agency.

McCrone WC, McCrone LB, Delly JG. *Polarized Light Microscopy*. Ann Arbor, MI: Ann Arbor Science, 1978.

Moffat AC. *Clarke's Isolation and Identification of Drugs*. London, England: The Pharmaceutical Press, 1986; 128-147.

Novoseisky Y, Glattstein B, Volvok N, Zeichner A. Microchemical Spot Tests in Toolmark Examinations. *Journal of Forensic Sciences*. 1995; 40 (5).

O' Neal CL, Crouch DJ, Fatah AA. Validation of Twelve Chemical Spot Tests for the Detection of Drugs of Abuse. *Forensic Science International*. 2000; 109: 189-201.

Schaeffer HF. *Microscopy for Chemists*. New York: Dover Publications, 1966.

Swiatko J, De Forest PR, Zedeck MS. Further Studies on Spot Tests and Microcrystal Tests for Identification of Cocaine. *Journal of Forensic Sciences*. 2003; 48 (3): 581-585.

Wielbo D, Tebbett IR. The Use of Microcrystal Tests in Conjunction with Fourier-Transform Infrared-Spectroscopy for the Rapid Identification of Street Drugs. *Journal of Forensic Sciences*. 1992; 37 (4): 1134-1148.

# 第二十一章

# 实验21：精液检验

**推荐实验前阅读作业**

Shaler R. Modern Forensic Biology. In: Saferstein R, ed. *Forensic Science Handbook*. Upper Saddle River, NJ: Pearson Education, 2002; 525–613.

## 实验目的

完成本实验后，学生将对以下内容有基本了解：

精液的显微鉴别

## 实验概述

精液是由男性性腺和性器官分泌的一种有机液体。它是通过射精过程排出的。每人每次射精的体积为 2 mL～6 mL。这种精液中通常含有精子，精子是精液中可能存在的细胞结构。某些疾病阶段、遗传性疾病、过度滥用药物、酗酒以及选择性手术，都可能导致精子数量少或完全缺失。对法庭科学家而言，最重要的事情是对精子的定性。

一个精子通常长 55 μm～70 μm，它由头部、中段和一条细细的鞭毛尾巴组成。从生物样品或色斑中找到精子是对精液的确证实验，它通常表明发生了某种类型的性接触。法庭科学家可能会遇到有活性或完整的精子。活性精子是活跃的活细胞。从阴道采集的样品中，活性精子可能存在 1～8 小时；从宫颈采集的样品中，活性精子可能存在数天。完整的精子具有完整的细胞结构，但不再是活的。从阴道采集的样品中，完整的精子可能存在长达 26 小时；从直肠采集的交媾后样品中，完整的精子可能存在 6～65 小时；从宫颈采集的样品中，完整的精子可能存在数天。从口中采集的精子很少存在超过 6

个小时。法庭科学家得到的样品往往是此前收集的，所以当精子存在时，我们能够鉴别出的往往是完整的精子。

一旦进行了酸性磷酸酶的推定实验，就必须在显微镜下鉴别精子，从而确定精液的存在。精子鉴别是通过差异染色实现的。这个过程包括将样品暴露在各种化学溶液中。使用多种染色剂可以区分单个生物体的不同结构或细胞成分。根据样品的不同，细胞结构的一部分可能会吸收染色剂。一旦细胞结构可见，我们就很容易区分人类精子和动物精子。大多数物种的精子长度与人类精子相似，但是，头部形状和头部大小会有所不同。从正面观察人类精子时，其头部呈椭圆形，长 4 μm~5 μm，宽 2 μm~3 μm。如果侧向观察精子，其头部会呈现梨形。虽然动物精子的整体长度与人类精子相似，但动物精子的头部的附着力和头部的大小及形状是完全不同的。宠物（狗和猫）和农场动物（牛、马、绵羊、猪）的精子可以通过头部与中段相接处的明显截断特征与人类精子相区别。许多动物精子的头部是一个拉长的椭圆形（即马、牛、山羊、猪），而其他动物精子的头部形状则可能完全不同。老鼠、火鸡、鸡的精子头部非常细长，而驼鹿、鹿、公羊的精子头部则有非常独特的形状和尺寸。根据样品的来源情况以及可视化精子染色剂的情况，精子的头部、中段和尾巴可能染上不同的颜色。法庭科学实验室通常使用的染色剂有两种：圣诞树染色剂和苏木精-曙红染色剂。

完整的法医生物学检验会使用各种显微镜、技术和其他仪器。在怀疑有性接触的情况下，我们可开展推定实验和确证实验，以鉴别精液。必要时，我们可进行 DNA 测试，以获得更多信息。

**实验设备和用品**

复式光学显微镜，配有各种放大倍数的油浸式物镜（如 4 倍、10 倍、20倍、40 倍）

生物样品

微型工具包

染色用试剂（见下面的特殊染色剂）

与油性物镜一起使用的浸油

离心机

移液管

试管

萃取所需的移液器

## 实验安全

使用指导老师制定的标准实验室安全程序。谨慎选择显微镜的光照强度，避免眼睛受伤。了解与溶剂相关的危险，并遵照指导老师设定的适当预防措施使用它们。根据需要参阅参考材料安全数据表。处理生物材料时，应使用个人防护设备（手套、口罩、安全眼镜等）。

### 第一部分：样品玻片的制备

**步骤**

如果没有样品玻片（一些性侵犯试剂盒里会提供），则需要通过提取生物斑痕制作。

1. 将一小块布料放入 1 mL 蒸馏水中提取一部分污渍，提取约 20 分钟。

2. 使用吸管，将切下来的布料和液体转移至试管中，使用离心机离心 3 分钟，转速约 3000 转/分。

3. 吸走大部分上清液，小心不要搅乱底部的样品颗粒，最后留下几滴提取物与颗粒。

4. 使用吸管搅拌混合剩余的液滴和颗粒。该过程将使样品颗粒重新溶解。

5. 吸取样品移至载玻片上，并允许样品彻底干燥。

### 第二部分：精子玻片染色

*圣诞树染色剂*

人类精子头部的前部会染成透明至粉红色，头部的后部会染成深粉色至红色，中段会染成蓝色，尾巴会染成黄绿色。有核的上皮细胞也可见绿色斜方体状结构，核呈红/粉红色。

所需试剂：

• 染色剂 A：核快红。将 2.5 g 硫酸铝混合在 100 mL 温水中，然后加入 50 mg 核快红。冷却后过滤。

• 染色剂 B：苦靛蓝胭脂红。在 100 mL 温水中加入 1.3 g 苦味酸、0.33 g 靛蓝胭脂红，搅拌过夜。

步骤

1. 使用干燥的样品玻片，用足量的圣诞树染色剂 A 覆盖样品，让它停留 5~10 秒。

2. 用蒸馏水轻轻冲洗玻片，去除圣诞树染色剂 A。

3. 将圣诞树染色剂 B（绿色染色剂）涂抹在玻片上，让它停留 5~10 秒。

4. 用 95% 的乙醇轻轻冲洗玻片，去除圣诞树染色剂 B。

5. 晾干玻片。

6. 在样品玻片上滴 1~2 滴浸油。使用复式光学显微镜的 100 倍油浸式物镜查看玻片。鉴别是否有精子存在。

### 苏木精–曙红染色剂

人类的精子头部会染成紫色，而尾巴会染成粉红色。

所需试剂：

• 溶液 A：甲醛。将 260 mL 95% 乙醇、90 mL 蒸馏水和 150 mL 30% 甲醛混合。

• 溶液 B：苏木精。将 1 g 苏木精、0.2 g 碘酸钠、50 g 硫酸铝钾和 1 L 蒸馏水混合。使用前过滤。

• 溶液 C：酸性乙醇。将 350 mL 95% 的乙醇、125 mL 蒸馏水和 25 mL 浓盐酸混合。

• 溶液 D：0.5% 的磷酸二钠。将 2.5 g 磷酸二钠与 500 mL 蒸馏水混合。

• 溶液 E：2% 的曙红。将 10 g 曙红 Y 与 500 mL 蒸馏水混合。

步骤

1. 使用干燥的样品玻片，用足量的溶液 A 覆盖样品，静置约 30 秒。

2. 用蒸馏水轻轻冲洗玻片，除去溶液 A。

3. 涂抹溶液 B，静置约 10 分钟。

4. 用蒸馏水轻轻冲洗玻片，以除去溶液 B。

5. 如果使用改良的迈尔苏木精，则省略这一步。使用溶液 C，静置约 30 秒。轻轻地用蒸馏水冲洗玻片。

6. 涂抹溶液 D，静置约 30 秒。

7. 用蒸馏水轻轻冲洗玻片，以除去溶液 D。

8. 涂抹溶液 E, 静置 15~20 秒。

9. 用蒸馏水轻轻冲洗玻片, 以除去溶液 E。

10. 让玻片晾干。

11. 在样品玻片上滴 1~2 滴浸油。使用复式光学显微镜的 100 倍油浸式物镜查看玻片。鉴别是否有精子存在。

## 报告要求

应包括在实验室程序中获得的所有绘图、计算或其他信息。注释和/或绘图应包括样品鉴别、放大倍数和完整的描述。

## 报告问题

1. 推定实验和确证实验的区别是什么?
2. 解释差异染色与法庭科学的关系。
3. 定义有活性的精子和完整的精子。
4. 性侵犯后多久能找到可鉴别的精子?
5. 如何区分人的精子与狗的精子?
6. 在发生性接触的情况下, 我们是否总能鉴别出人类精子?

## 推荐和拓展阅读

Aiken MM, Muram D, Keene PR, Mamelli J. Evidence Collection in Cases of Child-Abuse—the Detection of Seminal Fluid. *Adolescent and Pediatric Gynecology*. 1993; 6 (2): 86-90.

Albrecht K, Schultheiss D. Seminal Stains in Legal Medicine. An Historical Review of Forensic Proof. *Urologe A*. 2005; 44 (5): 530.

Hooft P, Vandevoorde H. Evaluation of the Modified ZincTest and the Acid-Phosphatase Test as Preliminary Screening Methods in Sexual Assault Case Material. *Forensic Science International*. 1992; 53 (2): 135-141.

Inoue S, Sato H. Arrangement of DNA Molecules in the Sperm Nucleus: An Optical Approach to the Analysis of Biological Fine Structure. *Biophysical Science Series 2*, *Progress in Genetics III*. 1966: 151-220.

Khaldi N, Miras A, Botti K, Benali L, Gromb S. Evaluation of Three Rapid Detection Methods for the Forensic Identification of Seminal Fluid in Rape Cases. *Journal of Forensic Sci-*

ences. 2004；49（4）：749-753.

Martin NC, Pirie AA, FordLV, Callaghan CL, McTurk K, Lucy D, et al. The Use of Phosphate Buffered Saline for the Recovery of Cells and Spermatozoa from Swabs. *Science & Justice*. 2006；46（3）：179-184.

Martinez P, Capilla J, Atienza I, Vallejo G, Sancho M. How Long Spermatozoa May Remain after Death；an Important Track before DNA Identification. *Forensic Science International*. 2003；136：44-45.

Norris JV, Manning K, Linke SJ, Ferrance JP, Landers JP. Expedited, Chemically Enhanced Sperm Cell Recovery from Cotton Swabs for Rape Kit Analysis. *Journal of Forensic Sciences*. 2007；52（4）：800-805.

Rand S, Wiegand P, Brinkmann B. Problems Associated with the DNA Analysis of Stains. *International Journal of Legal Medicine*. 1991；104（5）：293-297.

Schudel D. Screening for Canine Spermatozoa. *Science & Justice*. 2001；41：117-119.

Shaler R. Modern Forensic Biology. In：Saferstein R, ed. *Forensic Science Handbook*. Upper Saddle River, NJ：Pearson Education, 2005；525-613.

# 仪器显微镜

# 第二十二章

# 实验 22：傅立叶变换显微红外光谱法

**推荐实验前阅读作业**

Bell S. *Forensic Chemistry*. Upper Saddle River, NJ：Pearson Education, 2006；149-169.

Ryland SG. Infrared Microspectroscopy of Forensic Paint Evidence. In：Humecki H, ed. *Practical Guide to Infrared Microspectroscopy*. New York, NY：Marcel Dekker, 1995；163-243.

Kirkbridge KP, Tungol MW. Infrared Microspectroscopy of Fibres. In：Robertson J, Grieve M, eds. *Forensic Examination of Fibres*. London：Taylor and Francis, 1999；179-222.

Steom SE, Center NMSD. Infrared Spectra. In：Linstrom PJ, Mallard WG, eds. *NIST Chemistry WebBook：NIST Standard Reference Database Number* 69. Gaithersburg, MD：National Institute of Standards and Technology；2005. Available from：http://webbook. nist. gov.

## 实验目的

完成本实验后，学生将对以下内容有基本了解：

1. 红外光谱的一般原理
2. 显微红外光谱的一般原理
3. 显微红外光谱分析的样品制备
4. 使用傅立叶变换显微红外光谱仪鉴别油漆的特征
5. 使用傅立叶变换显微红外光谱仪鉴别纤维的特征

## 实验概述

傅立叶变换显微红外光谱仪是一种适应传统仪器的显微镜应用设备。由于这种光谱仪测量红外光与物质的相互作用，我们必须首先讨论光和物质间作用的基本原理。

光于我们周围以电磁辐射的形式存在。当一个电场与一个磁场垂直相接时，就会形成电磁波。电磁波谱将我们所知道的辐射阵列划分为不同的范围。不同的电磁波范围是由波长决定的。一个波峰到下一个波峰之间的距离称为波长。从波长很长的无线电波到波长很短的伽马射线，波长各不相同。在这个实验中，我们感兴趣的电磁波谱（红外光）属于一个狭窄的范围。

红外光存在于从可见光谱后端到微波的电磁波谱中，包括波长为14 000 nm~20 nm 的辐射。使用最多的光谱范围是中红外区域，它涵盖了200 $cm^{-1}$~4000 $cm^{-1}$ 的频率范围。红外光谱涉及红外光与物质的相互作用。在红外光的作用下，分子内的原子会发生扭曲、弯曲、旋转和振动等运动。在相互作用下，部分入射辐射以特定的波长被吸收。同时发生的多种振动构成了红外光谱的独特性，它通过吸收的方式显示，即组成分子的官能团和原子整体排列的吸收特征。吸收的结果是在光谱中出现一个峰值，这个峰值是波长与透射率百分比（%T）的关系图，它与吸收强度的关系是 A = 2 - log%T。

傅立叶变换红外光谱仪（见图 22-1）中有一个干涉仪，干涉仪将一束光分成两束，然后在其中一束光中引入相位差后再将两束光线重新组合。来自光源的光束被分光器分割，并从两面镜子上重新射出，在分光器上重新组合。其中一面镜子是固定的，另一面是可动的。活动镜引入了相位差。将两束"同相"的光组合在一起，会产生建设性的干涉，从而强度增加。将"异相"的光束组合在一起，则会产生破坏性的干涉，并导致强度降低。如果两束光的强度保持不变，而相位差逐步引入，那么强度差将表现为余弦波，它的频率取决于活动镜的速度。这种结果波形称为干涉图。如果将样品放入光束中，余弦波将根据样品与光本身的相互作用而改变。

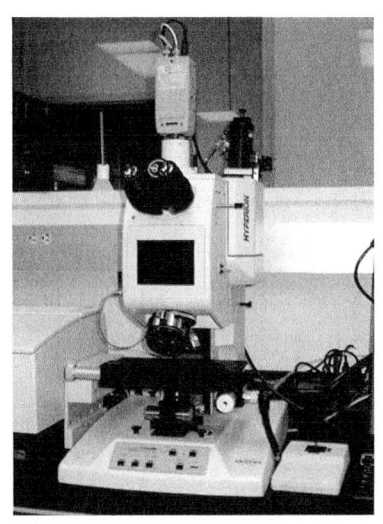

**图 22-1　一台布鲁克公司（Bruker™）生产的傅立叶变换显微红外光谱仪**
（该仪器允许法庭科学家从微观尺寸的样品中获取红外光谱数据。虽然光束
是由红外光谱工作台产生的，但显微镜使用的是一个单独的探测器）

在红外光谱仪中，所有的波长同时被测量。测量结果的波形相当复杂，但在数学上可以通过使用傅立叶变换来解决。移动的镜子以波长（频率）的小分量递增相位差。这意味着镜子的位置对于任何有意义的测量都是至关重要的。事实证明，使用机械测量装置测量镜面位置不足以进行频率测量。这就催生了双光束干涉仪。双光束干涉仪使用第二面镜子和激光光源。激光是单色的，干涉图相当简单，容易跟踪。通过计算激光干涉图中的高点和低点，可以非常精确地跟踪镜面位置，产生可重复的光谱，并允许使用多次扫描平均法。多次扫描平均提高了信噪比，使光谱更加清晰。傅立叶变换显微红外光谱仪最常见的检测器是硫酸三甘氨酸（TGS）和汞镉碲化物（MCT）。硫酸三甘氨酸检测器在室温下工作，但汞镉碲化物检测器必须用液氮冷却。这些检测器只对来自干涉仪的调制信号作出反应，因此不会受到杂散光或样品发射光的影响。通常，工作台使用硫酸三甘氨酸检测器，显微镜附件使用汞镉碲化物检测器。

傅立叶变换显微红外光谱仪的威力在于它能提供有关待检验物证的化学结构信息。纤维和油漆是由成键原子组成的，置于红外光下时，它们会以不同的模式旋转、弯曲和振动。为了确定分子中化学键和原子的种类，我们必须对光谱中的峰进行解析。表22-1列出了各官能团区域的常见化学键类型。

表 22-1　官能团区域的常见化学键类型

| 官能团区域（$cm^{-1}$） | 化学键类型 | 频率（$cm^{-1}$），强度，形状 |
|---|---|---|
| 4000~2700 | OH | 3600~3500，强，宽 |
| 4000~2700 | $NH_2$ 或 NH | 3500~3300，弱-中等，宽 |
| 4000~2700 | =C-H | 3100~3000，弱 |
| 4000~2700 | -C-H | 3000~2800，强 |
| 2700~1850 | C≡N | 2300~2200，弱 |
| 1850~1500 | C=O | 1780~1650，强 |
| 1850~1500 | C=C | 1670~1640，弱-中等 |

　　红外光谱有两个区域。第一个区域在 2000 $cm^{-1}$ 以下，由于这个区域存在许多可以用于区分两个样品的吸收峰，人们称之为"指纹区"。这些峰主要因弯曲振动而产生。该区域吸收峰数量众多，其光谱解析的难度很大。因此，我们最好从高波数开始解析，并首先确定官能团。官能团区域的峰较少，且保持较高一致性。除了吸收峰值以外，解释吸收峰的强度也很有帮助，这与样品的路径长度以及振动过程中所产生的偶极矩变化幅度有关。除了人工解析外，还有许多数据库和计算机图书馆的搜索可以用于确定物证的确切组成。

　　在傅立叶变换显微红外光谱仪上使用显微镜时，样品的形状和厚度非常重要。理想的样品厚度是 5 μm~15 μm。然而，即使是很厚的样品，也可以在获取光谱之前，通过切割和压平的方式充分准备。油漆的检验通常是为了鉴别油漆，然后将油漆与可能的油漆来源进行比较。使用体视显微镜检验油漆的层数、结构以及它们在不同溶剂中的溶解度（实验14）。傅立叶变换显微红外光谱仪可用于鉴别和比较油漆样品中发现的许多层。原装的汽车油漆将在 1550 $cm^{-1}$ 和 815 $cm^{-1}$ 处有吸收峰。重新喷涂的汽车油漆不会在该波段出现吸收峰。使用油漆样品官能团的解析结果，我们往往可以鉴别许多黏合剂、树脂、颜料和体质颜料的种类。表22-2 给出了常见油漆黏合剂和树脂。表22-3给出了显微红外光谱法通常能够鉴别出的油漆颜料和体质颜料。

**表 22-2　常见黏合剂和树脂的吸收谱带**

| 黏合剂和树脂 | 特征性吸收谱带（cm$^{-1}$） | | | | | | | |
|---|---|---|---|---|---|---|---|---|
| 丙烯酸 | 1450 | 1380 | 1270/1240 | 1150 * | 1150 * 1070 | 840 | 750 | 705 |
| 丙烯酸–三聚氰胺 | 1550 * | 1480 | 1370 | 1170 * | 1090 | 815 *（可能还有 1270/1240） | | |
| 丙烯酸–醇酸树脂 | 1260 * | 1180 * | 1130 | 1070 | | | | |
| 丙烯酸–氨基甲酸乙酯 | 1530 * | 1240 * | 1170 | 1070 | | | | |
| 邻苯二甲酸醇酸树脂 | 1450 | 1380 | 1270 * | 1130 * | 1070 * | 740 | 700 | |
| 间苯二甲酸醇酸树脂 | 1475 | 1373 | 1305 | 1237 * | 1135 | 1074 | 730 * | |
| 对苯二甲酸醇酸树脂 | 1270 | 1250 * | 1120 | 1105 | 1020 | 730 * | | |
| 醇酸树脂–三聚氰胺 | 1550 * | 1270 * | 1120 | 1070 | 815 * | 740 | 700 | |
| 醇酸树脂–尿素甲醛树脂 | 1650 * | 1540 * | 1270 | 1120 | 1070 | 770 * | 740 | 705 |
| 聚酯–三聚氰胺 | 1550 * | 1330 * | 1240 * | 815 * | 750 | 730 | 705 | |
| 苯代三聚氰胺 | 1590 | 1540 | 825 | 780 | 710 | | | |
| 环氧树脂 | 1510 * | 1240 | 1180 | 830 * | | | | |
| 三聚氰胺 | 1550 | 815 | | | | | | |
| 硝化纤维 | 1650 * | 1280 * | 840 * | 750 | | | | |
| 聚丁二烯 | 970 | 915 | | | | | | |
| 聚氨酯 | 1690 | 1530 * | 1470 | 1250 | 1070 | | | |
| 环氧改性 | 1730 | 1510 | | | | | | |
| 水基 | 1690 | 770 | | | | | | |
| 苯乙烯 | 1490 | 1450 | 760 | 700 | | | | |
| 苯乙烯–丁二烯 | 1600 | 1495 | 1450 | 760 * | 700 * | | | |
| 尿素 | 1655 | | | | | | | |
| PVA（聚乙烯醇） | 1735 | 1370 | 1240 * | 1135~1020 | 945 * | 605 * | | |

＊主要吸收谱带

### 表 22-3 一些常见油漆颜料和体质颜料的吸收谱带

| 油漆颜料和体质颜料 | 特征性吸收谱带（cm$^{-1}$） | | | | | | | | |
|---|---|---|---|---|---|---|---|---|---|
| 碳酸钙 | | | | | | | | | |
| 　霰石 | 1445 | 870 | 857 | 712 | 317 | | | | |
| 　方解石 | 1445 | 870 | 712 | 317 | | | | | |
| 铬酸钡 | 935 | 896 | 860 | | | | | | |
| 铬酸钾锌 | 950 | 880 | 805 | | | | | | |
| 铬酸锶 | 911 | 887 | 875 | 844 | | | | | |
| 氧化铬 | 680 | 634 | 582 | 446 | 417 | 400 | | | |
| 氧化铁 | | | | | | | | | |
| 　红 | 560~530 | 480~440 | 350~310 | | | | | | |
| 　黄 | 899 | 797 | 606 | 405 | 278 | | | | |
| 二氧化硅 | | | | | | | | | |
| 　方石英 | 1090 | 795 | 621 | 485 | 387 | 300 | | | |
| 　硅藻硅 | 1100 | 800 | 480 | | | | | | |
| 　石英 | 1081 | 798 | 779 | 512 | 460 | 397 | 373 | | |
| 二氧化钛 | | | | | | | | | |
| 　金红石 | 600 | 410 | 340 | | | | | | |
| 　锐钛矿 | 600 | 340 | | | | | | | |
| 磷酸锌 | 1120 | 1080 | 1020 | 950 | 630 | | | | |
| 氧化锌 | 1096 | 888 | 520 | 501 | 401 | | | | |
| 硅酸盐 | | | | | | | | | |
| 　滑石 | 1030 | 1015 | 670 | 460 | 450 | 420 | 390 | 345 | |
| 　黏土 | 1120 | 1030 | 1010 | 940 | 910 | 540 | 470 | 430 | 350 | 280 |
| 　云母 | 1065 | 1032 | 936 | 834 | 756 | 699 | 535 | 478 | 411 |
| 硫酸钡 | 1175 | 1080 | 980 | 640 | 610 | | | | |
| 碳酸铅 | 1412 | 1047 | 848 | 695 | 683 | 404 | | | |
| 硫酸铅 | 1410 | 1172 | 1078 | 969 | 687 | 632 | 600 | 428 | 363 |
| 铝酸钴 | 1102 | 1035 | 1012 | 905 | 735 | 652 | 558 | 508 | 239 |
| 氧化亚铜 | 626 | 425 | | | | | | | |

纤维检验已在实验 17、17A、17B 和 17C 中讨论过。先用体视显微镜检验纤维的宏观特征。随后使用复式光学显微镜或比对显微镜进行深入检验，确定光学特性，如折射率和消光特征。有时，在人造纤维检验过程中，我们还可以进行燃烧实验或溶解度实验。傅立叶变换显微红外光谱法是附加技术，由于其表征潜力，经常被用在纤维检验中。

## 实验设备和用品

体视显微镜

油漆样品

纤维样品

微型工具包

载玻片

傅立叶变换显微红外光谱仪（盐板和样板架）

液氮、保温瓶和低温手套

小金属滚筒

## 实验安全

使用指导老师制定的标准实验室安全程序。谨慎选择显微镜的光照强度，避免眼睛受伤。处理液氮时建议使用安全眼镜和低温手套。如有必要，请参阅参考材料安全数据表。

## 第一部分：熟悉傅立叶变换显微红外光谱仪

每台仪器的操作方式可能不同，使用的软件也不同，所以请参考仪器的操作手册，熟悉仪器操作。

## 第二部分：油漆

步骤

1. 选取油漆样品。

2. 从顶层切下薄薄的一片。可以是清漆层，也可以是色漆层。

3. 将切片放置在硬的表面（如载玻片）上，并使用滚筒压平它。

4. 使用显微镜附件获得红外光谱。请记住，显微镜检测器的灵敏性在 650 nm 左右阻断。

5. 鉴别油漆样品顶层中存在的黏和剂、颜料、体质颜料或树脂。

6. 从底漆层上切一薄片。

7. 将切片放置在硬的表面（如载玻片）上，并使用滚筒压平它。

8. 使用显微镜附件获得红外光谱。请记住，显微镜检测器的灵敏性在 650 nm 左右阻断。

9. 鉴别油漆样品底漆层中存在的黏合剂、颜料、体质颜料或树脂。

10. 对所有油漆样品重复步骤 2~9。

11. 报告应包括从油漆样品中获得的红外光谱的副本。确定油漆样品中可能存在的颜料、黏合剂、体质颜料或树脂。给出这些成分的化学结构。将红外光谱中至少两个峰与油漆的化学结构联系起来。

### 第三部分：纤维

**步骤**

1. 选取一个纤维样品。

2. 切下一小段纤维。

3. 将其放置在硬的表面（载玻片）上，并使用滚筒压平它。

4. 使用显微镜附件获得红外光谱。请记住，显微镜检测器的灵敏性在 650 nm 左右阻断。

5. 鉴别纤维。

6. 对所有纤维样品重复步骤 2~5。

7. 报告中应包括从纤维样品中获得的红外光谱的副本。画出纤维的化学结构及其化学式。将红外光谱中的至少两个峰与纤维的化学结构联系起来。

### 报告要求

应包括在实验室程序中获得的所有绘图、计算或其他信息。注释和/或绘图应包括样品鉴别、放大倍数和完整的描述。

### 报告问题

1. 解释傅立叶变换显微红外光谱仪的工作原理。报告中应包括一幅傅立叶变换显微红外光谱仪工作台的机械结构图。

2. 为什么说这是一台对法庭科学实验室非常有用的仪器？

3. 报告中应包括从纤维样品中获得的红外光谱的副本。画出纤维的化学结构及其化学式。将红外光谱中的至少两个峰与纤维的化学结构联系起来。

4. 材料检验科学工作组（SWGMAT）的《法庭科学油漆分析和比对指南》指出，"某些类型的油漆，包括汽车底漆和许多类型的建筑油漆……通常含有大量的无机颜料"。这些颜料的大部分红外吸收特征往往在低频光谱区，有些甚至低于 700 nm，应如何用傅立叶变换显微红外光谱仪鉴别这些颜料呢？

5. 美国材料与试验协会（ASTM）的《纤维检验指南》指出，显微镜检验在鉴别纤维素纤维和动物纤维时是必不可少的，而红外光谱和溶解度的关系对于鉴别人造纤维是必不可少的。请解释其原因。

## 推荐和拓展阅读

Bartick EG, Tungol MW. *Infrared Microscopy and Its Forensic Applications*. Englewood Cliffs, NJ: Prentice-Hall Inc. , 1993.

Bartick EG, Tungol MW, Reffner JA. A New Approach to Forensic Analysis with Infrared Microscopy: Internal Reflection Spectroscopy. *Analytica Chimica Acta*. 1994; 288: 35–42.

Bell SEJ, Fido LA, Speers SJ, Armstrong WJ, Spratt S. Forensic Analysis of Architectural Finishes Using Fourier Transform Infrared and Raman Spectroscopy, part I: The Resin Bases. *Applied Spectroscopy*. 2005; 59 (11): 1333–1339.

Bell SEJ, Fido LA, Speers SJ, Armstrong WJ, Spratt S. Forensic Analysis of Architectural Finishes Using Fourier Transform Infrared and Raman Spectroscopy, part II: White Paint. *Applied Spectroscopy*. 2005; 59 (11): 1340–1346.

Causin V, Marega C, Guzzini G, Marigo A. Forensic Analysis of Poly (Ethylene Terephthalate) Fibers by Infrared Spectroscopy. *Applied Spectroscopy*. 2004; 58 (11): 1272–1276.

Causin V, Marega C, Guzzini G, Marigo A. The Effect of Exposure to the Elements on the Forensic Characterization by Infrared Spectroscopy of Poly (Ethylene Terephthalate) Fibers. *Journal of Forensic Sciences*. 2005; 50 (4): 887–893.

Causin V, Marega C, Schiavone S, Marigo A. A Quantitative Differentiation Method forAcrylic Fibers by Infrared Spectroscopy. *Forensic Science International*. 2005; 151 (2–3): 125–131.

Cho LL, Reffner JA, Gatewood BM, Wetzel DL. A New Method for Fiber Comparison Using Polarized Infrared Microspectroscopy. *Journal of Forensic Sciences*. 1999; 44 (2): 275–282.

Compton S, Powell J. Forensic Applications of IR Microscopy. *American Laboratory*. 1991; 23 (17): 41.

Cook R, Paterson MD. New Techniques for the Identification of Microscopic Samples of Textile Fibres by Infrared Spectroscopy. *Forensic Science International*. 1978; 12: 237-243.

Derrick MR. *Infrared Microspectroscopy in the Analysis of Cultural Artifacts*. New York: Marcel Dekker, 1995.

Ferrer N. Ft-Ir Spectroscopy and Microscopy with a Diamond Cell Applied to Forensic and Industrial Samples. *Mikrochimica Acta*. 1997; 329-332.

Flynn K, O'Leary R, Lennard C, Roux C, Reedy BJ. Forensic Applications of Infrared Chemical Imaging: Multi-Layered Paint Chips. *Journal of Forensic Sciences*. 2005; 50 (4): 832-841.

Flynn K, O'Leary R, Roux C, Reedy BJ. Forensic Analysis of Bicomponent Fibers Using Infrared Chemical Imaging. *Journal of Forensic Sciences*. 2006; 51 (3): 586-596.

Grant A, Wilkinson TJ, Holman DR, Martin MC. Identification of Recently Handled Materials by Analysis of Latent Human Fingerprints Using Infrared Spectromicroscopy. *Applied Spectroscopy*. 2005; 59 (9): 1182-1287.

Grieve MC. New Man-Made Fibres under the Microscope-Lyocell Fibres and Nylon 6 Block Co-Polymers. *Science & Justice*. 1996; 36 (2): 71-80.

Grieve MC, Griffin RME. Is It a Modacrylic Fibre? *Science & Justice*. 1999; 39 (3): 151-162.

Harris HA, Kane T. A Method for Identification of Lysergic-Acid Diethylamide (LSD) Using a Microscope Sampling Device with Fourier-Transform Infrared (Ft/Ir) Spectroscopy. *Journal of Forensic Sciences*. 1991; 36 (4): 1186-1191.

HartshorneAW, Laing DK. The Identification of Polyolefin Fibres by Infrared Spectroscopy and Melting Point Determination. *Forensic Science International*. 1984; 26: 45-52.

Hashimoto T, Howitt DG, Land DP, Tulleners FA, Springer FA, Wang S. Morphological and Spectroscopic Measurements of Plastic Bags for the Purpose of Discrimination. *Journal of Forensic Sciences*. 2007; 52 (5): 1082-1088.

Kirkbridge KP, Tungol MW. Infrared Microspectroscopy of Fibres. In: Robertson J, Grieve M, eds. *Forensic Examination of Fibres*. London: Taylor and Francis, 1999; 179-222.

Liddell CM. Field Sampling and Chemical Analysis. *Journal of Forensic Sciences*. 1997; 42 (3): 398-400.

Moore DS, Hudson RO. Using the Polarizing Microscope to Complement Microscopic Ft-Ir Spectroscopy. *Spectroscopy*. 2001; 16 (4): 20-23.

Ricci C, Chan KLA, Kazarian SG. Combining the Tape-Lift Method and Fourier Transform Infrared Spectroscopic Imaging for Forensic Applications. *Applied Spectroscopy*. 2006；60（9）：1013-1021.

Ryland SG. Infrared Microspectroscopy of Forensic Paint Evidence. In：Humecki H, ed. *Practical Guide to Infrared Microspectroscopy*. New York, NY：Marcel Dekker, 1995；163-243.

Ryland SG. *Infrared Microspectroscopy of Forensic Paint Evidence*. New York：Marcel Dekker, 1995.

Steom SE, Center NMSD. Infrared Spectra. In：Linstrom PJ, Mallard WG, eds. *NIST Chemistry Webbook：NIST Standard Reference Database Number* 69. Gaithersburg, MD：National Institute of Standards and Technology, 2005.

Suzuki EM. *Forensic Applications of Infrared Spectroscopy*. Englewood Cliffs, New Jersey：Regents/Prentice-Hall, 1993.

Suzuki EM. Infrared Spectra of US Automobile Original Topcoats（1974-1989）. 1. Differentiation and Identification Based on Acrylonitrile and Ferrocyanide CN Stretching Absorptions. *Journal of Forensic Sciences*. 1996；41（3）：376-392.

Thornton JI. Forensic Paint Examinations. In：Saferstein R, ed. *Forensic Science Handbook*. Upper Saddle River, NJ：Pearson Education, 2002；458-473.

Tungol MW, Bartick EG, Montaser A. The Development of a Spectral Data Base for the Identification of Fibres by Infrared Microscopy. *Applied Spectroscopy*. 1990；44：543-549.

Tungol MW, Bartick EG, Montaser A. Forensic Analysis ofAcrylic Copolymer Fibers by Infrared Microscopy. *Applied Spectroscopy*. 1993；47（10）：1655-1658.

Wetzel DL, LeVine SM. Microspectroscopy-Imaging Molecular Chemistry with Infrared Microscopy. *Science*. 1999；285（5431）：1224-1225.

Wilkinson JM, Locke J, Laing DK. The Examination of Paints at Thin-Sections Using Visible Microspectrophotometry and Fourier Transform Infrared Spectroscopy. *Forensic Science International*. 1988；38：43-52.

Wilson JD, LaPorte GM, Cantu AA. Differentiation of Black Gel Inks Using Optical and Chemical Techniques. *Journal of Forensic Sciences*. 2004；49（2）：364-370.

ZiebaPalus J. Application of Transmittance and Reflectance Ft-Ir Microscopy to Examination of Paints Transferred onto Fabrics. *Mikrochimica Acta*. 1997：361-362.

ZiebaPalus J. The Use of Micro Fourier-Transform Infrared Spectroscopy and Scanning Electron Microscopy with X-Ray Microanalysis for the Identification of Automobile Paint Chips. *Mikrochimica Acta*. 1997：357-359.

# 第二十三章

# 实验 23：紫外-可见-近红外显微分光光度法

**推荐实验前阅读作业**

Bell S. *Forensic Chemistry*. Upper Saddle River, NJ: Pearson Education, 2006, 149-161.

Eyring MB. Visible Microscopical Spectrophotometry in Forensic Sciences. In: Saferstein R, ed. *Forensic Science Handbook*. Upper Saddle River, NJ: Pearson Education, 2002; 322-387.

## 实验目的

完成本实验后，学生将对以下内容有基本了解：

1. 显微分光光度法的基本原理
2. 显微分光光度计分析的样品准备
3. 使用显微分光光度计分析油漆的特征
4. 使用显微分光光度计分析纤维的特征
5. 使用显微分光光度计分析墨水的特征

## 实验概述

光谱学是处理光谱理论及其解释的分支科学。在实验 22 中，我们通过红外线产生红外光谱，以获得分子的结构信息。显微分光光度计则用于获取电磁波谱中紫外区（190 nm~400 nm）、可见区（400 nm~800 nm）和近红外区（800 nm~2500 nm）的信息。

可见区提供了有关被研究样品的颜色的信息。精确确定颜色，是法庭科学家的一项重要技能。一方面，分析人员必须依靠推定实验中的颜色变化；另一方面，我们也要对办案过程中经常遇到的纤维、油漆和墨水的颜色进行比较。通过视觉观察来判断颜色有许多缺点。首先，每个人对颜色的感知是不同的。其次，如果没有通用的颜色语言，颜色是很难描述的。最后，观察到的颜色取决于照明的来源，而这一点在视觉检验中往往被忽视。使用仪器获取色彩光谱则可以避免上述问题，并提供人眼所见光谱之外的附加信息。

　　除了在可见光谱范围内进行颜色测量，显微分光光度计还提供紫外区和近红外区的测量（见图 23-1）。在紫外区，只有两种类型的电子转换可以发生，因此，只有含有 π 电子的化合物才会在这个区域产生吸收峰。这将为我们提供有关样品中是否存在双键和共轭结构的信息。近红外区则会提供关于分子振动和转动方面的信息，例如，油漆证据中发现的二氧化钛和二氧化碳。

**图 23-1　一台 SEE™ 紫外–可见–近红外显微分光光度计（该仪器允许法庭科学家从微观尺寸的样品中获取数据。通过透射、吸收、反射和荧光等几种设置与光源观察样品）**

通过显微分光光度计可以得到四种类型的光谱：

- 透射
- 吸收
- 反射

• 荧光

下面对这些类型分别进行简要的描述。透射光谱可以通过测量样品在每个波长的透射光量获得。透射率（T）由以下公式确定：

$$T = \frac{I}{I_o} \qquad (23-1)$$

其中 $I_o$ 是击中样品的辐射能量强度，I 是透过样品的辐射能量强度。

这种类型的光谱对透明物证之间的比对很有帮助。吸收光谱是更常见的光谱，它是通过测量每个波长的吸光度（A）获得的。吸光度的测量方法是：

$$A = -\log T = \log \frac{I_o}{I} \qquad (23-2)$$

比尔朗伯定律将透射率、样品厚度和浓度联系起来，如下式：

$$A = \varepsilon bc \qquad (23-3)$$

其中 ε 为摩尔吸光度，b 为路径长度，c 为吸收物质的浓度。

正是由于吸光度和路径长度之间的关系，有时我们需要使用金属滚筒压平样品。这样可以减少路径长度和吸光度，从而获得一致的光谱。

如果样品是不透明的（如油漆样品），我们就无法测量透过样品的光量。为了确定这些物质的可见光谱，我们可以测量从样品上反射的光。反射光谱可以通过两种方法获得：第一种方法被称为相对反射。此时，样品的最终光谱含有一些关于参考物质的信息。等式 23-4 确定了反射率 R：

$$R = \frac{I}{I_o} \qquad (23-4)$$

其中 $I_o$ 为从参考物质反射出的能量强度，I 为从样品反射出的能量强度。

与参考物质的比较可以纠正光源强度和探测器灵敏度随波长所发生的变化。然而，有时无法获得合适的参考物质。在这种情况下，我们可以测量绝对反射光谱，此时样品的最终光谱是独立于参考物质的。

有些样品含有发色团，当用特定波长的光激发时，发色团就会发光。荧光是指分子回到其基态状态时发出的光。荧光强度（F）是通过下述公式以计数方式测量的，而不是以任何标准校正的：

$$F = I \qquad (23-5)$$

其中 I 为探测器测量的辐射能量强度。

在多数情况下，法庭科学家会采用反射、透射和荧光模式进行检验。

在一个典型的光谱中，包含所有波长的白光将通过样品。根据样品分子的电子结构，它会吸收某些特定波长的光。未被吸收的光进入单色器，单色器将不同波长的光分离出来，再由检测器阵列测量。检测器阵列测量每个波长的光的强度。显微分光光度计与典型分光光度计的不同之处仅在于，样品透射或反射的光量由物镜收集，并成像到所附分光光度计、目镜或数字摄像机的镜面孔径上（见图23−2）。分光光度计使用全息光栅将光分离成其组成波长。分离出的光线被成像到一个电荷耦合器件（CCD）检测器阵列上，在那里测量其强度。最后将强度和波长转换为光谱。

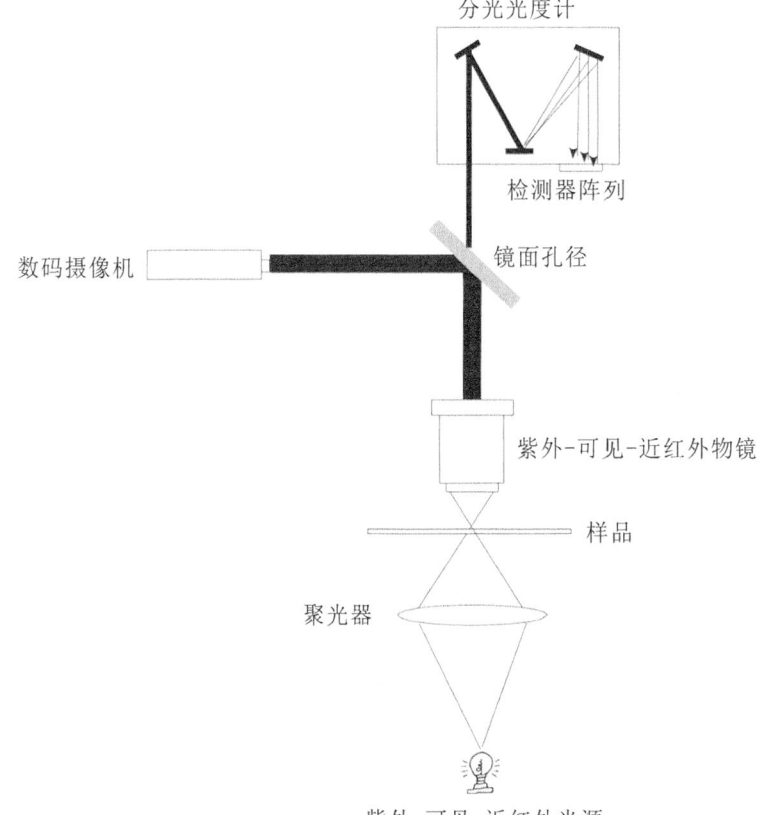

**图23−2　紫外−可见−近红外显微分光光度计的光路**

显微分光光度计是单光束仪器，因此在分析样品之前要先采集标准光谱或背景光谱。通过比较从样品中反射、透射或发荧光的光与从参考物质中反射、透射或发荧光的光，我们获得样品数据。实验结果可以通过光谱直观地显示出来，X 轴是波长，Y 轴可以是透射率、吸光度、反射率或荧光强度。我们可以获得许多不同类型的光谱，这意味着法庭科学家在解析光谱时必须特别注意 Y 轴（即反射率、透射率、荧光强度）。与其他光谱解析相同，这里的峰位及其强度与样品中分子的电子结构有关。

显微分光光度计是一种灵敏的仪器，它能检测到人眼无法检测到的波长和光强的微小变化。它还能区分同色异谱。同色异谱是指两个样品在一组光照条件下可能出现相同的颜色，但在不同的光照条件下表现出不同的颜色。基于上述事实，显微分光光度法是用于油漆、纤维、墨水等物证检验的早期方法之一。

油漆检验往往是通过检验油漆，将其与可能的油漆来源进行比较。先使用体视显微镜检验油漆的层结构及其在不同溶剂中的溶解度（实验 14）。我们也可以使用傅立叶变换显微红外光谱仪检验油漆（实验 22）。通过显微分光光度计对油漆进行深入检验则可以提供更多信息。我们通常使用透射光对油漆样品的薄片进行检验。这将提供有关清漆中所含紫外光吸收剂的信息以及颜料的分类。在某些情况下（如金属层），检验也可能需要在反射模式下进行。

实验 17、17A、17B 和 17C 讨论了纤维检验。先用体视显微镜检验纤维的宏观特征。接着使用复式光学显微镜或比对显微镜进行深入检验，确定光学特性，如折射率和消光特征。有时，在人造纤维检验过程中，我们还可以进行燃烧或溶解度实验。纤维也可以用傅立叶变换显微红外光谱仪进行检验（实验 22）。通过显微分光光度计对纤维进行深入检验可以提供附加信息。天然和人造纤维都可以用显微分光光度计进行检验。由于生产工艺的特点，大多数人造纤维的染色相当一致。然而，天然纤维的染色往往是不均匀的。因此，在进行纤维检验时，必须考虑到染料的异质性。对每一种纤维，无论它是天然的还是人造的，我们都应该进行多次检验。同样重要的是，在进行检验时要注意纤维的方向，因为有些纤维会出现多向色性。通过紫外光检验，我们可以获得有关纤维后期处理的信息，如增白剂和增亮剂。

墨水成分也可以用显微分光光度计进行检验，通常是在反射模式下，使用干净的纸张作为参考。墨水会被纸张纤维吸收，因此在进行检验时，我们也应考虑到墨水的异质性。我们容易比较同一张纸上的墨水光谱，但是比较不同纸张上的墨水光谱是很难的，因为光谱是由包括墨水和纸张在内的几种成分产生的。

## 实验设备和用品

体视显微镜

油漆样品

纤维样品

墨水样品

微型工具包

石英载玻片

石英盖玻片

封固剂（XAM、甘油、Phytohistol、FluoroMount、Permount、Norland 65™）

显微分光光度计，配有透射灯、反射灯、荧光灯、参考滤光片、氧化钬滤光片、钕镨混合物滤光片

小金属滚筒

## 实验安全

使用指导老师制定的标准实验室安全程序。谨慎选择显微镜的光照强度，避免眼睛受伤。如有必要，请参阅参考材料安全数据表。

### 第一部分：熟悉显微分光光度计

每台仪器的操作方式可能不同，使用的软件也不同，所以请参考仪器的操作手册，熟悉仪器操作。

### 第二部分：油漆

步骤

1. 选取油漆样品。

2. 使用体视显微镜，从顶层切下一个薄片。这可能是清漆层或色漆层。

3. 将切片放置在干净的硬表面，如载玻片上，并使用滚筒压平它。使用

石英材质的载玻片和盖玻片以及无荧光的封固剂制备样品。

4. 使用显微分光光度计的透射光模式获取紫外和/或可见近红外光谱。

5. 从第二层切下薄薄的一片。这可能是色漆层或底漆层。

6. 将切片放置在干净的硬表面，如载玻片上，并使用滚筒压平它。使用石英材质的载玻片和盖玻片以及无荧光的封固剂制备样品。

7. 使用显微分光光度计的透射光模式获得紫外和/或可见近红外光谱。

8. 对样品的每一层，重复步骤5~7。

9. 选取未知的油漆样品。

10. 使用步骤2~8，分析样品的每一层。

11. 比较从每层样品中得到的结果。报告应包括一份从油漆样品中获得的光谱副本。

### 第三部分：纤维

*步骤*

1. 选取纤维样品。

2. 将其放置在干净的硬表面，如载玻片上，并使用滚筒压平它。使用石英材质的载玻片和盖玻片及无荧光的封固剂制备样品。

3. 使用显微分光光度计的透射光模式获得紫外和/或可见近红外光谱。检验纤维的几个不同部位，以确定染料异质性的程度。

4. 使用显微分光光度计的透射光模式与光源，获得可见近红外光谱，以获得样品荧光。

5. 获取未知的纤维样品。

6. 使用步骤2~4，分析样品。

7. 比较每个样品的结果。报告中应包括一份从纤维样品中获得的光谱副本。

### 第四部分：墨水

*步骤*

1. 选取墨水样品。

2. 使用体视显微镜，分离纸质纤维与墨水样品。将其放置在干净的硬表面，如载玻片上，并使用滚筒压平它。使用石英材质的载玻片和盖玻片以及无荧光的封固剂制备样品。

3. 使用显微分光光度计的透射光模式获得紫外和/或可见近红外光谱。确保检验墨水样品的几个部分，以确定染料的异质性程度。

4. 使用显微分光光度计的透射光模式与光源，获得可见近红外光谱，以获得样品荧光。

5. 使用显微分光光度计的反射光模式获得紫外和/或可见近红外光谱。检验墨水样品几个不同部分，以确定染料的异质性程度。

6. 使用显微分光光度计的反射光模式与光源，获得可见近红外光谱，以获得样品荧光。

7. 使用透射光和反射光比较结果。

8. 选取未知的墨水样品。

9. 使用你在上一个样品中获得较好结果的照明（透射或反射）来分析未知样品。

10. 将未知样品的结果与之前检验的样品进行比较。报告中应包括一份从墨水样品中获得的光谱副本。

## 报告要求

应包括在实验室程序中获得的所有绘图、计算或其他信息。注释和/或绘图应包括样品鉴别、放大倍数和完整的描述。

## 报告问题

1. 定义透射率、吸光率、反射率和荧光强度。

2. 解释显微分光光度计的工作原理。

3. 你能想出一个例子，两个样品的紫外可见近红外光谱不同，但颜色相似吗？阐述你的理由。

4. 请说出三种需要在反射光模式下进行显微分光光度计检验的样品。

5. 举出两个例子，说明可以使用显微分光光度计荧光模式的物证。

6. 为什么在获得光谱之前要压平纤维样品？

## 推荐和拓展阅读

Adolf FP, Dunlop J. *Microspectrophotometry/Colour Measurement*. 2nd ed. London: Francis & Taylor, 1999.

Cassista AR, Sandercock PML. Comparison and Identification of Automotive Topcoats: Microchemical Spot Tests, Microspectrophotometry, Pyrolysis-Gas Chromatography, and Diamond Anvil Cell FTIR. *Canadian Society of Forensic Science Journal*. 1994; 27: 209-223.

Choudhry MY. Comparison of Minute Smears of Lipstick by Microspectrophotometry and Scanning Electron-Microscopy Energy-Dispersive Spectroscopy. *Journal of Forensic Sciences*. 1991; 36 (2): 366-375.

Enoch J, Tobey F. Microspectrophotometry and Optical Phenomena: Birefringence, Dichroism and Anomalous Dispersion. *Springer Series in Optical Sciences*. 1981; 23: 337-399.

Eyring M. *Visible Microscopial Spectrophotometry in the Forensic Sciences*. 2nd ed. Englewood Cliffs, NJ: Prentice-Hall Inc., 2001.

Eyring MB. Spectromicrography and Colorimetry-Sample and Instrumental Effects. *Analytica Chimica Acta*. 1994; 288 (1-2): 25-34.

Eyring MB. Visible Microscopical Spectrophotometry in Forensic Sciences. In: Saferstein R, ed. *Forensic Science Handbook*. Upper Saddle River, NJ: Pearson Education, 2002; 322-387.

Hartshorne AW, Laing DK. Microspectrofluroimetry of Fluorescent Dyes and Brighteners on Single Textile Fibres: Part 1—Fluorescence Emission Spectra. *Forensic Science International*. 1991; 51: 203-220.

Hartshorne AW, Laing DK. Microspectrofluroimetry of Fluorescent Dyes and Brighteners on Single Textile Fibres: Part 2—Colour Measurements. *Forensic Science International*. 1991; 51: 221-237.

Hartshorne AW, Laing DK. Microspectrofluroimetry of Fluorescent Dyes and Brighteners on Single Textile Fibres: Part 3—Fluorescence Decay Phenomena. *Forensic Science Journal*. 1991; 51: 239-250.

Kopchick KA, Bommarito CR. Color Analysis of Apparently Achromatic Automotive Paints by Visible Microspectrophotometry. *Journal of Forensic Sciences*. 2006; 51 (2): 340-343.

Saitoh N, Akiba N. Ultraviolet Fluorescence Imaging of Fingerprints. *Scientific World Journal*. 2006; 6: 691-699.

Wiggins K, Holness JA. A Further Study of Dye BatchVariation in Textile and Carpet Fibres. *Science & Justice*. 2005; 45 (2): 93-96.

Wiggins KG, Holness JA, March BM. The Importance of Thin Layer Chromatography and UV Microspectrophotometry in the Analysis of Reactive Dyes Released fromWool and Cotton Fibers. *Journal of Forensic Sciences*. 2005; 50 （2）: 364-368.

# 第二十四章

# 实验 24：热显微镜

**推荐实验前阅读作业**

Grieve MC. The Use of Melting Point and Refractive Index Determination to Compare Colorless Polyester Fibres. *Forensic Science International*. 1983；22：31-48.

HartshoeneAW，Wild FM. The Discrimination of Cellulose di-and tri-Acetate Fibers by Solvent Tests and Melting Point Determination. *Journal of Forensic Science Society*. 1991；31（4）：457-461.

Cassista AR，Sandercock P. Precision of Glass Refractive Index Measurements：Temperature Variation and Double Variation Methods and the Value of Dispersion. *Canadian Society of Forensic Science Journal*. 1994；27（3）：203-208.

## 实验目的

完成本实验后，学生将对以下内容有基本了解：
1. 热载物台的设置、操作和使用
2. 用热载物台测定纤维熔点
3. 用热载物台测定折射率

## 实验概述

控制加热（热载物台）已被应用于法庭科学领域所使用的各种分析技术。热载物台可与复式光学显微镜联合使用，以确定纤维熔点。对于玻璃样品，我们可以在相差显微镜上配备热载物台，以确定样品的折射率。这两种分析都涉及热显微镜。这些技术也可应用于其他可能需要确定物质的熔点或折射率的法庭科学样品。

建议使用配备有热载物台的光学显微镜（见图 24-1）观察热对人造纤维

素（由天然或合成的化学物质衍生的纤维）的影响。大多数自然基人造纤维的主要成分为纤维素。合成纤维是由化学合成的有机聚合物组成的。通常情况下，合成纤维是由基础聚合物混合在一起而形成的，有时混有添加剂，有时也需要其他精细工艺。人造纤维由于是由几种（而非单一的）化学物质组成的，通常具有一系列的熔点温度。化学成分、分子量和化合物的比例都会影响熔点。热载物台及其使用方法也会影响检验结果。当接近实际熔点时，我们通过缓慢加热程序便得到可重现的结果。我们有可能观察到各种类型的结果：成滴、收缩、软化、炭化、起泡和熔化。表 24-1 中总结了常见纤维的熔点。

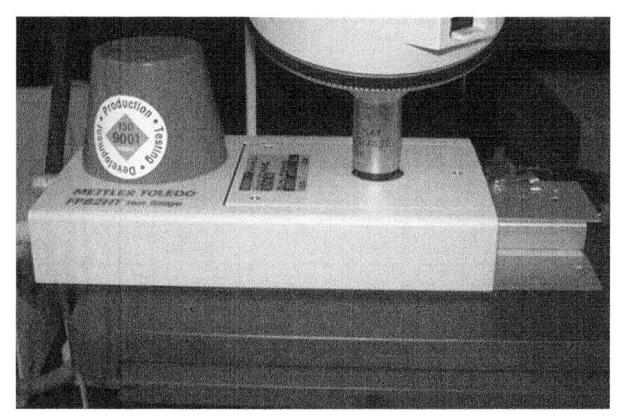

**图 24-1　一个梅特勒-托利多（Metler Toledo™）热载物台（当在显微镜上使用时，我们可以在可控加热设置下观察法庭科学样品）**

下述纤维在 300°C 以下时不会熔化：腈纶、芳纶、人造蛋白质纤维、氟碳纤维、玻璃纤维、某些改性腈纶、酚醛纤维、聚乙烯醇纤维、维尼龙、人造丝和天然纤维。

表 24-1　常见纤维的熔点

| 纤维类型 | 熔点观测 |
| --- | --- |
| 萨兰 | 在 90°C 收缩，在 115°C 软化，在 168°C 熔化 |
| 聚乙烯纤维 | 在 119°C~135°C 熔化 |
| 改性腈纶 | 在 135°C~155°C 收缩，在 160°C 熔化；代纳尔在 190°C 熔化 |

| 纤维类型 | 熔点观测 |
| --- | --- |
| 聚丙烯纤维 | 在 145°C~150°C 软化，在 167°C~179°C 熔化 |
| 尼龙 11 | 在 182°C~186°C 熔化 |
| 人造丝 | 在 185°C~200°C 烧焦 |
| 尼龙 6 | 在 210°C~216°C 熔化 |
| 弹性纤维 | 在 230°C 熔化 |
| 三醋酸纤维 | 在 230°C 变黑，在 290°C~300°C 熔化 |
| 腈纶 | 在 240°C 软化，不会熔化 |
| 醋酸纤维 | 在 250°C~255°C 熔化 |
| 尼龙 6, 6 | 在 252°C~260°C 熔化 |
| 聚酯纤维 | 聚对苯二甲酸丁二酯纤维（PBT）在 221°C~222°C 熔化 |
| | 涤纶（PET）在 256°C~268°C 熔化 |
| | 科代尔在 290°C 熔化 |

完整的纤维检验包括使用各种显微镜、技术和仪器。先使用体视显微镜检验纤维的宏观特征。随后使用复式光学显微镜或比对显微镜进行深入检验，确定光学特性，如折射率和消光特征（实验 17）。有时，在人造纤维检验过程中，还可以进行燃烧实验或溶解度实验（实验 17B）。我们可以使用显微分光光度计和傅立叶变换显微红外光谱仪确定附加特征（实验 22 和 23）。虽然热显微镜无法鉴别样品，但它被认为是一种补充性技术，可提供附加信息。

建议使用配备有热载物台的相差显微镜观察热对玻璃样品折射率的影响（见图 24-2）。

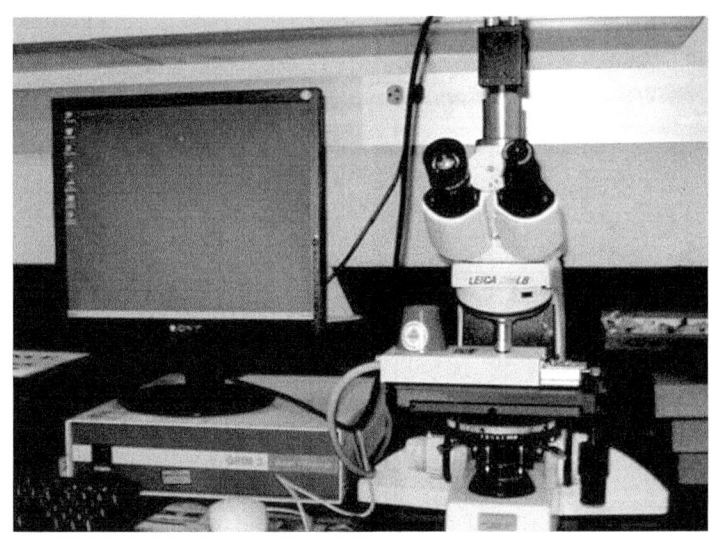

图 24-2 法司特公司（Foster Freeman）的玻璃折射率测量系统（GRIM，该系统允许法庭科学家从微小的法庭科学样品中获取数据。油浸法可以用在已改装好热载物台的相差显微镜上。通过改变温度来改变校准油的折射率，从而确定浸油中玻璃碎片的折射率）

这种技术利用改变温度和波长测定折射率，被称为埃蒙斯双变法。埃蒙斯双变法依赖于折射率、温度和波长之间的关系。使用这种方法，在不同的温度下，我们通过改变光的波长来确定匹配点，即显示玻璃颗粒最小浮雕时的折射率。折射率随波长的变化被称为折射率色散。所有的固体都具有这种色散性，这种性质的测量有助于鉴别样品。折射率与波长的关系图就是色散图。哈特曼网是折射率与波长的关系图，它也是由一系列平行线组合而成的，这代表了浸油在一定温度下的折射率与波长的关系。通过使用哈特曼网，检验人员可以绘制从样品中获得的数据，以确定样品在以下位置的折射率：$n_C$（656 nm）、$n_D$（589 nm）和 $n_F$（486 nm）（见图 24-3）。

玻璃折射率测量系统等自动化设备由该方法演变而来。玻璃折射率测量系统在不同的温度下以恒定的波长进行测量，直到达到一个匹配点。色散曲线已针对油类进行校准并保存于计算机中，它可以用于确定 $n_C$（656 nm）、$n_D$（589 nm）和 $n_F$（486 nm）处的折射率。

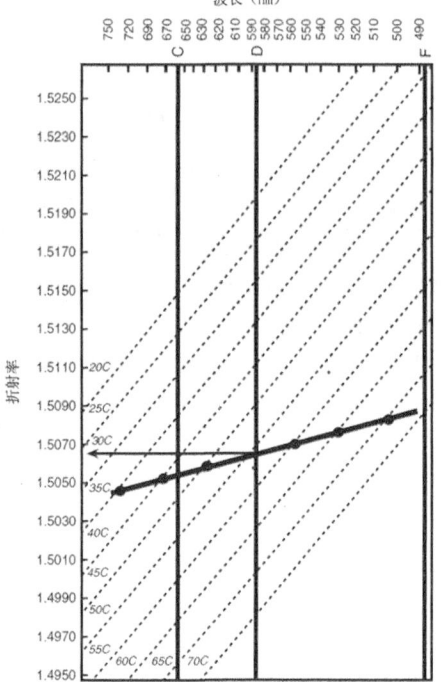

**图 24-3　为浸油 1 制作的哈特曼网覆盖了 20°C~70°C 的温度（绘制了一个样品的数据，其匹配点为：波长在 35°C 时为 735 nm，40°C 时为 675 nm，45°C 时为 628 nm，55°C 时为 559 nm，60°C 时为 530 nm，65°C 时为 504 nm。按照与钠光谱 D 线的交线，可以确定该样品的折射率为 1.5066）**

　　完整的玻璃检验需要使用各种显微镜、技术和仪器。先使用体视显微镜检验玻璃的宏观特征。随后使用复式显微镜进行深入检验，确定玻璃的光学特性。有时，我们也可以测定或比较玻璃的密度（实验 16）。再进一步，我们可以使用扫描电子显微镜确定额外的特征，如元素组成（实验 25）。对于玻璃，热显微镜允许分析人员用一种浸油确定单个颗粒的折射率。使用埃蒙斯双变法，我们可以区分折射率相差小于 0.0001 的样品。使用玻璃折射率测量系统，我们可以确定大于 ±0.00003 的相差。

**实验设备和用品**

复式光学显微镜，配有各种放大倍数的物镜（如 4 倍、10 倍、20 倍、40 倍）

热载物台和仪器

纤维样品（尼龙-6 和尼龙-66）

未知纤维

微型工具包

载玻片和盖玻片

高温稳定硅油（用于测定熔点）

配备单色仪的相差显微镜

已知折射率的玻璃样品（带有色散数据）

已针对所使用的浸油进行校准的哈特曼网

高温稳定硅油：建议针对钠钙硅玻璃材质的样品（如平板玻璃）使用洛克（Locke™）硅油及道康宁 710™（Dow Corning 710™）硅油。建议针对硼硅酸盐玻璃材质的样品（如车大灯）使用道康宁 550™（Dow Corning 550™）硅油。建议针对折射率高于普通钠钙玻璃的玻璃[1]材质的样品使用道康宁 F/6/7024™（Dow Corning F/6/7024™）油。

未知玻璃碎片

**实验安全**

使用指导老师制定的标准实验室安全程序。谨慎选择显微镜的光照强度，避免眼睛受伤。热载物台可以达到高温，所以玻片会非常热。请谨慎使用这些玻片。将玻片丢弃在恰当的容器中。

**第一部分：纤维的熔点测定**

步骤

熔点测定可以使用干式制片（空气）或湿式制片（高温稳定硅油）。

1. 用高温稳定硅油，制作尼龙-6 的湿式制片。

2. 将载玻片插入已定位在复式显微镜上的热载物台上。在 40 倍放大倍数下聚焦纤维。使用正交偏振光。

3. 迅速将温度升高至 190°C。

---

[1] Forensic Science Communications，SWGMAT Standards and Guidelines；Glass Refractive Index Determinations，Jan. 2005.

4. 现在，你已经接近尼龙-6 的预期熔点，以每分钟 2°C 的速率缓慢升高温度。

5. 仔细观察纤维的光学特征变化。熔点范围是在纤维开始熔化的温度和不再发生变化的温度下确定的。有时，在正交偏振光下观察纤维，可以更清楚地显示出熔点。

6. 使用尼龙-66 重复测试。从 240°C 开始，然后慢慢地升高温度直到确定熔点范围。

7. 选取未知纤维。因为不了解样品的熔点，所以从表 24-1 中的最低温度开始实验。如果有足够的样品，则可以快速升高温度，从而确定一个大致的范围。

8. 一旦确定了疑似范围，请制备另一块玻片，并在低于疑似熔点约 15°C 的温度下开始测试。

9. 缓慢升高温度，直至确定熔点范围。

10. 将你的结论与表 24-1 进行比较，以确定纤维种类。

### 第二部分：用埃蒙斯双变法测定玻璃的折射率

**步骤**

1. 使用高温稳定硅油进行折射率测定，用湿式制片法制备玻璃样品。

2. 将含有玻璃碎片的玻片放在已定位在相差显微镜上的热载物台上。

3. 聚焦和对准相差显微镜。调整相位板和相位环，直到环叠加。

4. 将热载物台温度设置为液体稳定范围内的低温。使用单色仪，扫描可见光范围，查看是否有可能出现匹配点。当玻璃碎片和油之间浮雕很少或没有浮雕时，即可确定匹配点。

5. 如果没有找到匹配点，请将温度升高 5°C，并再次扫描可见范围。在开始扫描之前，每次都要确保温度平衡。

6. 继续升高温度和扫描可见范围，直到确定 3~4 个匹配点。

7. 一旦确定了几个匹配点，就在校准的哈特曼网上标注，以确定样品折射率。

### 报告要求

应包括在实验室程序中获得的所有绘图、计算或其他信息。注释和/或绘图应包括样品鉴别、放大倍数和完整的描述。

## 报告问题

1. 什么是热载物台？它在法庭科学分析中如何使用？

2. 什么是熔点？

3. 为什么熔点是人造纤维的鉴别特征，而不是天然纤维的鉴别特征？

4. 为什么尼龙-6 和尼龙-66 的熔点不同？

5. 描述一下鉴别未知纤维的过程。纤维是什么种类？阐述你的理由。

6. 解释埃蒙斯双变法。

7. 为什么要用相差显微镜进行玻璃检验呢？

8. 你的未知玻璃样品的折射率是多少？

9. 为什么在 $n_C$（656 nm）、$n_D$（589 nm）和 $n_F$（486 nm）处报告折射率？

10. 从网上查找与玻璃折射率测量系统工作原理相关的解释。

11. 与相差显微镜、埃蒙斯双变法相比，使用玻璃折射率测量系统进行玻璃检验有什么优势？

### 推荐和拓展阅读

Bennett RL, Kim ND, Curran JM, Coulson SA, Newton AWN. Spatial Variation of Refractive Index in a Pane of Float Glass. *Science & Justice*. 2003；43（2）：71-76.

Cassista AR, Sandercock PML. Precision of Glass Refractive Index Measurements：Temperature Variation and Double Variation Methods and the Value of Dispersion. *Canadian Society of Forensic Science Journal*. 1994；27（3）：203-208.

Causin V, Marega C, Schiavone S, Marigo A. Employing Glass Refractive Index Measurement（GRIM）in Fiber Analysis：A Simple Method for Evaluating the Crystallinity of Acrylics. *Forensic Science International*. 2005；149（2-3）：193-200.

Curran JM, Buckleton JS, Triggs CM. Commentary on Koons RD, Buscaglia J. The Forensic Significance of Glass Composition and Refractive Index Measurements. *Journal of Forensic Science* 1999；44（3）：496-503. *Journal of Forensic Sciences*. 1999；44（6）：1324-1325.

Grieve MC. The Use of Melting Point and Refractive Index Determination to Compare Colorless Polyester Fibres. *Forensic Science International*. 1983；22：31-48.

Hartshoene AW, Wild FM. The Discrimination of Cellulose Di-and Tri-Acetate Fibers by Solvent Tests and Melting Point Determination. *Journal of Forensic Sciences Society*. 1991; 31 (4): 457-461.

Hartshorne AW, Laing DK. The Identification of Polyolefin Fibres by Infrared Spectroscopy and Melting Point Determination. *Forensic Science International*. 1984; 26: 45-52.

Koons RD, Buscaglia J, Bottrell M, Miller E. Forensic Glass Comparisons. In: Saferstein R, editor. *Forensic Science Handbook*. 2nd ed. Upper Saddle River, New Jersey: Pearson Education, 2002; 161-213.

Locke J. GRIM: A Semi-Automatic Device for Measuring the Refractive Index of Glass Particles. *Microscope*. 1985: 169-178.

Locke J, Underhill M. Automatic Refractive Index Measurements of Glass Particles. *Forensic Science International*. 1985; 27: 247-260.

McCrone WC. Calibration of the Mettler Hotstage. *Journal of the Forensic Science Society*. 1987; 27 (3): 207.

Ojena SM, De Forest PR. Precise Refractive Index Determination by the Immersion Method Using Phase Contrast Microscopy and the Mettler Hot Stage. *Journal of the Forensic Science Society*. 1972; 12: 315-329.

Was-Gubala J, Krauss W. Damage Caused to Fibres by the Action of Two Types of Heat. *Forensic Science International*. 2006; 159 (2-3): 119-126.

# 第二十五章

# 实验 25：扫描电子显微镜

**推荐实验前阅读作业**

Goldstein JI, Newbury DE, Echlin P, Joy DC, Romig AD, Lyman CE, et al. *Scanning E-lectron Microscopy and X-ray Microanalysis*: *A Text for Biologists*, *Materials Scientists*, *and Geologists*. 2 ed. New York, NY: Plenum Press, 1992.

Almirall J. Elemental analysis of glass fragments. In: Caddy B, ed. *Trace Evidence Analysis and Interpretation*. London, England: Taylor and Francis, 2001; 65-83.

## 实验目的

完成本实验后，学生将对以下内容有基本了解：
1. 扫描电子显微镜的一般原理
2. 扫描电子显微镜分析的样品准备工作
3. 使用扫描电子显微镜检验油漆样品
4. 使用扫描电子显微镜检验玻璃样品
5. 使用扫描电子显微镜检验射击残留物样品

## 实验概述

扫描电子显微镜是一种用电子代替光并形成放大图像的显微镜。这些电子发射可以在显示器上查看。当与其他检测器联合使用时，扫描电子显微镜分析的应用性就会增强。

一台扫描电子显微镜由几个基本系统组成，这些系统一起工作并形成图像（见图 25-1）。通常而言，电子柱可以被认为是一个大的真空管，阴极（电子枪）在顶部提供电子，样品在底部作为电子的阳极或目标。电子枪的路径由柱体内的一系列电磁透镜控制。这些透镜对电子束的形状和位置进行控制。检验人员通过控制电压和光斑尺寸（直径）决定电子束的强度。电子束会在样品表面及周围引起一些相互作用。这些相互作用对于检验人员至关重要。我们会在样品室中放置样品架和一些附加检测器。

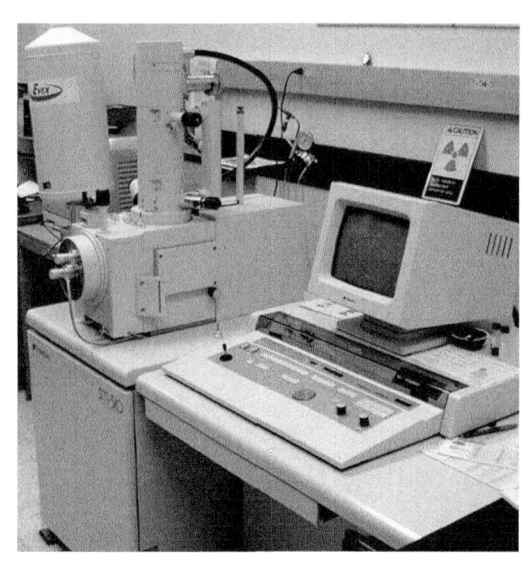

图 25-1　一台配备艾弗克斯（Evex™）能量色散光谱仪的拓普康（Topcon SM- 510™）
扫描电子显微镜（这台仪器可以让法庭科学家从微观尺寸的法庭科学样品中
获取数据。除了在极高的放大倍数下观察样品，还可以从样品中获取元素数据）

大多数法庭科学实验室使用带有两个检测器的扫描电子显微镜。第一检测器或主检测器是一个光电倍增管，用于成像。图像的形成是通过将样品分成 x、y 网格，并依次扫描网格的每一部分实现的。光电倍增管收集从样品的每个网格中发射出来的电子，并为其分配一个光强度。当整个网格的完整扫描结束时，根据样品的局部特征，我们便得到一个可在显示器上查看的图像。第二检测器是一个半导体，通常是一个能量色散检测器。光是由光子和离散能级组成的。当电子束击中样品时，就会发出 X 射线。每种元素都会以特有的能量值发射 X 射线，所以分析人员可以鉴别样品中存在的元素。通过改变电子束在样品上的位置，我们就可以确定样品中的每种元素。低于钠的低原子序数的元素难以检测，因为大多数检测器所使用的铍窗口对 X 射线有吸附作用。能量色散检测器本质上是一个大型单晶半导体。我们通常使用液氮冷却检测器，并使其几乎不会产生电荷载体的热力。

在扫描电子显微镜/能量色散检测器上获取数据是相当直接的。样品可以由一个自动载物台来操纵，以获得最佳图像。一旦样品居中并适当倾斜，成像就会自动进行。然而，有时我们可能需要对仪器参数进行轻微调整，以提高图像质量。为了获得最佳图像，将电子枪电压设置得越低越好，但也要足够高，以便在屏幕上仍能看到图像。光斑大小应尽可能低，以避免发生放电现象。放电是电子在样品表面的积累，会"漂白"特征。有时，在导电性很差的样品中，我们需要用导电材料涂覆样品，以避免发生放电现象，这往往是通过对样品进行溅射镀膜实现的。溅射镀膜在样品上沉积一层超薄的导电材料，如金、铂、钨、石墨。溅射镀膜还可以提高对比度。对比度和亮度的调整将突出样品的形态特征。扫描电子显微镜有一个相对较深的景深，这使得大量的样品在同一时间被聚焦。扫描电子显微镜还能产生高分辨率的图像，这意味着可以在高放大倍数下查看那些间距紧密的特征。一旦显示器上的图像质量良好，我们就可以用能量色散检测器进行深入分析。

通过使用扫描电子显微镜/能量色散检测器，分析人员将更高的放大倍数（10~100 000 倍）、更大的焦距深度、更高的分辨率、样品观察的便利性与确定样品元素组成的机会结合起来。我们可以使用扫描电子显微镜检验多种类型的法庭科学物证。油漆、玻璃和射击残留物是一些常见的应用。

油漆检验通常是为了鉴别油漆，然后将其与可能的油漆来源进行比较。用体视显微镜检验油漆的层结构及其在不同溶剂中的溶解度（实验 14）。我们也可以用傅立叶变换显微红外光谱仪检验油漆样品的黏合剂（实验 22），以及用显微分光光度计确定颜色（实验 23）。扫描电子显微镜/能量色散检测器对油漆的深入检验，可以提供有关其成分的附加信息。有时，我们可以通过元素组成鉴别油漆中的颜料、助剂和体质颜料。常见油漆颜料列在表 25-1 中。

**表 25-1　常见油漆颜料**

| 颜色 | 颜料 |
| --- | --- |
| 白色 | 氧化铝、氧化锑、碳酸钡、硫酸钡、硅酸铅、硫酸铅、氯化铋、磷酸钙、硅酸钙、碳酸钙、碳酸镁、氮化硅、氧化硅、滑石、氧化锡、钛酸钡、氧化钨、磷酸铁、硫化锌、氧化锌、硅酸锆、氧化锆、硅酸盐填料、黏土、云母 |

| 颜色 | 颜料 |
| --- | --- |
| 黄色 | 铬酸钡钾、铬酸钡、硫化镉、铬酸铅、氰胺铅、钛酸铅、氧化铅、砷酸汞、铬酸锶、铬酸锌、磷酸镍 |
| 橙色 | 氧化铅、硫化镉、铬酸铅 |
| 红色 | 硫化锑、硫化镉、硒化镉、氧化铜、氧化铁、氧化铅 |
| 绿色 | 氧化铬、碳酸铜、氧化锰钡、氧化铁、铬酸锌 |
| 蓝色 | 氧化铁、碳酸铜、硫化铜、氧化钡锰、镍铁、硫酸铅 |
| 紫色 | 氧化铁 |
| 棕色 | 氧化铅钙、氧化铁、铬酸锰、铁氧体镁 |
| 黑色 | 硫化锑、氧化铁、硫化亚铜、钛酸铁 |
| 金属 | 铝、铜、金、铅、锡、锌、铁 |

油漆样品可以用扫描电子显微镜几种不同的分析方法检验。漆层可以被分离并单独分析，或者如果漆片相当薄，整个漆片可以作为一个整体进行分析。对于一些样品，我们可以制备横截面切片，并分别对每一层进行分析。

玻璃检验通常是为了鉴定玻璃，然后将样品与可能的来源进行比较。使用体视显微镜检验玻璃的物理特征，如整体颜色、表面特征、平面度或曲率、厚度。玻璃的光学特征（如折射率）也得以确定（实验 16），并实现玻璃样品的进一步区分。扫描电子显微镜/能量色散检测器可以用来鉴别和比对玻璃样品中的元素。许多可以被鉴别的元素来自玻璃成分本身，而不是来自表面污染物。了解元素组成可能有助于确定玻璃样品的类型和制造工艺。表 25-2 列出了各种类型的玻璃和在这些玻璃中发现的常见化合物和元素。

**表 25-2　在各种玻璃中发现的常见化合物**

| 玻璃类型 | 玻璃成分 |
| --- | --- |
| 石英玻璃 | 氧化硅，通常与氧化钡、氧化锶和氧化钙结合使用 |
| 碱式硅酸盐玻璃 | 氧化硅，添加氧化锂、氧化钠和氧化钾 |
| 钠钙玻璃 | 碱性硅酸盐的混合物；除氧化镁、氧化铝、氧化钡和氧化钾外，通常为氧化钠、氧化钙和氧化硅硼 |

续表

| 玻璃类型 | 玻璃成分 |
|---|---|
| 硅酸盐玻璃 | 氧化硼 |
| 铝硅玻璃 | 氧化铝、氧化硅 |
| 铅玻璃 | 氧化铅 |
| 硼酸盐玻璃 | 各种硼酸盐，通常是氧化硼 |
| 磷酸盐玻璃 | 氧化磷和磷酸盐 |
| 硫属化物玻璃 | 基于硫、硒或碲 |
| 卤化物玻璃 | 氯化锌、氟化铍 |
| 金属玻璃 | 通常含有镍、锆、钯、铁、磷或碳 |

在玻璃样品中发现的元素也可能来自着色剂。表 25-3 列出了与各种玻璃颜色有关的常见元素。

表 25-3　常见的玻璃着色剂

| 颜色 | 贡献元素 |
|---|---|
| 无色，UV 吸收 | 钛、铁 |
| 蓝色 | 钴、铜、硫 |
| 紫色 | 锰、镍 |
| 绿色 | 铬、铁、铜、钼 |
| 棕色 | 锰、铁、钛、镍、铈 |
| 琥珀色 | 钠、硫 |
| 黄色 | 镉、硫、铈、钛、银 |
| 橙色 | 镉、硫、硒 |
| 红色 | 镉、硫、硒、铜、锑 |
| 黑色 | 铜、锰、镍、铁、铜、铬 |

射击残留物样品也可以使用扫描电子显微镜/能量色散检测器进行检验。当枪支发射时，撞针会撞击到子弹的背面，并引发底火，从而点燃"火药"并使其燃烧。这导致了蒸气的形成，迫使子弹沿着枪管从枪口射出。大部分

蒸气从枪口流出，但蒸气也可以从左轮手枪的弹筒间隙或手枪的弹射口逸出。从这些区域逸出的蒸气被称为射击残留物。这种射击残留物的检验分析程序是先用黏性铝棒对人的手部进行采样。任何可能的射击残留物颗粒都会转移到铝棒上。然后进行扫描电子显微镜检验。射击残留物包含三种重金属：钡、铅和锑。通过扫描电子显微镜/能量色散检测器，分析人员可以查看颗粒的形态，并确定其元素组成。射击残留物颗粒具有特征性的球形，大致呈球状。这是从蒸气中快速凝结的物质具有的典型形态。然而，随着附加元素的确定，颗粒可能被归类为射击残留物。

## 实验设备和用品

体视显微镜
油漆样品
玻璃样品
射击残留物样品
微型工具包
10 mm×15 mm 圆柱形铝棒
黏性标签
配有溅射镀膜机的扫描电子显微镜/能量色散检测器
液氮、保温瓶和低温手套

## 实验安全

使用指导老师制定的标准实验室安全程序。谨慎选择显微镜的光照强度，避免眼睛受伤。处理液氮时建议使用安全眼镜和低温手套。如有必要，请参阅参考材料安全数据表。

## 第一部分：熟悉扫描电子显微镜/能量色散检测器

每台仪器的操作方式可能不同，使用的软件也不同，所以请参考仪器的操作手册，熟悉仪器操作。

## 第二部分：油漆

步骤

1. 选取油漆样品。

2. 在体视显微镜下观察油漆样品时，从顶层切一薄片。这可以是清漆层或色漆层。

3. 取一个铝棒，并将黏性标签粘在一端。

4. 用镊子将油漆样品放到黏性标签上。

5. 按照仪器规格，获得油漆样品在扫描电子显微镜/能量色散检测器上的图像。如果观察到过度放电的现象，则对油漆样品进行溅射镀膜。具体操作请参考仪器的操作手册。

6. 获取油漆样品的元素数据。

7. 鉴别存在的元素，并在适当的情况下鉴别油漆样品中的颜料。

8. 重复步骤 2~6，对其他各层以及所有实验样品进行检验。

9. 在报告中附上从油漆样品中获得的扫描电子显微镜/能量色散检测器光谱的副本。

## 第三部分：玻璃

步骤

1. 选取玻璃样品。

2. 取一个铝棒，并将黏性标签粘在一端。

3. 用镊子将玻璃样品放到黏性标签上。

4. 按照仪器规格，获得玻璃样品在扫描电子显微镜/能量色散检测器上的图像。如果观察到过度放电现象，则对玻璃样品进行溅射镀膜。具体操作请参考仪器的操作手册。

5. 获取玻璃样品的元素数据。

6. 鉴别存在的元素，并在适当的情况下确定玻璃样品中的元素成分。

7. 重复步骤 2~6 检验每个实验样品。

8. 在报告中附上从玻璃样品中获得的扫描电子显微镜/能量色散检测器光谱的副本。

### 第四部分：射击残留物

**步骤**

1. 选取一个含有射击残留物样品的铝棒。

2. 按照仪器规格，在扫描电子显微镜/能量色散检测器上获得可能的射击残留物颗粒的图像。如果观察到过度放电现象，请对射击残留物样品进行溅射镀膜。具体操作请参考仪器的操作手册。

3. 获取射击残留物颗粒的元素数据。

4. 鉴别元素的存在。

5. 重复步骤2~4，尝试鉴别钡、铅和锑颗粒。

6. 在报告中附上从射击残留物样品中获得的扫描电子显微镜/能量色散检测器光谱的副本。

## 报告要求

应包括在实验室程序中获得的所有绘图、计算或其他信息。注释和/或绘图应包括样品鉴别、放大倍数和完整的描述。

## 报告问题

1. 解释如何操作扫描电子显微镜，讨论仪器的每个部分。报告中应包含一张扫描电子显微镜的机械结构图。

2. 解释能量色散检测器的工作原理。这种检测器有什么优点？

3. 哪些元素不能用能量色散检测器检测？

4. 有哪些附加检测器可用于扫描电子显微镜？各自的优势和劣势是什么？

5. 使用扫描电子显微镜/能量色散检测器检验油漆的首选方法是什么？

6. 同一漆片或漆层上不同位置的元素数据是否会有所不同？

7. 从玻璃样品中获得的元素数据有多重要？

8. 钡、铅和锑是与射击残留物相关的常见元素。这些元素可以归因于什么？

9. 如果分析人员获得了鉴别出钡、铅和锑的形态和元素数据，可以得到什么结果？从该结果中可以推断出什么？

10. 为什么扫描电子显微镜/能量色散检测器是法庭科学实验室中有用的

仪器？

## 推荐和拓展阅读

Almirall J. Elemental Analysis of Glass Fragments. In: Caddy B, ed. *Trace Evidence Analysis and Interpretation*. London, England: Taylor and Francis, 2001; 65-83.

Almirall JR, Cole MD, Gettinby G, Furton KG. Discrimination of Glass Sources Using Elemental Composition and Refractive Index: Development of Predictive Models. *Science & Justice*. 1998; 38 (2): 93-100.

Basu S, Millette JR, Electron Microscopy Society of America. , Microbeam Analysis Society. *Electron Microscopy in Forensic, Occupational, and Environmental Health Sciences*. New York: Plenum Press, 1986.

Beam TL, Willis WV. Analysis Protocol for Discrimination of Automotive Paints by Sem-Edx Using Beam Alignment by Current Centering. *Journal of Forensic Sciences*. 1990; 35 (5): 1055-1063.

Choudhry MY. Comparison of Minute Smears of Lipstick by Microspectrophotometry and Scanning Electron-Microscopy Energy-Dispersive Spectroscopy. *Journal of Forensic Sciences*. 1991; 36 (2): 366-375.

Dimaio VJM, Dana SE, Taylor WE, Ondrusek J. Use of Scanning Electron-Microscopy and Energy Dispersive-X-Ray Analysis (Sem-Edx) in Identification of Foreign Material on Bullets. *Journal of Forensic Sciences*. 1987; 32 (1): 38-47.

Ditrich H. Forensic Use of Scanning Electron Microscopy. *European Journal of Cell Biology*. 1997; 74: 68.

Flegler SL, Heckman JW, Klomparens KL. *Scanning and Transmission Electron Microscopy: An introduction*. New York: W. H. Freeman, 1993.

Germani MS. Evaluation of Instrumental Parameters for Automated Scanning Electron-Microscopy Gunshot Residue Particle Analysis. *Journal of Forensic Sciences*. 1991; 36 (2): 331-342.

Goebel R, Stoecklein W. The Use of Electron Microscopic Methods for the Characterization of Paints in Forensic Science. *Scanning Microscopy*. 1987; 6: 669-678.

Goldstein JI, Newbury DE, Echlin P, Joy DC, Romig AD, Lyman CE, et al. *Scanning Electron Microscopy and X-Ray Microanalysis*. 2nd ed. New York: Plenum Press, 1992.

Hawkes PW. *The Beginnings of Electron Microscopy*. Orlando, FL: Academic Press, 1985.

McCrone WC. The Scanning Electron-Microscope (SEM) Supplemented by the Polarized-Light Microscope (PLM), and Vice-Versa. *Scanning Microscopy*. 1993; 7 (1): 1-4.

Molina DK, Martinez M, Garcia J, DiMaio VJM. Gunshot ResidueTesting in Suicides: Part 1: Analysis by Scanning Electron Microscopy with Energy-Dispersive X-Ray. *American Journal of Forensic Medicine and Pathology*. 2007; 28 (3): 187-190.

Montero S, Hobbs AL, FrenchTA, Almirall Jr. Elemental Analysis of Glass Fragments by Icp-Ms as Evidence of Association: Analysis of a Case. *Journal of Forensic Sciences*. 2003; 48 (5): 1101-1107.

Pelton WR. Distinguishing the Cause of Textile Fiber Damage Using the Scanning Electron-Microscope (SEM). *Journal of Forensic Sciences*. 1995; 40 (5): 874-882.

Pye K, Croft D. Forensic Analysis of Soil and Sediment Traces by Scanning Electron Microscopy and Energy-Dispersive X-Ray Analysis: An Experimental Investigation. *Forensic Science International*. 2007; 165 (1): 52-63.

Reimer L. *Scanning Electron Microscopy: Physics of Image Formation and Microanalysis*. Berlin; New York: Springer-Verlag, 1985.

Simpson K. Three Decades of Scanning Electron Microscopy/Energy-Dispersive X-Ray Spectroscopy at the United Kingdom Forensic Explosives Laboratory. *Scanning*. 2006; 28 (2): 89-90.

Steffen S, Otto M, Niewoehner L, Barth M, Brozek-Mucha Z, Blegstraaten J, et al. Chemometric Classification of Gunshot Residues Based on Energy Dispersive X-Ray Microanalysis and Inductively Coupled Plasma Analysis with Mass-Spectrometric Detection. *Spectrochimica Acta Part B-Atomic Spectroscopy*. 2007; 62: 1028-1036.

Wagner RDC, Kiyohara PK, Silveira M, Joekes I. Electron Microscopic Observations of Human Hair Medulla. *Journal of Microscopy-Oxford*. 2007; 226 (1): 54-63.

Wilber CG, Lantz RK, Sulik PL. Gunshot Residue, 10 Years Later. *American Journal of Forensic Medicine and Pathology*. 1991; 12 (3): 204-206.

Zadora G, Brozek-Mucha Z. Sem-Edx—a Useful Tool for Forensic Examinations. *Materials Chemistry and Physics*. 2003; 81 (2-3): 345-348.

Zeichner A, Schecter B, Brener R. Antimony Enrichment on the Bullets' Surfaces and the Possibility of Finding It in Gunshot Residue (GSR) of the Ammunition Having Antimony-Free Primers. *Journal of Forensic Sciences*. 1998; 43 (3): 493-501.

ZiebaPalus J. The Use of Micro Fourier-Transform Infrared Spectroscopy and Scanning Electron Microscopy with X-Ray Microanalysis for the Identification of Automobile Paint Chips. *Mikrochimica Acta*. 1997: 357-359.

附　录

# 天然纤维的光学特征<sup></sup>[1][2]

| 植物纤维/动物纤维 | n-平行 | n-垂直 | 双折射 | 延长符号 |
|---|---|---|---|---|
| 牛角瓜纤维 | 1.571 | 1.524 | 0.047 | + |
| 棉纤维 | 1.578 | 1.532 | 0.046 | + |
| 丝光棉纤维 | 1.544 | 1.524 | 0.020 | + |
| 亚麻纤维 | 1.594 | 1.532 | 0.062 | + |
| 大麻纤维 | 1.585 | 1.526 | 0.059 | + |
| 黄麻纤维 | 1.577 | 1.536 | 0.041 | + |
| 木棉纤维 | 1.550 | 1.534 | 0.016 | + |
| 洋麻纤维 | 1.567 | 1.523 | 0.044 | + |
| 苎麻纤维 | 1.596 | 1.528 | 0.068 | + |
| 蚕丝 | 1.591 | 1.540 | 0.051 | + |
| 精炼蚕丝 | 1.590 | 1.538 | 0.052 | + |
| 剑麻纤维 | 1.566 | 1.528 | 0.038 | + |
| 羊毛纤维 | 1.560 | 1.547 | 0.013 | + |

| 矿物纤维 | $\alpha$ | $\beta$ | $\gamma$ | 延长符号 |
|---|---|---|---|---|
| 阳起石 | 1.6126 | 1.6288 | 1.6393 | + |

---

〔1〕 McCrone WC, Delly JG. *The Particle Atlas*, Ann Arbor Michigan；Ann Arbor Science, 1973.

〔2〕 Textile Institute. *Identification of Textile Materials*. 7th ed. Manchester, England：The Textile Institute, 1975.

续表

| 矿物纤维 | α | β | γ | 延长符号 |
|---|---|---|---|---|
| 铁石棉 | 1.700 | * | 1.695 | + |
| 直闪石 | 1.6148 | 1.6273 | 1.6362 | + |
| 温石棉 | 1.529~1.559 | 1.530~1.564 | 1.537~1.567 | + |
| 青石棉 | 1.680~1.698 | 1.683~1.700 | 1.685~1.706 | − |
| 透闪石 | 1.6063 | 1.6230 | 1.6343 | + |

＊该方向上的折射率没有文献记载。

# 人造纤维的光学特征[1][2][3]

| 纤维 | n-平行 | n-垂直 | 双折射 | 延长符号 |
|---|---|---|---|---|
| 醋酸纤维 | 1.474~1.479 | 1.473~1.477 | | |
| 狄赛尔 | 1.476 | 1.473 | 0.003 | + |
| 腈纶 | 1.511~1.521 | 1.512~1.525 | | |
| 阿克利纶 | 1.52 | 1.525 | -0.005 | - |
| 阿克利纶 36 | 1.511 | 1.514 | -0.003 | - |
| 奥纶 | 1.51 | 1.512 | -0.002 | - |
| 芳纶 | 2.050~2.350 | 1.641~1.646 | | |
| 凯芙拉 | 2.35 | 1.641 | 0.709 | + |
| 诺梅克斯 | 1.80 | 1.664 | 0.136 | + |
| 人造蛋白质纤维 | 1.532~1.538 | 1.526~1.536 | | |
| 维卡拉人造毛 | 1.538 | 1.536 | 0.002 | + |
| 海藻酸钙纤维 | 1.524 | 1.520 | 0.004 | + |
| 达范纤维 | | | | |
| 奈特里尔纤维 | 1.464 | 1.464 | 0 | |
| 氟碳纤维 | 1.385~1.389 | 1.345~1.350 | | |

〔1〕 1 Textile Institute. *Identification of Textile Materials*. 7th ed. Manchester, England: The Textile Institute, 1975.

〔2〕 Palenik SJ. Microscopical Examination of Fibres. In: Robertson J, Grieve M, eds. *Forensic Examination of Fibres*. London: Taylor and Francis, 1999; 153-176.

〔3〕 Houck MM, Siegel JA. *Fundamentals of Forensic Science*. Oxford: Elsevier Academic Press, 2006.

续表

| 纤维 | n-平行 | n-垂直 | 双折射 | 延长符号 |
| --- | --- | --- | --- | --- |
| 特氟纶 | 1.385 | 1.345 | 0.040 | + |
| 玻璃纤维 | 1.523~1.552 | 1.523~1.552 | 0 | |
| 莱赛尔 | 1.562~1.564 | 1.520~1.522 | 0.050 | + |
| 天丝 | 1.57 | 1.52 | 0.050 | + |
| 改性腈纶 | 1.520~1.535 | 1.516~1.539 | | |
| 代纳尔 | 1.535 | 1.533 | 0.002 | + |
| 聚酯自伸长 | 1.534 | 1.535 | −0.001 | − |
| 蒂克纶 | 1.52 | 1.516 | 0.004 | + |
| 维勒尔 | 1.535 | 1.539 | −0.004 | − |
| 酚醛纤维 | 1.5~1.7 | 1.5~1.7 | | |
| 基诺尔（未知） | 1.649 | 1.649 | 0 | + |
| 基诺尔（拉长） | 1.658 | 1.636 | 0.022 | + |
| 尼龙 | 1.546~1.582 | 1.507~1.526 | | |
| 尼龙-6 | 1.568 | 1.515 | 0.053 | + |
| 恩卡纶 | 1.575 | 1.526 | 0.049 | + |
| 尼龙-66 | 1.582 | 1.519 | 0.063 | + |
| ICI | 1.578 | 1.522 | 0.056 | + |
| 尼龙-11 | 1.55 | 1.51 | 0.04 | + |
| 丽绚 | 1.553 | 1.507 | 0.046 | + |
| 奎宁 | 1.546 | 1.511 | 0.035 | + |
| 奈特里尔纤维 | 1.464~1.480 | 1.464~1.480 | | |
| 达范纤维 | 1.464 | 1.464 | 0 | |
| 烯烃 | 1.52~1.574 | 1.496~1.522 | | |
| 聚乙烯 | 1.556 | 1.512 | 0.044 | + |
| 考尔纶 X3 | 1.574 | 1.522 | 0.052 | + |
| SWP | 1.544 | 1.514 | 0.03 | + |

续表

| 纤维 | n-平行 | n-垂直 | 双折射 | 延长符号 |
|---|---|---|---|---|
| 聚丙烯 | 1.52 | 1.492 | 0.028 | + |
| 考尔纶 | 1.53 | 1.496 | 0.034 | + |
| 阿尔斯特纶 | 1.530 | 1.496 | 0.034 | + |
| 聚丙烯苯乙烯 | 1.560 | 1.572 | -0.012 | - |
| 涤纶 | 1.586~1.710 | 1.53~1.589 | | |
| 达科伦 | 1.7 | 1.535 | 0.165 | + |
| 福特勒尔 | 1.72 | 1.535 | 0.185 | + |
| 科代尔 | 1.632 | 1.534 | 0.098 | + |
| 科代尔 II | 1.642 | 1.54 | 0.102 | + |
| 聚对苯二甲酸丁二酯纤维 | 1.688 | 1.538~1.540 | 0.148~0.150 | + |
| 聚（1，4-环己烯二亚甲基对苯二甲酸酯） | 1.632~1.642 | 1.534~1.542 | 0.098~0.102 | + |
| 聚萘二甲酸乙二醇酯纤维 | 1.862 | 1.589 | 0.273 | + |
| 聚对苯二甲酸乙二酯纤维 | 1.699~1.710 | 1.535~1.546 | 0.147~0.175 | + |
| 聚对苯二甲酸丙二酯纤维 | 1.586 | 1.566 | 0.060 | + |
| 特丽纶 | 1.707 | 1.546 | 0.16 | + |
| 维克纶 | 1.713 | 1.53 | 0.183 | + |
| 人造丝 | 1.542~1.553 | 1.513~1.523 | | |
| 铜铵人造丝 | 1.553 | 1.519 | 0.034 | + |
| 粘胶纤维 | 1.542 | 1.520 | 0.022 | + |
| 粘胶纤维（高韧性） | 1.544 | 1.505 | 0.039 | + |
| 福蒂森 | 1.547 | 1.523 | 0.024 | + |
| 福蒂森 36 | 1.551 | 1.52 | 0.031 | + |
| 芬克尔 | 1.551 | 1.513 | 0.038 | + |

| 纤维 | n-平行 | n-垂直 | 双折射 | 延长符号 |
| --- | --- | --- | --- | --- |
| 萨兰 | 1.599~1.610 | 1.607~1.618 | | |
| 氨纶 | 1.561 | 1.56 | 0.001 | + |
| 萨尔法尔纤维 | 1.849 | 1.738 | 0.111 | + |
| 特氟纶 | 1.38 | 1.34 | 0.04 | + |
| 三醋酸纤维 | 1.469~1.472 | 1.468~1.472 | | |
| 阿尼尔 | 1.469 | 1.468 | 0.001 | + |
| 特列赛尔 | 1.469 | 1.469 | 0 | + |
| 维卡拉人造毛 | 1.538 | 1.536 | 0.002 | + |
| 聚乙烯醇纤维 | 1.540~1.547 | 1.510~1.522 | | |
| 维尼龙 | 1.528~1.541 | 1.524~1.536 | | |
| 菲帛拉维尔 | 1.54 | 1.53 | 0.01 | + |
| 罗维尔 | 1.541 | 1.536 | 0.005 | + |
| 维荣 HH | 1.528 | 1.524 | 0.004 | + |

# 米歇尔-勒维干涉图

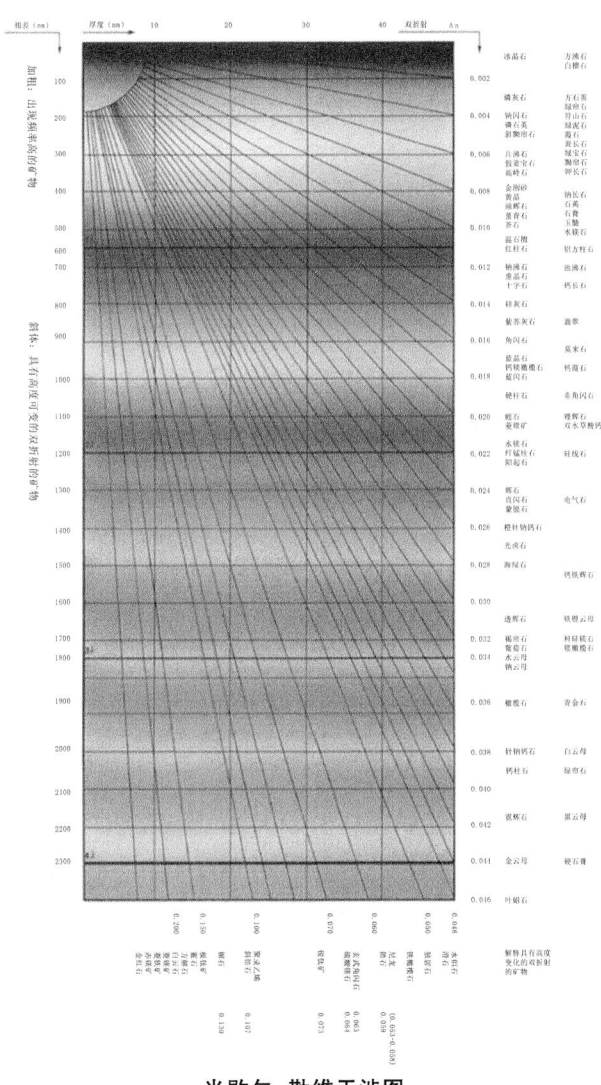

米歇尔-勒维干涉图

# 色散染色图

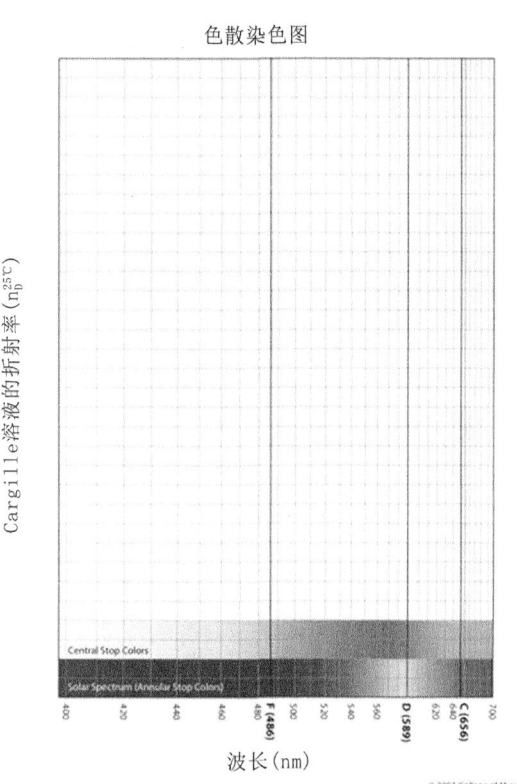

**色散染色图** ［转载自 *Essentials of Polarized Light Microscopy*（John Gustav Delly，2007），经显微镜学院许可］

# 模拟案例情景

## 实验目的

完成本实验后，学生将对以下内容有基本了解：
1. 与他人合作，提供分析结果
2. 利用在整个实验室实验中所学到的分析程序，设计检验方案
3. 正确分析证据
4. 给出适当的结果和结论

## 实验概述

本实验借鉴了之前所学的知识和技能。在这个练习中，全班将被分成几个小组。每个小组都会得到一份检验申请表。当物证被带到法庭科学实验室进行分析时，这张表通常会随同物证一起提交。在这张表上，将列出检材，并要求进行检验。每个小组将获得物证，清点样品，然后把所有东西都放在一个上锁的物证柜里。然后，每个小组将对所要求的检验进行分工，并完成分析工作。每个小组将按照自己的方式检验证据，并编写一份实验室报告。

步骤

1. 你将被分配到一个团队。

2. 协助团队下载法庭科学实验室检验申请表（可从 http://www. wileyeurope. com/college/wheeler 获取），并从侦查员处获取指定的证据（即检材）。

3. 在法庭科学实验室检验报告表格和备注中记录物证的保管链（日期、时间和人员）和状况（即包装和密封）。不使用物证时，需将其放置于上锁的物证柜里。

4. 分工进行检验，使分析工作能在两个实验时段内完成。

5. 根据以前学到的技术，为每一类物证设计适当的分析方案，以便能够完成所要求的检验。确保对每一类物证实施所有适当的检验。在进行比对时，检验目标是证明关联或证明差异。

6. 对物证类型进行分析。在详细的笔记中记录所有进行的检验，可能需要包括图纸和照片。在所有页面上署名和日期。

7. 将所有类型证据的文件、笔记、图纸和照片合并。

8. 撰写一份涵盖所有结果的综合实验室报告。

9. 使你的物证返回至侦查员。

## 报告要求

实验室报告将包括一个完整的实验案例，其中包含以下信息：

1. 填写好的法庭科学实验室检验报告表格（可从 http://www. wileyeurope. com/college/wheeler 获取），包括：

（a）保管链（日期、时间、通过信息）。

（b）案件和实验室编号。

（c）受害人、嫌疑人姓名。

（d）收到的证据清单。

（e）要求开展的检验项目清单（问题说明）。

（f）明确、简洁的结果。使用所有证据检验的结果，说明从检验结果中可能得出的结论。重要的是，如果可能的话，要使用简明扼要的陈述，阐明结论。参照法庭科学实验室检验申请表上所列的证据，准确地使用证据编号。

（g）所有分析人员的签名和日期。

2. 交回已签字的法庭科学实验室检验申请表。

3. 附上所有文件、图纸和分析过程中的笔记。这包括最初的检验笔记、包装细节和使用的检验程序。所有的数据和/或比对过程都应编入笔记中。每一页必须有学生分析员的姓名首字母和日期。

4. 结论和解释。准备一份讨论稿，说明每一类证据（即玻璃、头发、纤维）的结果。书面讨论应包括结果解释和结论的推导过程，每个检验的价值，以及这些结果对侦查的影响。

# 法庭科学实验室检验申请表

侦查员：_____

机构：_____  实验室#：_____

地址：_____  案件#：_____

城市：_____  邮编：_____

电话：_____  传真：_____

邮箱：_____

受害人：_____  犯罪行为：_____

嫌疑人/被告人：_____  犯罪日期：_____

_____  犯罪城市/国家：_____

证据列表：（最初收到的列表）

_____
_____
_____
_____
_____
_____
_____
_____

案件历史：

_____
_____
_____
_____
_____
_____
_____
_____
_____

要求的检验：

_____
_____
_____
_____

_____

_____

_____

_____

_____

提交人签名：＿＿＿＿＿＿＿＿＿＿＿＿＿＿＿＿＿＿　日期：

_____

仅供实验室使用

移交人：　　　　　　　接收人：　　　　　　日期/时间：

＿＿＿＿＿＿＿＿＿＿　＿＿＿＿＿＿＿＿＿　＿＿＿＿＿＿＿＿＿

＿＿＿＿＿＿＿＿＿＿　＿＿＿＿＿＿＿＿＿　＿＿＿＿＿＿＿＿＿

实验室#＿＿＿＿＿＿＿＿＿　　　案例#＿＿＿＿＿＿＿＿＿

　　　　　　　　　　　　　　　（嫌疑人）＿＿＿＿＿＿＿＿

法庭科学实验室检验报告

提交人：＿＿＿＿＿＿＿＿＿＿＿＿＿＿＿＿＿＿＿＿＿＿＿＿＿

接收日期：＿＿＿＿＿时间：＿＿＿＿＿方式：＿＿＿＿＿

返回至：＿＿＿＿＿＿日期：＿＿＿＿＿方式：＿＿＿＿＿

＿＿＿＿＿＿＿＿＿＿＿＿＿＿＿＿＿＿＿＿＿＿＿＿

提交的材料：

检验要求：

检验结果：

＿＿＿＿＿＿＿＿＿　＿＿＿＿＿＿＿＿＿　＿＿＿＿＿＿＿＿＿　＿＿＿＿＿＿＿＿＿

检验人员签名/日期　检验人员签名/日期　检验人员签名/日期　检验人员签名/日期

# 圆形模板

也可从 http://www.wileyeurope/com/college/wheeler 获得。

样品

放大倍数

记录：_____
_____
_____
_____

样品

放大倍数

记录：_____
_____
_____
_____

样品

放大倍数

记录：_____
_____
_____
_____

样品

放大倍数

记录：_____
_____
_____
_____

# 显微镜术语表

| 术语 | 含义 |
| --- | --- |
| 像差 | 任何光学系统中导致无法聚焦或形成清晰图像的光线干扰。见色差和球面像差 |
| 消色差透镜 | 对两个波长的色差和一个波长的球面像差进行校正的透镜 |
| 非晶 † | 缺乏重复的晶格点阵列；非晶物质是各向同性的，但可能显示出应变双折射 |
| 检偏器 | 位于样品和物镜上方的偏振滤光片。它的方向是垂直于起偏器的 |
| 孔径角（AA）† | 透镜系统（如显微镜的物镜或聚光器）收集或传输图像的光线之间的最大角度 |
| 各向异性 | 具有根据测量方向不同而不同的物理性质。各向异性样品具有沿其不同轴线变化的顺序。这类样品有一个以上的折射率 |
| 环形挡板 | 不透明的环形挡板，中央开口，置于物镜后焦平面，用于形成环形止光以观测色散染色 |
| 孔径 | 一个开口，通常是圆形的，限制可以通过开口的光量 |
| 复消色差物镜 | 用于矫正三个或更多波长的色差和两个或更多球面像差的镜头 |
| 晶体的轴 † | 若干假想轴之一，用于描述晶体所处平面的位置/晶体结构中原子的位置以及与矢量和张力物理性质相关的方向 |
| 后焦平面 † | 镜头轴线的法线平面，所有后焦点都在其中 |
| 压制滤板 | 荧光显微镜中使用的滤光片，它可以压制没有被纤维吸收的不必要的激发光，只选择性地透过荧光 |

| 术语 | 含义 |
| --- | --- |
| 贝克线 | 颗粒边缘的折射光线集中而产生的晕轮 |
| 贝克线检测 | 一种通过记录焦点改变时贝克线移动方向确定样品相对于其封固剂的折射率的方法。当焦点升高时，贝克线总是向具有较高折射率的介质（纤维或封固剂）移动，而当焦点降低时，贝克线将向具有较低折射率的介质移动。可以通过关闭台下聚光器，获得窄的光锥照明，观察样品 |
| 伯特兰透镜 | 置于物镜和目镜之间的透镜，通常用于观察物镜后焦平面的放大图像，以检查干涉图。在设置科勒照明时，它有时被用于观察灯丝 |
| 双轴晶体 | 属于斜方晶系、单斜晶系和三斜晶系的晶体。它们有三个主要折射率：$\alpha$、$\beta$ 和 $\gamma$ |
| 双折射 | 样品折射率的数值差。双折射可以通过折射率相减来确定 |
| 镜筒 | 显微镜的一部分，用于将目镜连接到固定物镜的物镜转换器上 |
| 明视场照明 † | 显微镜照明的常规形式，样品的图像将处于明亮均匀的视野中；或在垂直照明下，通过棱镜或半反射平面玻璃透过物镜反射的光 |
| 中央挡板 | 放在物镜后焦平面上的不透明挡板。它将为色散染色提供一个中央挡板 |
| 色差 | 镜头系统的焦距或放大倍数因色光的波长不同而存在差异，其表征是在光学图像的边缘出现棱镜状的色彩，而在其内部出现色彩失真 |
| 解理 † | 晶体物质沿着确定的晶体平面分裂的特性 |
| 比对显微镜 | 由两台复式光学显微镜通过光桥连接而成的光学仪器。这使得两个样品可以用透射光模式或反射光模式同时观察 |
| 补偿 | 在光路中插入补偿器或晶体的结果，其延迟与样品的延迟完全一致。通常在样品位于视野的东北角 45° 位置时进行。当颜色变为零阶时，即为完全补偿（黑） |
| 补偿器 | 可放置在偏振光显微镜光路中的任何种类的光学装置，以引入与样品相当的延迟（固定的或变化的）。补偿器可以采用一个固定厚度的晶体，也可以采用厚度变化的晶体或可以旋转并能在一定设定量内改变光路厚度（并引入延迟）的矿物板 |

| 术语 | 含义 |
|------|------|
| 补偿器（全波板）（一阶红色） | 一层具有适当厚度的石英、亚硒酸盐、方解石或定向聚合物薄膜，以产生 530 nm~550 nm 之间的延迟。这大约是米歇尔–列维图上一阶红色的延迟 |
| 补偿器（λ/4 板） | 一层薄薄的云母或适当厚度的定向聚合物薄膜，可产生约 130 nm 的延迟。这大约是米歇尔–列维图上一阶灰色的延迟 |
| 补偿器（石英楔）† | 由石英切割而成的楔形物，具有连续可变的延迟，延伸到几个阶数（通常为 3~7 阶）或干涉色。通过推入楔子，同时数阶数，直到达到晶体的干涉色变为黑色的位置，可以发现正好补偿晶体的延迟。只有当晶体的慢速分量和楔子的慢速分量垂直时，才能补偿延迟 |
| 补偿（器旋转）（Berek） | 补偿器通常包含一块方解石或石英板，它可以通过一个校准鼓进行旋转，以引入高达 10 阶的可变延迟 |
| 复式光学显微镜 | 一种光学仪器，通过一个两步过程形成放大的图像。物镜形成物体的放大实像，目镜形成物体的放大虚像 |
| 聚光器 | 位于显微镜载物台下方的透镜或一系列透镜，其作用是收集和集中样品上的光线。聚光器有两种基本类型：明视场和暗视场 |
| 共轭焦点† | 在图像形成系统中，当一个或多个视场同时在一个平面上聚焦时，两个视场便是相互共轭的，例如，科勒照明的视场光阑、样品和眼前焦平面 |
| 锥光观察 | 通过插入辅助透镜，取下目镜，观察物镜的后焦平面。灯丝、台下孔径光阑、物镜后焦面和目镜焦平面同时与观察者的眼睛对焦 |
| 建设性干涉 | 见干涉（建设性） |
| 对比度 | 图像的亮部和暗部之间的亮度差异 |
| 临界角（C）† | 光线从一种介质到另一种介质发生全反射的角度。入射角必须大（55°~60°） |

| 术语 | 含义 |
|------|------|
| 结晶 † | 一种物质（通常是固体，也可以是液体），其中的原子或分子在三维空间有规律地重复排列。晶体倾向于形成以某一定向平面为边界的形式，该平面与其内部结构相协调。它们可能属于六种晶体系统中的任何一种：立方晶系、六方晶系、四方晶系、正交晶系、单斜晶系和三斜晶系 |
| 视场的曲率 | 一种光学畸变，图像的中心在焦点上，但边缘不在焦点上。修正后，图像被认为是平面的。针对这种畸变进行校正的镜头上通常标注为"平面或平光" |
| 暗视场照明 † | 通过间接光对样品进行入射或透射照明，从而使物镜不直接接受直射光 |
| 景深 | 在样品真实中间像处聚焦的光学片厚度 |
| 焦点深度 | 显微镜中真实中间像平面的图像厚度 |
| 破坏性干涉 | 见干涉（破坏性） |
| 二向色性 | 指样品在偏振光下沿不同轴线观察时，表现出两种不同颜色的光学特性 |
| 漫射照明 | 见照明（漫射） |
| 色散 † | 折射率随光的颜色（或波长）而变化。当白光通过玻璃棱镜时，白光会分散成不同的颜色，这便是色散，色散是由于透明物质的折射率在长波长时比短波长时低而引起的。色散 $v$ （nu）被定义为：$v = \dfrac{n_D - 1}{n_F - n_C}$ |
| 色散染色 | 使用专用物镜，利用样品的折射率色散与浸液的折射率色散之间的差异实现鉴别的技术。色散物镜通常具有三个挡板：环形、中央和开口。使用环形挡板，关闭台下光阑，安装在高色散介质中的样品将显示波长边界，在该波长处，样品和介质的折射率匹配。使用中央挡板，样品将显示出与环形挡板所见颜色互补的颜色 |
| 双折射 † | 光线在两个略微不同方向上的折射，形成两条射线或矢量分量。每条光线都是偏振的，它们的振动方向相互垂直。此外，每条光线的速度不同，因此折射率也不同。参见双折射 |
| 落射光照明 | 光源置于样品上方，使物镜兼做聚光器和物镜的照明技术 |

| 术语 | 含义 |
| --- | --- |
| 激发滤板 | 荧光显微镜中使用的第一个滤光片，通常是一个带通滤光片。它从高能光源中过滤出特定波长的激发光，并能够在各种基质中诱导出可见荧光 |
| 消光点 | 样品发出的光与检偏器的优先方向成直角振动时的样品方向。这些位置相隔90°，揭示了每个样品的振动方向。当样品消光时，这些方向将平行于两个偏振片的振动方向 |
| 消光（斜向）† | 如果振动方向与晶体的长边方向倾斜，则消光是倾斜的 |
| 消光（平行）† | 如果振动方向平行或垂直于晶体的长边方向，则消光是平行的 |
| 消光（对称）† | 如果振动方向一分为二，则消光是对称的 |
| 假贝克线† | 第二条亮线，移动方向与贝克线相反。通常出现在厚颗粒上，或者当颗粒和封固剂之间的折射率差很大时在低折射率一侧出现 |
| 快射线† | 对应于较低折射率的晶体的快射线或快分量 |
| 视场光阑 | 位于光源内或附近的可变光圈 |
| 视野 | 通过显微镜目镜观察时可见的最大面积。通常以毫米为单位 |
| 荧光显微镜 | 由激发滤板和压制滤板组成的光学仪器。滤板定向放置，当与高能量光源组合使用时，可以看到荧光图像 |
| 萤石物镜† | 该物镜可对两个波长的球面像差和色差都进行校正 |
| 焦距 | 从透镜或反射镜的表面中心到其焦点的距离 |
| 焦点 | 光线在透镜中折射或镜面反射后汇聚或偏离的点 |
| 全波板 | 见补偿器（全波板） |
| 照明（漫射）† | 一种高质量的照明，由于在灯丝和显微镜聚光器之间插入了毛玻璃，其强度低于科勒或纳尔逊照明。尽管视场光阑很有帮助，但照明装置和灯丝很少调整或没有调整 |
| 照明（科勒） | 一种能产生明亮、均匀视野的照明技术。使用聚光器聚焦，并在物镜的后焦平面上形成共轭图像 |

| 术语 | 含义 |
| --- | --- |
| 照明（纳尔逊）† | 一种高强度照明，灯丝在样品平面上成像。一个带状灯丝或弧光灯提供均匀的照明；灯管必须是可聚焦的；灯丝的位置必须在所有方向上可调；有时也被称为"临界"照明 |
| 照明（斜面）† | 通过遮挡部分聚光器透镜或将聚光器胶片放置在该平面上而获得的光照 |
| 图像（实像）† | 当入射光线和折射光线在镜前汇合时形成的图像。该图像会在置于该平面的毛玻璃屏或摄影胶片上成像 |
| 图像（虚像）† | 当入射光线和反射光线在镜后汇合时形成的图像。根据构造，影像会出现在某一平面上，但将毛玻璃屏或摄影胶片放在该平面上，并不会出现影像 |
| 油浸物镜† | 一种显微镜物镜，需在样品和物镜之间以及在样品和台下聚光器之间配合使用折射率大于 1.00 的液体。当需要大于 1.00 的数值孔径时，可使用油浸物镜，因为干式物镜是无法实现的 |
| 固有色 | 样品在可见光下的颜色。通常被称为样品的真实颜色。不要与样品的干涉色混淆 |
| 干涉色† | 在正交偏振光下，去除可见光波长，所观察到的样品颜色。如果晶体未处于消光状态，则新出现的矢量分量会在检偏器的振动平面上重新组合。如果一个分量是有延迟的，那么部分受到干扰的波段将引发干涉并形成彩色的图像。从白光中扣除颜色后，剩余的光组成其他颜色，形成晶体的图像。这些颜色被称为干涉色或偏振色 |
| 干涉（建设性）† | 两道光束的延迟正好是一个波长或一个波长的倍数。两种光波相互加强，从而产生亮度 |
| 干涉（破坏性）† | 两道光束正好是奇数个半波长的延迟，会导致黑暗，因为两道波恰好处于相反的相位 |
| 干涉图 | 在锥光照明和正交偏振光下观察晶体时所呈现的光图案。晶体消光位置的锥形图案叠加在晶体被照亮的全锥方向所对应的干涉色图案上，每个方向都显示出自己的干涉色 |
| 同消色线† | 在单轴干涉图中，出现两条交叉的黑线，代表晶体的消光位置模式。在双轴干涉图中，两条黑色的弯条（拉丝）与等色曲线（双纽线）相交，代表晶体的消光位置模式 |

续表

| 术语 | 含义 |
| --- | --- |
| 各向同性 | 在所有方向上都相同的物质，具有单一折射率。例如，一种物质对光的各向同性散射意味着在所有方向上辐射的光的强度是相同的。这些样品只有一个折射率 |
| 科勒照明 | 见照明（科勒） |
| 兰姆达零（$\lambda_0$）† | 在色散染色中，颗粒和液体具有相同折射率时的波长 |
| 光学显微镜 | 利用电磁波谱中可见光或近可见光部分的显微镜 |
| 放大倍数（空）† | 增加图像的大小，但不增加细节 |
| 放大倍数（最大效用）（MUM）† | 解析细节所需的最大放大倍数。超过 MUM 的放大倍数不会产生额外的分辨力。通常可以估算为物镜数值孔径的 1000 倍 |
| 光轴点† | 双轴干涉图中的同消色线的旋转中心，代表在晶体中沿光轴运动的射线的出现点 |
| 米歇尔-勒维图 | 展示厚度、双折射和延迟之间关系的图表，在已知其他两个变量时，可以确定其中任一变量 |
| 微米（μm）† | 显微镜测量的常用长度单位（$1\ \mu m = 10^{-3}$ mm） |
| 显微图像† | 一张小型的微缩照片，其中的图像是迷你化的；它需要放大或使用透镜系统才能观看（另见显微照片） |
| 显微镜学† | 有助于描述微观物体特征的工具或技术的应用 |
| 单色光† | 具有某单一波长的光。它可以通过使用激光器或气体放电管与适当的滤光片组合获得，也可以通过干涉滤光片或单色仪获得近似值 |
| 纳米（nm）† | 用电子显微镜测量紫外光和可见光波长的常用线性测量单位（$1$ nm $= 10^{-9}$ m 或约 $4 \times 10^{-8}$ inch）。取代以前的名称"毫微米"（mμ） |
| 负晶体† | 如果 $\varepsilon < \omega$，则单轴晶体为光学负。如果 $\gamma - \beta < \beta - \alpha$，则称双轴晶体为光学负 |
| 负纤维 | 一根纤维，其垂直于纤维长度的光的折射率 n-垂直，大于平行于纤维长度的光的折射率 n-平行，即 $n_{\perp} > n_{\parallel}$ |
| 纳尔逊照明 | 见照明（纳尔逊） |

| 术语 | 含义 |
| --- | --- |
| 尼科耳棱镜 † | 由两块方解石经特殊切割、研磨、抛光和黏结而成的偏振元件。透射的光束分裂成两个偏振分量，其中一个被折射到沥青支架上并被其吸收。其余的偏振光束则被透射过去 |
| 数值孔径（NA） | 镜头集光能力的数值测量。数值孔径决定了显微镜的分辨力 |
| 目镜 † | 在复式显微镜中提供第二个放大倍数的透镜。它是最接近眼睛的透镜系统，通常为 10 倍 |
| 欧米茄振动方向（ω）† | 单轴晶体在 a 轴平面上的任何振动方向 |
| 不透明 † | 光不能通过的材料。在透射光模式下不透明，即在整个可见光范围内 100% 吸收 |
| 光轴角 † | 在 α 和 γ 的平面上，两个光轴和双轴晶体之间的锐角，对于任何特定物质而言，它都是恒定的，而且是有特征的 |
| 光轴面 † | 包含光轴以及 α 和 γ 的平面 |
| 光轴 † | 在晶体学领域，非偏振光在具有各向异性的晶体内直线传播而不发生双折射的方向。单轴晶体有一个光轴，双轴晶体有两个光轴 |
| 光学符号 † | 对于单轴物质，如果 ε-ω 的值是负值，则符号为负。对于双轴材料，如果 γ 为锐双轴，γ-β>β-α，则符号为正；如果 α 为锐双轴，γ-β<β-α，则符号为负 |
| 正射观察 | 用显微镜进行常规观察。当视场光阑、目镜前焦平面、样品与观察者眼球同时聚焦时的观察模式 |
| 齐焦物镜 † | 在从一个物镜更换到其他任何一个物镜后，只需对镜筒和载物台进行小幅调整即可对焦的物镜。它们的安装方式是，每个物镜的第二个共轭平面在显微镜的光轴上处于相同的位置。物镜转换器上使用的物镜通常是齐焦的。目镜在任何给定制造商的系列中也是齐焦的 |
| 相位环 | 置于相差显微镜的聚光器前孔径的透明环，限制了样品的照明 |

| 术语 | 含义 |
| --- | --- |
| 相差显微镜 | 干涉显微镜的一种形式,将样品的光路差异转化为图像中的振幅差异。这产生了更高的对比度,使微小的差异很容易被观察到 |
| 相位板 | 位于相差显微镜后焦平面的透明板,可降低背景波的振幅,并使相对于衍射波成分的相位提前或延迟 |
| 宏观照片 † | 放大倍数介于传统的微距摄影和显微摄影之间(1~30 倍)的照片。通常使用为小倍率范围设计的带有内置光圈的特殊镜头,并且不需要目镜 |
| 显微照片 † | 通过显微镜观察的小物体的大照片,其图像被扩大或放大(另见显微图像) |
| 平面偏振光 | 在一个平面上振动的光 |
| 多向色性 | 平面偏振光下观察时,样品在不同方向呈现出不同颜色的光学特性 |
| 偏振光显微镜 | 一种包含起偏器和检偏器的显微镜,可产生用于观察样品的偏振光或正交偏振光 |
| 起偏器 | 一种只允许光波在某一方向上通过的滤光片,位于光源和样品之间 |
| 极片 † | 偏振光显微镜中两个相同的偏振元件。放在光源和台下聚光器之间的极片称为起偏器;放在物镜和目镜之间的极片称为检偏器。两极片的振动方向可以交叉呈 90°,实现正交偏振,极片略微不交叉,就可以得到略微不正交偏振;去掉检偏器会得到平面偏振光 |
| 正晶体 † | 如果 $\varepsilon > \omega$,则单轴晶体为光学正。如果 $\gamma - \beta > \beta - \alpha$,则双轴晶体为光学正 |
| 正纤维 | 平行于纤维长度的光的折射率 n–平行,大于垂直于纤维长度的光的折射率 n–垂直;当 $n_{||} > n_{\perp}$ 时,该纤维为正 |
| 优先方向(起偏器) | 从起偏器发出的光被限制的振动方向 |
| λ/4 板 | 见补偿器(λ/4 板) |

| 术语 | 含义 |
|---|---|
| 石英楔 | 见补偿器（石英楔） |
| 实像 | 见图像（实像） |
| 反射 | 以等于入射角的角度离开表面的光 |
| 折射 | 光从一种介质进入另一种不同折射率的介质时速度的变化 |
| 折射率 | 光在真空中的速度与在透明介质中的速度之比。折射率一般随着组成原子的原子数增加而增加。高密度或高原子序数元素通常会导致高折射率。用于区分不同透明样品的一种光学特性 |
| 浮雕 | 所观察到的颗粒和制备它的封固剂之间的对比度。 |
| 分辨力† | 能够区分图像中衍射圆盘重叠不超过其直径一半的两点的能力。当从各向异性颗粒中出现时，双折射光线的其中一条与另一折射光线之间的实际距离。它取决于两个折射率差（$n_2 - n_1$）和厚度 |
| 延迟（Δ） | 双折射样品产生的慢射线与快射线相比速度的降低。通常指在正交偏振光下产生的干涉色，对应米歇尔-勒维图的 x 轴。延迟等于厚度乘以样品的双折射（折射率之差） |
| 延长符号† | 物质的延长与折射率的关系。如果它向高折射率方向延长，则为正值；如果它向低折射率方向延长，则为负值 |
| 慢射线† | 对应较高折射率晶体的慢振动方向 |
| 球面像差 | 球面透镜或反射镜不是将平行光线聚焦到一个点上，而是沿着一条线聚焦，由此形成的一种光学畸变。离轴的光线比在轴的光线更接近镜头的焦点 |
| 镜台测微尺 | 通常是一个刻度为 10 μm（0.01 mm）的测微。用于校准目镜上的测微尺，以便在显微镜上进行测量 |
| 体视显微镜 | 利用两条光路产生三维图像的光学仪器 |
| 折射率的温度系数† | 折射率随温度的变化。折射率的变化程度取决于物质的组成和聚集状态（是固体还是液体）。通常液体比固体大 100 倍左右，液体温度约为-0.0005/°C |

| 术语 | 含义 |
| --- | --- |
| 半透明† | 光线的传输方式使形成图像的光线发生不规则的折射和反射 |
| 透明 | 能透过可见光的物质。 |
| 管长（机械）† | 从物镜肩部到拉管上端的距离。生物显微镜和大多数偏振光显微镜的机械管长是 160 mm；莱茨显微镜以前的管长是 170 mm |
| 单轴晶体† | 四方晶系和六方晶系中的各向异性晶体具有一个独特的晶体学方向，并且具有垂直于该独特方向的两个（四方晶系）或三个（六方晶系）类似方向 |
| 非偏振光† | 一束具有相同传播方向但不同振动方向的光束 |
| 虚像 | 见图像（虚像） |
| 波长 | 电磁波一个周期的距离（波的相位相同的两点之间的距离）。它通常以纳米为单位，或以前以安格斯特姆为单位。（1 nm= 10 °A） |
| 工作距离† | 盖玻片顶部与物镜最近部分之间的距离 |

†McCrone WC, Delly JG. *The Particle Atlas*. 2nd ed. Vol 4, Ann Arbor, MI：Ann Arbor Science，1973.

作者注：虽然这里收集了许多术语，但我们把重点放在基本的显微镜术语上。其他术语可在词汇表中在线获得，来自 McCrone Atlas of Microscopic Particles, Westmont，IL，60559：McCrone Associates，Inc.；2005 ［2005 年更新；2007 年 11 月 27 日引用］。可从 http://www.mccroneatlas.com/获得。

# 致 谢

当我们同意编写这本实验手册时，我们无法理解完成它所需要的时间和精力。感谢许多人的工作和鼓励，我们的想法和创意已经实现了。

首先，我们要感谢弗农·斯塔布菲尔德（Vernon Stubblefield）博士，他把我们引入了法庭显微镜学的大门。如果没有他最初对偏振光显微镜基本原理的洞察力和认可，我们就不会成为今天的显微镜专家。

其他许多人也为这本实验手册做出了巨大的努力。我们非常感谢东肯塔基大学艺术与科学学院的梅拉尼·本特利（Melanie Bentley），她花费了大量的时间和精力，协助我们完成草图、照片和最终的图片布局。由于她的出色技能，许多实验都通过视觉辅助得以增强。她的完美主义品质和协助本项目的意愿，大大提高了本手册的质量。我们还感谢法庭科学专业的杰西·迈耶斯（Jesse Meiers）的工作，感谢他对照片项目的协助，感谢伊桑·哈拉彻（Ethan Harlacher）对参考资料和术语表项目的协助。我们感谢肯塔基州警察中央法医实验室的马西·阿德金斯（Marci Adkins）、拉腊·莫森蒂恩（Lara Mosenthin）和帕特里克·麦克劳克林（Patrick McLaughlin），他们在法庭科学的每个分支领域提供技术援助。我们也感谢威廉姆斯学院的拉里·卡普兰（Larry Kaplan）博士、西达克瑞斯特学院的拉里·夸里诺（Larry Quarino）博士和肯塔基州刑事司法培训部/东肯塔基大学法庭科学项目的乔·华莱士（Joe Wallace）先生，感谢他们所提供的实验内容。

我们还应该感谢戴安娜·万斯（Diane Vance）博士和东肯塔基大学化学系的其他教师，感谢他们在项目期间的支持和鼓励。化学系和东肯塔基大学的支持令本项目得以实现。

我们感谢相关政府机构、仪器制造商和私营公司，感谢他们所贡献的照片和插图。

最后，我们要感谢菲奥娜·伍兹（Fiona Woods）和约翰威立出版有限公司的工作人员。

最重要的是，我们要特别感谢我们的家人，感谢他们在这个项目中给予我们无尽的耐心、鼓励和支持。我们保证在下一个项目之前，不再烧糊任何晚餐。